ENQUÊTE HISTORIQUE

SUR

L'ENSEIGNEMENT MANUEL

DANS LES ÉCOLES NON TECHNIQUES

PAR

A. PANTHIER

PROFESSEUR AU LYCÉE DE NEVERS

PARIS

IMPRIMERIE NATIONALE

—

MDCCCCVI

ENQUÊTE HISTORIQUE

SUR

L'ENSEIGNEMENT MANUEL

DANS LES ÉCOLES NON TECHNIQUES

ENQUÊTE HISTORIQUE

SUR

L'ENSEIGNEMENT MANUEL

DANS LES ÉCOLES NON TECHNIQUES

PAR

A. PANTHIER

PROFESSEUR AU LYCÉE DE NEVERS

PARIS

IMPRIMERIE NATIONALE

—

MDCCCCVI

ENQUÊTE HISTORIQUE

SUR

L'ENSEIGNEMENT MANUEL

DANS LES ÉCOLES NON TECHNIQUES.

INTRODUCTION.

L'enseignement manuel tient à une des questions les plus graves de notre pédagogie, la lutte entre les anciens et les modernes, entre le passé qui s'obstine à persister et les conditions nouvelles. Notre programme est fondé sur la coutume, sur le hasard des accidents historiques. On y retrouve assez facilement l'influence des circonstances fossiles, par exemple l'importance de l'antiquité pour les hommes de la Renaissance; ou bien le rôle primordial de la lecture, de l'écriture et du calcul au temps où les enfants ne passaient que quelques heures à l'école; ou bien l'enseignement par les cours, comme avant la découverte de l'imprimerie. Or ce programme répond-il aux conditions modernes? Une lutte a commencé un peu partout entre les deux partis: la vieille éducation classique, et la nouvelle éducation, qui doit être moderne, réelle, pratique. De là les Realschulen en Allemagne, l'Industrial education en Amérique, l'enseignement spécial et l'enseignement moderne en France. L'enseignement manuel est la forme la plus expressive de ce mouvement. Certains révolutionnaires ont jugé que la grande différence entre la société passée et la présente, c'était le progrès des métiers manuels. Nous sommes dans l'âge d'acier; donc l'éducation monastique doit être remplacée par une éducation active.

D'autre part, la question de l'enseignement manuel est déjà très complexe. Si jeune que soit cet enseignement, le temps lui a fait subir beaucoup de variations. Les systèmes se sont ajoutés les uns aux autres; des besoins nouveaux, des questions de plus en plus compliquées ont apparu. Tandis que les premiers mouvements s'épuisaient, d'autres reprenaient l'œuvre sous de nouvelles formes, adaptées à de nouvelles conditions. Une évolution inconsciente a compliqué, divisé, précisé l'enseignement manuel. Les conditions locales ont causé d'autres variations. Dans les pays qui avaient créé les premiers systèmes le novateur de la veille s'opposait aux réformes nouvelles. Il a fallu, pour continuer l'évolution, que des pays divers reprissent la tâche l'un après l'autre : d'abord l'Europe occidentale, puis la Scandinavie, puis les pays anglo-américains.

Par suite, la question de l'enseignement manuel mérite et demande une histoire. En retracer l'évolution, en constater la position présente, tel est le but de ce travail.

PREMIÈRE PARTIE.

LES PHILOSOPHES.

L'enseignement manuel apparut d'abord sous la forme de méditations philosophiques.

La première remonte au milieu du xvii° siècle. Amos Comenius disait alors : « Il faut que les enfants apprennent le plus essentiel des métiers, soit pour ne pas ignorer tout à fait ce qui se passe dans la vie pratique, soit pour imprimer dans la suite une direction à leurs dispositions naturelles [1]. »

Quelques années plus tard, Locke osait braver les préjugés du grand siècle en faisant les mêmes rêves : « Il me reste encore quelque chose à ajouter ; et je sais bien qu'en faisant connaître ma pensée je cours le risque de paraître oublier mon sujet et tout ce que j'ai précédemment écrit sur l'éducation, car je vais parler de la nécessité d'un métier, et je n'ai prétendu élever qu'un gentleman, dont la condition ne paraît pas compatible avec un métier. Et cependant, je n'hésite pas à le dire, je voudrais que mon gentleman apprît un métier, oui, un métier manuel ; je voudrais même qu'il en sût deux ou trois, mais un particulièrement [2]. »

A son tour, Jean-Jacques Rousseau apporta à la réforme son enthousiaste conviction. « Apprends un métier, » disait-il à son Émile. C'est une utile précaution contre les caprices de la fortune. C'est surtout une éducation humaine : « Il faut que mon élève travaille en paysan et qu'il pense en philosophe pour n'être pas aussi fainéant qu'un sauvage. Le grand secret de l'éducation est de faire que les exercices du corps et de l'esprit servent toujours de délassement les uns aux autres [3]. »

Pestalozzi aussi, derrière l'enseignement par l'aspect, entrevit un nouvel enseignement plus révolutionnaire que ses réformes : « Le don le plus dangereux qu'un génie hostile ait légué à notre époque consiste dans les connaissances théoriques sans la dextérité de la main et sans la faculté de vaquer au travail et de

---

[1] Salomon, *Le travail manuel à l'école primaire*, 35.
[2] *Ibid.*, 35.
[3] *Ibid.*, 39.

vaincre les difficultés... Les facultés de savoir et de réfléchir, de pouvoir et d'agir doivent être si intimement associées que l'une ne puisse exister sans l'autre. Cette union complète n'aura jamais lieu si la dextérité de la main n'est pas développée au même degré que les connaissances théoriques[1]. »

Francke, Basedow, Salzmann, Torsten Rudenschöld, d'autres encore étaient arrivés aux mêmes conclusions. Mais le véritable prophète de l'enseignement manuel, celui qui en a parlé avec le plus d'enthousiasme, le premier qui en ait fait la base d'un système pédagogique durable, c'est Fröbel.

FRÖBEL[2].

I. LES MÉDITATIONS DE FRÖBEL.

Au commencement du XIX⁰ siècle, en Allemagne, vivait un homme extraordinaire, aux méditations profondes, au langage biblique et obscur. Sa vie était consacrée à la recherche angoissée d'une éducation pour les petits enfants. On l'appelait Friedrich Fröbel.

Dès sa jeunesse, il avait senti les défauts de la vieille éducation. Il avait longtemps étudié toutes les méthodes de son époque; il avait même passé plusieurs mois à l'école modèle d'Yverdun, auprès de Pestalozzi, et Pestalozzi lui-même lui semblait fausser la nature humaine. Que dire des autres maîtres? Les meilleurs, les plus consciencieux soumettaient leurs élèves à une éducation de « serre chaude »; ils prenaient l'âme de l'enfant comme un ré-

---

[1] Salomon, *Le travail manuel*, 42.

[2] A consulter :

Friedrich Fröbel's gesammelte pädagogische Schriften, herausgegeben von Dr Wichard Lange, 3 vol. Berlin, 1862-1863.

Seidel und Schmidt, *Die Arbeitschule*, 3 br., Weimar, 1872.

Goldammer, *Die Kindergärten*. Handbuch der Fröbelschen Erziehungs-Methode. Berlin, 1872. Traduction française : Méthode Fröbel, 2 vol., Paris, 1877.

Walter, *Bertha von Mahrenholz-Bülow in ihrer Bedeutung für das Werk Fr. Froebels. Ihr Leben und ihre Schriften. Dresden, 1881.

Wichard Lange, *Zum hundertjährigen Geburtstag Friedr. Fröbels* (Rheinische Blätter für Erziehung und Unterricht). Frankfurt a. M., 1882.

Thiselton Mark, *Moral Education in American Schools* (Great Britain, Board of Education, Special Reports, vol. 10). London, 1902.

cipient qu'ils s'obstinaient à remplir de vérités toutes prêtes. Apprendre, toujours apprendre, sans jamais exercer les autres facultés, compter sur la réceptivité humaine sans s'adresser jamais à la productivité, telle était leur formule. Aussi leur école était-elle une machine qui saisissait l'âme de l'enfant dans ses abstractions et ses syllogismes, qui l'amputait, qui la dénaturait, au point que Fröbel pouvait s'estimer heureux d'avoir été laissé sans aucune éducation par son père et par sa marâtre.

Alors il s'était lancé avec une ardeur inlassable à la poursuite d'une éducation qui développât l'homme tout entier selon des lois naturelles.

Autour de lui, il groupa d'autres chercheurs. Ce fut d'abord son frère aîné, Christian Ludwig, qui l'encouragea dès le début et qui finit par vendre sa fabrique pour mettre tout son bien et toutes ses facultés au service de la grande œuvre. Puis ce fut Middendorf, qui demeura le compagnon inséparable de tous les travaux, qui ne connut jamais la fatigue ni le doute, et que les jeunes disciples proclamaient l'Aaron du nouveau Moïse. Ce fut Barop, qui vint cacher à Keilhau sa dangereuse fougue d'étudiant, puis qui se laissa saisir par le charme de la pédagogie, et qui devint le réaliste, l'homme d'affaires indispensable à tout le groupe. Bien d'autres disciples furent gagnés, et l'un des derniers, Wichard Lange, se demandait quelle force pouvait avoir employée le prophète : « Était-ce l'espoir du gain et de la protection qui a sur la plupart des enfants des hommes tant d'attrait et de séduction ? Oh non ! car, comme le modèle divin, il pouvait dire de lui : les renards ont leurs terriers et les oiseaux sous le ciel ont leurs nids, mais le fils du pasteur d'Oberweissbach n'a pas même où poser sa tête. Était-ce alors les charmes extérieurs de sa personne, la puissance d'une éloquence et d'une conviction entraînantes qui savaient attacher son entourage ? Encore non ! Sa longue et grêle personne, son front bas, son grand œil, son nez effilé et pointu, sa bouche sans lèvres, ses longs cheveux divisés par une raie au milieu faisaient bien une impression originale; mais toute son apparence n'avait rien de particulièrement attirant. Et il avait encore bien moins à compter sur l'éloquence; car sa vie intérieure, une sorte de mer incommensurable, était tellement agitée qu'une idée poussait l'autre; et son regard pénétrait si loin dans les plus grandes profondeurs de la vie qu'aucune expression verbale ne lui suffisait : il luttait sans cesse contre la parole et se fatiguait inutilement à se rendre compréhensible au vulgaire... Non. On était attaché par l'inspiration divine et le don de prophétie qui se trouvaient dans l'essence de cet homme. Aussitôt qu'elles entraient dans son voisinage, les âmes faites pour le comprendre trouvaient l'impression du tout à fait rare et de l'extraordinaire ; c'était comme si on eût entendu une voix crier d'en haut : Ôte tes souliers, car le lieu où tu marches est un lieu saint [1]. »

Cependant les mésaventures grêlaient sur le prophète et ses disciples. Il vit succomber un premier établissement d'éducation à Keilhau, près Rudolstadt. Le nombre des élèves était tombé à 5 ou 6 et les dettes étaient montées à une hauteur vertigineuse. « De tous côtés se précipitaient les créanciers, poussés par les avocats qui voulaient mettre la main dans notre misère. Frœbel s'enfuit par la porte de derrière, tandis que les poursuivants assaillaient la maison... Un serrurier criait bien fort qu'il allait traîner en justice les gredins, car il n'y avait rien à espérer d'eux et leur fuite était certaine. » Il fallut toute la persuasion et tout le cœur de Middendorf pour adoucir les colères et pour faire dire au serrurier lui-même « qu'il aimerait mieux perdre son argent péniblement gagné que de douter de notre honorabilité [2] ». Ce fut ensuite l'échec d'un deuxième établissement, à Blankenburg. Frœbel, sans se décourager, avait remis tous ses rêves dans la nouvelle fondation; il faisait appel à des actionnaires, il voulait créer un périodique, une librairie, une grande fabrique de jouets; il avait déjà engagé un comptable et des voyageurs, si bien que Barop dut intervenir; et, quelques années après, il fallait quitter Blankenburg encore. On tenta de nouveau la fortune à Marienthal. Alors vinrent les persécutions du gouvernement prussien, qui confondit Frœbel avec un autre, l'accusa d'attaquer la religion chrétienne et interdit toute école fondée sur de semblables doctrines. A la fin, le prophète doutait parfois de sa valeur et se lamentait : « Je suis enfoncé dans les fautes et les faiblesses, disait-il à Wichard Lange. Si la Providence a fait de moi le porteur d'une haute idée, elle a voulu prouver que ce n'est pas la personne, mais l'idée, qui porte en soi la force de conquérir le monde [3]. »

[1] Lange, 297.
[2] Frœbel, I, 5.
[3] Lange, 298.

2. L'ÉDUCATION PAR L'ACTION.

Au prix de tant d'efforts et de luttes, les découvertes jalonnaient la route de Frœbel. Il est impossible d'énumérer ici toutes les idées qui se heurtèrent dans son cerveau et dans ses livres, ni même tous les principes qui constituent l'esprit de sa doctrine. Qu'il suffise de retenir le leitmotiv auquel les faits ramenaient sans cesse ce philosophe si peu pratique : la nécessité d'apprendre l'action.

D'abord l'activité devint la base et le but de l'enseignement, à la place de la connaissance. Ne dites plus : Apprendre et toujours apprendre. Agir et toujours agir, voilà ce qu'il faut à notre époque, si elle veut devenir meilleure. Il le faut d'abord parce que l'éducation doit former un homme complet, harmonieux, une Lebenseinigung, parce que c'est une peine inutile que de vouloir expliquer l'esprit sans la matière, comme la matière sans l'esprit, parce qu'au matérialisme et à l'idéalisme exclusifs on doit opposer une nouvelle conception philosophique, l'enthéisme. Il le faut aussi pour obéir à la volonté et à la création divines. « Dieu crée et agit continuellement. Chaque pensée de Dieu est un travail, une action, une manifestation, et chaque pensée de Dieu agit avec une puissance créatrice, montrant et représentant, créant travail et action jusque dans l'éternité. Ceux qui ne le voient pas encore, qu'ils contemplent Jésus dans sa vie et ses actes, qu'ils contemplent la vie et les actes de l'homme, qu'ils contemplent, s'ils vivent vraiment, leur propre vie et leurs propres actes ! L'esprit de Dieu souffla et pénétra dans la matière sans forme et sans figure, et il la mit en mouvement ; et tout, pierres et végétaux, animaux et hommes, tout prit alors forme et figure, existence et vie. Dieu créa l'homme à son image, il le créa pour être son image : donc l'homme doit créer et agir comme Dieu. Son esprit, l'esprit humain, doit souffler sur et dans la matière sans forme et sans figure, et la mettre en mouvement, pour qu'elle prenne la figure et la forme, l'être et la vie qu'elle portait inconsciemment en soi [1]. » L'activité seule peut développer harmonieusement tous les instincts de l'enfant, l'activité est l'essence de l'homme et de tout ; et c'est

[1] Frœbel, II, 23-26.

sur cette pierre angulaire que Fröbel construira son système et ses élèves.

Ensuite Fröbel remplaça les matières d'enseignement par les jeux. Laissons aux petits enfants les jeux qu'ils avaient trouvés spontanément; laissons-les dans la vie, sans les fatiguer de nos connaissances abstraites : « Car l'enfant se représente ainsi, à lui et par lui, sa vie, sa vie la plus intime, encore inconnue, ignorée pour lui-même; et il reçoit la vie universelle environnante, l'essence intime et la plus intime de cette vie... Il se développe, s'éduque et se forme ainsi pour la vraie, pour la complète, pour l'intime harmonie de la vie, pour la compréhension de la vie, et pour la domination de la vie [1]. »

Enfin l'école elle-même fut remplacée par le jardin d'enfants. Fröbel avait cherché beaucoup ce titre qui devait illustrer ses établissements, en exprimer à la fois la forme et le but. Un jour, avec Middendorf et Barop, il traversait les montagnes qui séparent Keilhau de Blankenburg. Il répétait et répétait : « Si seulement je savais un nom passable pour mon dernier né ! » Déjà Blankenburg s'étendait à leurs pieds, et Fröbel y descendait pensif. Soudain il s'arrêta, comme enchaîné, et ses yeux prirent une expression illuminée. Et il cria à haute voix dans la montagne, pour qu'elle le répétât à tous les vents : « Εὕρηκα ! *Kindergarten soll die Anstalt heissen !* J'ai trouvé ! il faut l'appeler Jardin d'enfants [2] ! »

Après avoir travaillé toute sa vie, Fröbel mourut en 1852 sans avoir achevé son œuvre. Mais il avait fixé l'esprit qui devait animer toute la nouvelle éducation et qui devait survivre aux expériences maladroites et périssables. Au savoir il avait opposé le pouvoir, aux livres les jeux, et à la salle de classe le jardin. Il avait prophétisé l'éducation pour l'action et par l'action.

3. Le système du Kindergarten.

Fröbel avait commencé la composition d'un système, mais il resta beaucoup à faire à ses disciples. Wichard Lange reconnaissait lui-même que les écrits de Fröbel étaient incompréhensibles

[1] Fröbel, III, 582.
[2] *Ibid.*, I, 13.

pour le vulgaire ; Goldammer blâmait dans les exercices pratiques l'abus des mathématiques et la difficulté des travaux. Alors, avec une patience allemande, ils se mirent à réaliser la nouvelle éducation. Wichard Lange publia les œuvres de Fröbel, les recueillant, les ordonnant, les divisant et les éclaircissant. Hanschmann, Seidel, Schmidt, Goldammer et d'autres s'occupèrent du Kindergarten, modifièrent, ajoutèrent, retranchèrent des détails et mirent au point un système. Suivons le livre de Goldammer, *Die Kindergärten*.

Il y a deux séries de jeux : les dons et les occupations. Les dons représentent la forme primitive de l'activité humaine et de l'activité enfantine ; il ne s'agit encore que de grouper en un tout des matériaux divers sans les transformer, il ne s'agit que de jouer le plus gaiement du monde. Les occupations sont sérieuses, elles travaillent avec les matériaux qu'on leur donne, elles les transforment, elles fabriquent des objets nouveaux et durables, elles font pénétrer chez l'enfant les premiers principes de technique et d'esthétique ; et elles pourraient servir même dans les écoles plus avancées que le Kindergarten.

Il y a 16 dons, groupés mathématiquement, car les groupements mathématiques plaisaient à Fröbel.

I. CORPS.

1. La balle.
2. La boule, le cylindre, le cube.
3. 1re boîte de construction. Le cube divisé en 8 cubes.
4. 2e boîte de construction. Le cube divisé en 8 briques.
5. 3e boîte. Le cube divisé en 27 cubes.
6. 4e boîte. Le cube divisé en 27 briques.

II. SURFACES. — LES PLANCHETTES.

7. Les planchettes carrées.
8. Les triangles rectangles isocèles.
9. Les triangles rectangles scalènes.
10. Les triangles équilatéraux.
11. Les triangles obtusangles isocèles.

III. LIGNES.

12. Les lattes d'entrelacement.
13. Les bâtonnets.
14. Les cercles et demi-cercles.
15. Le fil.

IV. POINTS.

16. Les petits cailloux et les coquilles [1].

Il y a 12 occupations rangées dans l'ordre inverse :

I. POINTS.

1. Le piquage.

II. LIGNES.

2. La couture.
3. Le dessin.
4. L'entrelacement des bandes de papier.
5. Le tissage.
6. Les ouvrages en paille tressée.

III. SURFACES.

7. Le pliage.
8. Le découpage.
9. Le collage.

IV. CORPS.

10. Les ouvrages en pois.
11. Le cartonnage.
12. Le modelage avec la terre glaise [2].

Au début, lors des premiers dons, on laisse les enfants jouer, sans les forcer à réfléchir sur les expériences et les connaissances qui s'accumulent dans leur inconscience. L'enfant de trois ans, muni de sa balle élastique, est envoyé avec quelques petits camarades dans le jardin d'enfants. Il sait déjà, par les exercices que lui faisait faire sa mère, lancer et recevoir la balle, atteindre un but; il connaît par les chansons maternelles toutes les qualités de son jouet favori. Maintenant « il lui faut plus d'espace pour ses jeux; il est habitué en quelque sorte à une plus nombreuse société, il se cherchera donc un plus grand nombre de camarades. Il aime à faire usage de la force acquise, à montrer l'habileté obtenue; le jeu n'est plus pour lui un simple amusement, il commence à être un but absolu en soi-même ». C'est

---

[1] Goldammer, table des matières, et II, intr., XIII, (traduction française).
[2] *Ibid.*, XIV.

donc le moment d'accomplir des prouesses; et Goldammer les énumère.

« 1. Les enfants se lancent la balle à une grande distance et doivent la rattraper, après qu'elle a touché une fois le sol.

« 2. Les enfants se la lancent à une plus faible distance, non plus directement, mais obliquement, de manière qu'elle se rapproche de celui qui doit la recevoir en rebondissant du sol sous un angle égal au pre....er.

« 3. La balle lancée contre terre ne doit pas être prise, mais être constamment renvoyée avec la paume de la main.

« 4. Deux enfants placés vis-à-vis l'un de l'autre se servent simultanément de deux balles.

« 5. Un plus grand nombre d'enfants se rangent en cercle, et chacun à son tour lance la balle à son voisin. On peut dans ce cas augmenter le nombre des balles [1]. »

Plus tard, quand les dons se compliquent, ou quand les occupations apparaissent, apparaît aussi l'enseignement qui se cache sous les actions. Les occupations sont tour à tour instructives, artistiques et usuelles. Prenons comme exemple le pliage. Chaque enfant reçoit une feuille de papier exactement carrée, d'un décimètre de côté. L'institutrice a découpé ces feuilles avec des ciseaux ou mieux, mécaniquement, avec un relieur. Les feuilles sont blanches, ou teintées légèrement des deux côtés.

On commence par une leçon de géométrie active. « L'enfant pose la feuille de pliage devant lui. Il a donc devant lui un carré et il y remarque 4 côtés égaux entre eux, 4 angles droits, 4 coins. Il indique la position de toutes ces parties, côté supérieur et côté inférieur, côté gauche et côté droit, etc.

« Alors il pose le bord inférieur du carré sur le bord supérieur, de manière que les coins coïncident exactement entre eux, et il plie la feuille par le milieu. Il a maintenant sous les yeux un rectangle de longueur, avec 4 côtés et 4 angles. Il détermine la position, la grandeur des côtés et des angles, et aussi la direction des côtés les uns par rapport aux autres.

« Il déplie la feuille, et il retrouve le carré primitif, mais divisé par un pli du papier. Ce pli représente la ligne du milieu des côtés. Le carré est divisé en deux rectangles de longueur. Ceux-ci

____

[1] Goldammer, I, 25-26.

sont égaux, car ils se couvrent l'un l'autre ; chacun d'eux est la moitié du carré.

«L'enfant pose ensuite le côté droit de la feuille de pliage sur le côté gauche, et plie la feuille par le milieu. Il obtient deux rectangles de hauteur. Chacun d'eux est à son tour divisé par le premier pli en deux carrés. Les rectangles de hauteur sont aussi grands que l'étaient les rectangles de longueur. Le point où se coupent les deux plis est le centre de la feuille de pliage, etc. [1]»

Alors l'institutrice peut passer à une leçon d'art. Elle part d'une forme fondamentale, par exemple celle-ci : «Plier la feuille en quatre, en mettant les angles inférieurs sur les angles supérieurs, puis les angles de droite sur ceux de gauche. La rouvrir et la plier en mettant chaque angle sur le centre ainsi obtenu, de façon à former un nouveau carré deux fois plus petit que le premier. Répéter l'opération fondamentale une deuxième fois, de façon à former un troisième carré deux fois plus petit que le deuxième.» Puis on dispose les plis obtenus, on en cache quelques-uns, on en met d'autres en évidence, on en retourne quelques autres, et les enfants forment une série de croix, de cadres, de rosaces, d'ornements géométriques, qui peuvent dans une petite mesure développer chez eux le sens des lignes et de la décoration [2].

Alors on peut terminer par une leçon d'objets usuels. Il suffit de comparer certaines formes obtenues par le pliage avec les objets qui entourent les enfants, et qu'ils apprennent ainsi à remarquer. «La feuille est-elle pliée sur la ligne parallèle aux côtés et passant par le centre ? Elle représente une tente, un toit, etc. L'est-elle dans la diagonale, c'est un foulard, une voile, un cornet de papier. Si on replie les quatre angles vers le centre, c'est une lettre [3].» On peut multiplier ces constructions à l'infini, et Goldammer montre ainsi dans ses planches une boîte basse, une boîte haute, une croix d'honneur, un bateau avec salon, une botte, un oiseau, un sac à ouvrage, une veste, un pantalon, un chapeau de général, un bateau double, un soufflet, un moulin, une écritoire, etc. [4]

Ajoutons que le pliage développe par surcroît l'habileté ma-

[1] Goldammer, II, 102.
[2] *Ibid.*, II, 105-108.
[3] *Ibid.*, II, 108-110.
[4] *Ibid.*, pl. 44.

nuelle, que les Fröbeliens n'oublient jamais. « Avant tout, explique Goldammer, il faut exiger dès le commencement la plus grande précision. Les angles doivent être placés exactement sur les angles et chaque pli doit être nettement accentué avec l'ongle. Le pliage doit tout particulièrement habituer l'enfant à se servir de ses doigts avec adresse et propreté; il est une sorte de préparation pour tous les travaux manuels[1]. »

La vie dans le Kindergarten de Goldammer vaut-elle les efforts et les espérances de Fröbel? Peut-être était-ce un sacrilège que de restreindre et d'emprisonner les idées du maître dans un système. Mais il fallait une telle opération pour les rendre viables.

4. LA CRITIQUE DES TRAVAUX FRÖBELIENS.

Une sélection historique montre aujourd'hui ce qu'il y avait de durable et de naturel dans ce mouvement. Grâce aux efforts de la baronne de Mahrenholz-Bülow, les Kindergärten ont été répandus sur l'univers entier. Plus encore qu'en Allemagne, ils se sont multipliés en Belgique, en Angleterre et aux États-Unis. Or ces expériences ont abouti presque toujours aux mêmes résultats. Partout l'idée de la nouvelle éducation prospère étonnamment. Mais partout aussi les travaux fröbeliens n'apparaissent plus que comme un point de départ pour des modifications de plus en plus nombreuses. Nulle part on ne les a employés avec plus de zèle qu'aux États-Unis; on ne s'y est pas contenté de les apprendre et de les appliquer; on a fondé sur eux de nouveaux systèmes. Cependant aujourd'hui tous les éducateurs américains reconnaissent qu'il faut les perfectionner, et quelques-uns veulent les supprimer.

Prang, par exemple, après avoir employé tous les travaux fröbeliens dans ses premières méthodes de dessin, pense maintenant que ces travaux sont trop géométriques, et qu'ils masquent derrière les abstractions l'étude directe de la nature. Ce n'est plus le cube, la sphère, l'ellipsoïde qu'il fait observer d'abord, c'est le monde naturel des objets, des gestes et des couleurs.

Le professeur Dewey, à Chicago, a remplacé aussi les occupa-

[1] Goldammer, II, 111.

tions de Fröbel par des travaux naturels. Les élèves font des maisons de poupée; ils tressent le feutre, l'étoffe, l'écorce; au commencement du printemps, ils fabriquent des toupies, des balles, des cerfs-volants; plus tard ils commencent à creuser et à planter au jardin; les jours de pluie, ils font des corbeilles de pique-nique. Les enfants jouent spontanément. On ne parle que rarement des jouets symboliques de Fröbel.

Nul n'est plus violent que le D' Stanley Hall, dans un article du *Forum* sur *Some Defects of the Kindergarten in America*. « Les travaux fröbeliens, dit-il, n'ont jamais pu amener qu'une décadence de l'intelligence, du goût et de l'activité. Les jeux de la mère sont représentés par des poèmes grossiers, des chansons et des actions indifférentes, illustrant certains incidents enfantins qu'on a crus être d'une importance fondamentale et typique. Je les ai lus en allemand et en anglais, j'en ai répété la musique, je les ai enseignés avec bienveillance. Mais je suis arrivé à la conclusion que, s'ils ne sont pas positivement étrangers et pénibles pour l'enfant, s'ils ne produisent pas des habitudes intellectuelles anti-scientifiques et anti-philosophiques chez le maître, ils doivent cependant céder la place aux choses infiniment meilleures qu'on peut souhaiter maintenant[1]. » D'ailleurs les travaux fröbeliens ne sont plus conformes à la vie moderne : « Le jeu et l'industrie n'étaient pas développés en 1850; les artifices de Fröbel peuvent être bienfaisants pour les enfants de la campagne, mais ils introduisent dans l'école de la ville moderne une vie très pâle et irréelle[2]. »

L'œuvre des philosophes et surtout de Fröbel a été de découvrir les défauts de l'éducation routinière, d'avertir leurs contemporains de l'impasse où on s'engageait, et de révéler un nouveau but à l'école. Personne n'a mieux parlé que Fröbel sur le rôle de l'enseignement manuel. Aujourd'hui encore, les systèmes les plus récents ne peuvent qu'approuver son idée que l'éducation doit être faite en grande partie pour l'activité et par l'activité. Ils visent eux aussi à donner des connaissances réelles aux élèves qui ne comprenaient que les mots, qui arrivaient à réciter sans images, et qui pouvaient oublier sans garder la moindre impression. Ils visent encore à former des hommes singulièrement plus

(1) Thiselton Mark, p. 192.
(2) *Ibid.*, p. 193.

compréhensifs que nous, des hommes qui ne soient plus, selon l'expression de Fröbel, *einseitig*. L'homme de l'avenir pourrait s'exprimer et penser de plusieurs façons, par les mots, par les images, par les travaux. Il saurait voir, observer et saisir les objets. Il vivrait dans le monde extérieur. Il unirait la pensée et la matière, le savoir et le pouvoir.

DEUXIÈME PARTIE.

LES « TRAVAUX MANUELS ».

Tandis que les jeux enfantins de Fröbel, malgré leur succès, restaient ignorés de beaucoup, les circonstances historiques et les conditions locales invitaient un certain nombre de pays à l'enseignement manuel. Les travaux manuels, les ateliers et les métiers furent introduits dans les écoles. Ce mouvement eut lieu surtout entre 1860 et 1880.

La cause, ce fut une crise économique qui s'étendit surtout sur les États de l'Europe continentale : France, Belgique, Allemagne, Autriche. Le développement industriel, agricole, commercial, commençait à dominer tous les autres faits historiques. Or on vit partout qu'à cet essor manquaient des hommes bien préparés, que les paysans restaient enfermés dans leurs routines et que les ouvriers avaient peur des machines modernes. On aperçut bientôt que les progrès de l'école intellectuelle ne faisaient qu'accentuer la crise, en détournant du travail les meilleures intelligences. On aperçut que le développement des usines nuisait lui-même aux habitudes de travail, en mettant partout la machine au lieu de l'homme, l'usine au lieu du travail domestique. Ainsi les grandes entreprises risquaient de détruire toute la force des pays civilisés et de s'affaisser sur ces ruines. Les économistes, les industriels, les hommes d'État ne pouvaient négliger un aussi grave danger.

L'introduction du travail manuel à l'école parut à quelques-uns être le remède. Ils voulurent quelquefois former dès l'école des ouvriers spécialistes. Ils voulurent au moins former, pour reprendre une expression de Rousseau, des apprentis-hommes, c'est-à-dire des élèves préparés pour les rudes tâches de la vie pratique.

Alors eut lieu un deuxième commencement d'enseignement manuel. Ce fut une série de tentatives dans tous les sens, pour introduire les métiers les plus divers dans les écoles de toutes sortes. On dépensa beaucoup d'argent; on recourut à l'intervention de l'État, toute puissante dans les pays de l'Europe continentale; on répandit à grand bruit l'éloge du nouvel enseignement.

Il y eut beaucoup de systèmes, d'autant plus nombreux qu'il

n'y avait encore aucun accord entre les essais, et que les besoins économiques locaux variaient à l'infini. Nous ne pouvons citer que pour mémoire les premiers essais du xviii° siècle, ou les écoles de Göteborg, de Hongrie et de Roumanie. Forcé de nous borner à quelques exemples, nous ne nous occuperons que des systèmes qui ont eu une vie durable, ou une grande influence, ou du moins une abondante littérature.

LES ÉCOLES D'ENFANTS ANORMAUX [1].

C'est pendant la première moitié du xix° siècle que les travaux manuels furent pour la première fois essayés largement à l'école.

Il y avait des enfants trop peu favorisés par la nature ou par la fortune pour qu'ils puissent espérer jamais une condition meilleure qu'un métier manuel très modeste. Il y avait beaucoup d'enfants si misérables que dès leur jeune âge ils étaient réduits à un travail industriel pour gagner leur vie. C'étaient tous les enfants anormaux, les idiots, les infirmes, les détenus des maisons de correction. C'étaient aussi les orphelins, et les enfants des ouvriers qui mouraient de misère à cette époque. Si de généreux philanthropes, des gouvernements prévoyants, des congrégations charitables, ou d'ingénieux industriels voulaient cependant réunir ces enfants dans des écoles, ne fallait-il pas d'abord leur y enseigner un métier manuel, qui leur permît de décharger un peu leur famille ou leurs bienfaiteurs, et qui leur préparât un avenir certain ?

Les essais furent nombreux. En France il y eut des orphelinats et des maisons de correction. En Allemagne on créa les écoles de pauvres et les écoles d'industrie. Aux États-Unis, les écoles de nègres débutèrent un peu plus tard; mais c'est ce type qui exerça

[1] A consulter :
Hampton Normal and Agricultural Institute, Hampton, Va. Annual report.
Tuskegee Institute, Tuskegee, Ala. Annual report of the Principal
A. Shaw, *Learning by doing at Hampton* (reprinted from the American Monthly Review of Reviews April 1900), distribué par l'école de Hampton à l'Exposition de 1900.
E. Sadler, *The Education of the Coloured Race* (Great Britain, Board of Education, Special Reports, vol. 11). London, 1902.
Mᵐᵉ Kate Brousseau, *L'éducation des nègres aux États-Unis.* Paris, 1904.

le plus d'influence, c'est le seul qui ait persisté; nous le prendrons comme exemple.

1. La question nègre aux États-Unis.

Au sortir de l'esclavage, les nègres des États-Unis s'adonnèrent avec délices à la paresse. Autour de Hampton, en Virginie, le quartier nègre formait un ensemble de masures et de détritus d'où essaimaient des nuées de vagabonds et de maraudeurs; et les Américains gourmés de la ville, les hôteliers d'*Old Point Comfort*, les matelots du port, les grognards d'*Old Soldiers House*, les soldats du *Fort Monroë* les regardaient avec inquiétude et avec haine. La question nègre reparaissait sous une nouvelle forme. La race nègre était-elle décidément une race inférieure, et devait-elle être supprimée dans la lutte pour la vie?

Certes, des âmes pitoyables se trouvèrent en grand nombre parmi les blancs pour repousser cette solution, et elles essayèrent avec une patience inlassable l'éducation des nègres. On alla jusqu'à leur apprendre les verbes grecs irréguliers; on leur fit lire des livres de philosophie et de littérature anglaise; ils désirèrent avec passion devenir des gentlemen : on n'obtint cependant que des mécontents et des tristes. L'éducation académique n'était pas adaptée aux besoins des nègres. « L'enfant nègre, écrit un homme de cette couleur, rencontre des obstacles, des découragements et des tentations qui sont peu connus des autres. Quand un enfant blanc comprend une tâche, on peut tenir pour certain qu'il la réussira. Au contraire, on doit être fort surpris si l'enfant nègre ne la manque pas. Il s'élance avec présomption, » mais il ne sait pas réaliser pratiquement son espérance [1].

2. Les réflexions du général Armstrong.

Le véritable remède fut découvert par le général Samuel Chapman Armstrong. Tandis que les hommes d'école ne pou-

---

[1] Booker Washington, *Up from Slavery*, 36.

vaient échapper à la tyrannie de la tradition académique, le général Armstrong n'avait signé aucun pacte routinier avec la doctrine des trois R's, comme on disait en Amérique : lire, écrire, compter ; *to read, to write, to reckon.* D'ailleurs il avait toutes les qualités naturelles nécessaires à un éducateur. Fils d'un pasteur missionnaire aux îles Hawaï, il avait pu apprendre dans sa famille l'amour de l'enseignement aux races de couleur. Colonel d'un régiment nègre pendant la guerre de Sécession, il avait découvert chez ses soldats de splendides qualités d'endurance et d'enthousiasme; il s'était mis à les aimer, et il désirait ardemment leur salut.

A force de réfléchir, il trouva le germe morbide qui rendait inutiles les efforts des missionnaires du Nord auprès des nègres. La faute en était au gavage, aux livres et aux examens. «Ce dont le nègre a le plus besoin, et ce qu'il lui faut sans restriction, c'est à la fois une éducation primaire et une éducation professionnelle. La race prospérera ou tombera, selon qu'elle se vouera énergiquement à l'agriculture et aux arts mécaniques, ou qu'elle abandonnera cette poursuite. Ses maîtres doivent être inspirés par l'esprit de dur labeur, et connaître les chemins qui conduisent au succès matériel [1]. » Une éducation professionnelle, complètement méprisée par les partisans des trois R's, et une éducation primaire trop négligée par certaines écoles d'industrie, voilà où était le salut de la race nègre.

En pratique, Armstrong ne pouvait songer à éduquer lui-même toute la race nègre. Il résolut de fonder une école à deux fins : elle serait d'abord un type des écoles qu'on devrait créer; elle serait ensuite un séminaire d'instituteurs pour ces écoles. En 1868, il fonda un *Normal and Agricultural Institute* à Hampton, et il y appela les nègres. Le programme était sévère : «Ne pas donner aux élèves un dollar qu'ils n'aient pu gagner eux-mêmes, leur apprendre le respect pour le travail, remplacer la corvée stupide par des mains exercées, créer, par un système industriel, non seulement un travail indépendant et intelligent, mais encore un caractère»; voilà comme le résumait Armstrong. Mais les espérances étaient dignes de l'enthousiasme nègre. Il s'agissait de former des «missionnaires» pour toute une race, non pas certes des missionnaires qui tiennent des

---

[1] Armstrong, chez Sadler, 546.

meetings contradictoires et éveillent l'émotion religieuse, mais des missionnaires qui inculquent l'amour de la famille, de l'économie, de la tempérance, de la moralité pratique, et qui prêchent « l'évangile du travail ».

3. HAMPTON. L'ÉCOLE D'AUTREFOIS.

L'autobiographie de M. Booker Washington nous donne la bonne fortune de saisir sur le vif l'enseignement manuel du général Armstrong.

Le négrillon rêvait depuis longtemps aux moyens de devenir un gentleman. Il avait douze ans à peu près quand il entendit par hasard, dans l'obscurité de la mine où il travaillait, deux ouvriers parlant d'une grande école qui venait de s'ouvrir en Virginie pour l'éducation des gens de couleur. Le gamin rampa jusqu'à eux et prêta l'oreille : « Non, pas même le ciel, dit-il, ne me présentait plus d'attrait que le *Hampton Normal and Agricultural Institute* dont ces hommes parlaient. Je résolus aussitôt d'aller rejoindre cette école, quoique je n'eusse aucune idée sur la direction où elle était, ni sur le nombre de milles à parcourir, ni sur les moyens pour l'atteindre. Je me rappelle seulement que j'étais enflammé constamment par une ambition, et c'était d'aller à Hampton. La pensée en était toujours avec moi, jour et nuit[1]. » A la fin il quitta le travail de la mine pour se mettre à la recherche de Hampton. Deux ans plus tard, après beaucoup de privations et de mauvais traitements, après une longue route de 500 milles, il arrivait enfin à l'école promise de l'éducation et des professions libérales.

Un examen manuel l'y attendait. Quand le gamin, amaigri et sali, vint frapper devant le vaste bâtiment à trois étages et implora son admission, la directrice, Miss Mackie, le laissa pendant plusieurs heures en suspens. Cependant elle admettait d'autres élèves, et le gamin persistait à rester. A la fin, Miss Mackie lui dit : « La salle de classe à côté a besoin d'être balayée. Prends le balai et nettoie-la. » Washington vit sa chance, car il avait appris autrefois ce que signifiait un bon balayage. « Je balayai la salle de classe trois fois. Alors je pris un chiffon et je l'époussetai

---

[1] Sadler, 547.

quatre fois. Tous les revêtements en bois le long des murs, tous les bancs, toutes les tables, tous les pupitres, je frottai tout plus de quatre fois avec ma brosse. De plus, chaque meuble avait été remué, chaque coin et recoin avait été soigneusement nettoyé. Lorsque j'eus fini, je retournai à la directrice. C'était une Yankee qui savait où il faut chercher la poussière. Elle vint dans la salle et inspecta les planchers et les recoins; alors elle prit son mouchoir et le frotta sur les boiseries, le long des murs, sur les tables et sur les bancs. Quand elle n'espéra plus trouver un grain de poussière sur le parquet, ni une parcelle de crasse sur aucun meuble, elle remarqua tranquillement : «Je pense que vous pouvez entrer à l'institution [1]. »

Des travaux manuels encore, voilà ce que Washington trouva dans l'établissement. On le fit portier, et il travailla de longues heures pour gagner l'amour du travail et le prix de sa pension : «Le travail était dur et absorbant, mais je m'y attachais. J'avais à travailler tard dans la nuit, et le matin il fallait me lever à 4 heures pour allumer mes feux et prendre un peu le temps de préparer mes leçons. [2] »

Le résultat rêvé par le général Armstrong fut d'ailleurs réalisé. L'élève finit par comprendre l'insuffisance des études théoriques pour sa race, et par aimer passionnément le genre inattendu des études à Hampton. «Avant d'aller à Hampton, je partageais bien l'idée prédominante alors parmi notre peuple, que l'éducation prépare du bon temps, une vie libre de toute nécessité manuelle. A Hampton, j'appris non seulement que le travail n'était pas une disgrâce, mais qu'il fallait l'aimer; il fallait l'aimer non seulement pour sa valeur financière, mais pour le travail lui-même, pour l'indépendance et la confiance en soi qu'apporte l'habileté à créer[3]. » Aussi est-il devenu le missionnaire du nouvel évangile parmi son peuple. «Je sens, leur dit-il, que l'agriculture doit être dans une large mesure la base de notre travail, que le salut de notre race reposera largement sur sa capacité et sa volonté de s'assurer la propriété du sol. D'année en année je crois davantage que dans l'ardeur des querelles et des préjugés de race nous n'avons pas du tout reconnu aux gens du Sud l'immense service qu'ils ren-

<hr>

[1] Sadler, 548.
[2] Ibidem.
[3] Up from Slavery, 73-74.

dirent au nègre pendant la période d'esclavage. Le nègre esclave était tourné vers l'agriculture, la mécanique, les arts domestiques. Certes, je ne voudrais pas aujourd'hui fixer des limites à notre éducation, mais je crois que nous trouverons profit pendant beaucoup d'années encore à donner dans nos méthodes une grande attention à ces occupations fondamentales [1]. »

4. HAMPTON. L'ÉCOLE D'AUJOURD'HUI.

L'école existe encore aujourd'hui, malgré toutes les transformations que le temps a causées dans l'enseignement manuel. Elle s'est certes compliquée pour répondre à tous les besoins nouveaux. Il y a six départements à Hampton : académique, normal, commercial, industriel, agricole, science domestique, plus la Whittier School pour les jeunes enfants. Dans chaque département, il y a des classes de jour et des classes de nuit. Il y a des étudiants de 19 ans et des bébés. La section académique fait cent heures de travail manuel par an, et la section industrielle en a neuf par jour. Cependant, sous ces formes diverses reparaît toujours l'étude essentielle d'autrefois ; le travail manuel a toujours la place d'honneur ; le directeur Frissell voudrait même l'élever au-dessus de la question nègre, en faire un type d'éducation générale, pour la vie et par la vie.

D'abord les études essentielles à Hampton, ce sont des métiers. Les élèves forment une ruche industrielle où tous les métiers sont représentés : agriculteurs, ménagères, garde-malades et nourrices, imprimeurs, tailleurs, corroyeurs, plâtriers et maçons, ajusteurs et mécaniciens, forgerons, tourneurs, filateurs et tisserands. Ce sont de véritables métiers, exécutés dans des ateliers au besoin, sous la direction d'un contremaître spécialiste. Les élèves agriculteurs ont trois fermes à exploiter. 750 acres de terrain à mettre en culture ; 32 chevaux, 256 vaches, 575 poules à soigner, voilà pour les travailleurs des deux grandes fermes. Ils y apprennent les meilleurs principes et méthodes de labourer, d'élever le bétail, de jardiner, de cultiver les fruits. Où bien ils s'en vont à la laiterie pour manier les *patent separators* et l'équipement compliqué d'une crèmerie moderne, sans négliger

[1] *19th Annual Report of the Principal of the Tuskegee Institute*, 1901, 8.

les moyens simples et moins coûteux, les terrines ordinaires et le thermomètre à bon marché, avec lesquels de pauvres agriculteurs peuvent obtenir d'aussi bons résultats, en donnant une juste mesure aux facteurs du temps, de la température et de la propreté; et les livres de beurre s'amoncellent si bien tous les jours qu'on arrive à 3,500 livres dans une année. Ou bien encore les élèves s'en vont dans le magasin aux engrais pour préparer les amendements nécessaires aux cultures prochaines; et sans souci de leur dignité, ils dosent leurs engrais, ils manient les sacs, ils font les mélanges à pleines mains. Cependant la préparation pour la vie pratique n'est pas parfaite dans ces grandes fermes. Peut-on espérer que les étudiants auront un jour tant de terres et de bêtes à leur disposition? Aussi la petite ferme est là, avec ses 4 acres de terrain, sa petite grange, sa maison; et les meilleurs élèves en deviennent tour à tour les maîtres pendant quelques mois. A eux de s'ingénier et de travailler pour ne pas perdre une parcelle de terrain, pour trouver les meilleures cultures et pour les alterner, pour vendre leurs récoltes, pour tenir leurs comptes et pour vivre. De leur côté, les maçons construisent de nouveaux bâtiments et même des cheminées d'usine; les cordonniers taillent, cousent et finissent 300 ou 400 paires de souliers; les tailleurs préparent des uniformes pour tous les élèves; les mécaniciens font des installations électriques dans l'école et au dehors; les imprimeurs composent des circulaires, des menus, des affiches et même un périodique important, *The Southern Workman*. Pendant ce temps, les filles se tiennent à la cuisine, en bonnet et tablier blancs, pour apprendre à connaître les aliments, leur prix, leurs qualités et les meilleures manières de les préparer; ou elles sont occupées à l'atelier de couture, prenant des patrons sur de grands tableaux noirs, s'exerçant parfois à couper, cousant à la main et à la machine, essayant les unes aux autres les jupes et les corsages; à moins qu'elles n'aillent à l'atelier de menuiserie manier la scie et le rabot, car il est admis à Hampton qu'une bonne ménagère doit réparer et même construire les petits meubles.

Ensuite il faut apprendre à gagner un salaire. C'est pour beaucoup d'élèves une nécessité, car ils sont incapables de donner un penny pour leur pension; mais c'est aussi une règle générale qu'un élève doit être capable de gagner sa vie et de payer partiellement son entretien. Certains élèves, les *work students*, trouvent ainsi le moyen de payer leur pension toute entière. À vrai dire, il faut qu'ils soient solides travailleurs, car ils restent tout le jour à leur tâche manuelle, et ils suivent ensuite pendant plusieurs heures les classes de nuit. Pas d'indulgence à espérer! Le montant des salaires varie selon la valeur réelle du travail fait, le travail défectueux est refusé et l'école ne garantit pas un minimum. Cependant certains étudiants, après avoir gagné la pension de l'année, trouvent le temps d'accumuler une provision qui leur permettra de payer une partie de l'année suivante. Alors ils peuvent devenir *trade students;* ils n'ont plus qu'un jour par semaine à exécuter des travaux salariés; ils apprennent un métier pendant les autres jours, et ils ont encore le droit de fréquenter les classes de nuit. Ceux qui ont une provision assez forte peuvent même devenir *daily school students,* c'est-à-dire se livrer pendant quatre ou cinq jours par semaine aux coûteuses études académiques; mais ils doivent toujours réserver un ou deux jours pour le travail salarié; et pendant les trois mois de vacances, ils sont mis dehors pour faire nécessairement un apprentissage pratique de la vie. Même les petits élèves de la Whittier School doivent apprendre à travailler, à gagner de l'argent et à l'économiser. S'il y a des enfants dans les communes pauvres de la Nouvelle-Angleterre qui n'ont pas beaucoup besoin d'apprendre à conserver les sous, on juge à Hampton que nulle leçon n'est plus nécessaire pour les nègres du Sud; on les fait travailler dans un petit jardin pour leur faire gagner quelques pence, et on les transforme en déposants au *Penny Provident Fund System* de New-York.

Il faut enfin faire des expériences réelles, à la place des études livresques. Les connaissances académiques existent à Hampton; elles ont même été très développées, et elles dépassent sensiblement l'instruction primaire que désirait Armstrong. Physiologie, physique, hygiène, géographie, arithmétique, grammaire anglaise, littérature et histoire, bible, musique vocale, dessin, calligraphie sont unis au travail manuel dans la première année de la section académique. Mais tous ces enseignements ne sont jamais présentés comme des exercices artificiels; ce sont des nécessités de la vie, enseignées d'une manière concrète, par l'expérience, à propos des travaux industriels. Exemple, les mathématiques : « Chaque élève tient un livre de comptes montrant combien l'école lui doit pour son travail, et combien il doit à l'école pour son entretien. Chaque mois l'élève reçoit un compte dressé à l'économat; et ces deux comptes doivent concorder; sinon des recherches sont faites pour découvrir de quel côté vient l'erreur. Quand des objets sont manufacturés par les élèves, le prix des matières, les heures de travail sont comptés. Des projets et des mémoires sur les transactions pour la ferme, les ateliers et les cuisines sont envoyés aux classes pour être mis en bonne forme[1].» De même, c'est en rédigeant des rapports sur leurs travaux que les élèves apprennent le maniement du langage; ils s'en vont au laboratoire construire et réparer des téléphones et d'autres appareils usuels pour apprendre la physique; des expériences au laboratoire et en plein champ leur font comprendre peu à peu la botanique et la physiologie végétale. Les livres ne sont pas négligés; il y a même une belle bibliothèque, avec des travées tout le long des murs, avec des bustes, avec l'éclairage électrique; mais c'est une véritable bibliothèque, où les élèves se placent en tous sens autour des tables, où ils cherchent eux-mêmes et consultent les livres qui peuvent fournir des renseignements sur les travaux exécutés dans les autres salles. Qu'on n'aille pas y chercher une salle d'études à la mode française, et des textes à apprendre !

Aujourd'hui, comme autrefois, le travail professionnel est le principe essentiel de l'éducation à Hampton. Des métiers réels, des connaissances pratiques, voilà ce qu'on offre toujours aux successeurs de Booker Washington.

5. Les résultats.

L'école existe depuis assez longtemps pour qu'on puisse aujourd'hui en apprécier les résultats. Les Américains ont entrepris ce travail et dressé des statistiques. Or deux faits ressortent de ces statistiques.

D'abord il est impossible de nier le succès du *Hampton Normal and Agricultural Institute*. Il est attesté par le grand nombre des élèves. En 1899, il y avait à l'Institut presque un millier d'étudiants, sans compter les 500 ou 600 enfants de couleur enrôlés dans la Whittier School. Aux nègres, qui formaient

[1] Hampton, *Annual report*, 1901.

toujours la majorité de cette population, il fallait ajouter 200 Indiens et même quelques blancs. En 1901, le nombre des candidats était devenu si grand qu'on fut forcé d'instituer une sélection sévère. Cependant, malgré toutes les difficultés de l'examen, il y avait encore 265 filles, dont 210 de couleur, 54 indigènes et 1 blanche; et 378 garçons, dont 311 de couleur, 65 Indiens et 2 blancs. On était loin des 15 élèves avec lesquels le général Armstrong avait commencé. Le succès est encore attesté par le nombre des institutions filiales. Citons :

La Manassas Industrial School;
La Manual Training School of Saint-Paul, Lawrenceville, Va;
Le Mount Meigs Institute, Waugh, Ala;
La Denmark Industrial School, S. C.;
La Storrs School, Atlanta, Ga;
Le Spelman Seminary for Women and Girls, Atlanta, Ga;
La Tougaloo University, Tougaloo, Miss.;
La Claflin University, Orangeburg, S. C.;
Le Bishop College, Marshall, Tex.

D'ailleurs aucune de ces écoles n'égale l'*Industrial School de Tuskegee*, que dirige M. Booker Washington. L'école fut fondée en 1881, dans une baraque si pauvre que quand il pleuvait un élève devait tenir un parapluie au-dessus de la tête du maître. En 1901, elle possédait 50 bâtiments, 2,500 acres de champs, sans compter 25,000 acres de terrains miniers garantis comme dotation par le Congrès fédéral en 1899.

Cependant à côté de ces succès il faut noter dans les statistiques un deuxième fait. Hampton fut destiné à former des agriculteurs et des ouvriers; Hampton produit surtout des maîtres d'école. On a recherché les professions des 1,100 élèves qui ont suivi complètement les cours de l'institution sans se contenter d'un apprentissage industriel. Parmi eux un très grand nombre ont conservé le métier appris à l'école, mais 60 p. 100 ne le pratiquent pas comme ouvriers, ils l'enseignent aux autres. Certes ces maîtres sont nécessaires; car ils s'en vont dans les instituts industriels et même dans les écoles de village prêcher l'évangile du travail. Nous n'en constatons pas moins ici un résultat qui se répétera pour d'autres systèmes économiques. Ils n'ont pas toujours atteint leur but; et les futurs ouvriers qu'ils préparaient ont, à l'exemple de M. Booker Washington lui-même, profité de l'instruction reçue pour dévier vers les carrières libérales.

LES TRAVAUX FÉMININS [1].

Les travaux féminins existaient déjà dans les écoles précédentes. Vers 1860, quand les écoles industrielles d'Europe perdirent tout espoir de vivre, l'importance des travaux féminins persista, et une nouvelle forme de travail manuel se développa, particulièrement en France et en Allemagne.

1. LA CRISE ÉCONOMIQUE.

Il y eut à cette époque une grave crise économique dans tous les pays occidentaux.

En France, par exemple, l'inspecteur primaire Viaud, à Commercy, fut frappé par l'incapacité manuelle des femmes dans son arrondissement. Les traditions de travail s'étaient affaiblies, à mesure que le bien-être augmentait et que l'industrie mécanique déversait de plus grandes quantités d'objets confectionnés à la machine; et quelques années à peine suffiraient pour que les femmes ne sussent plus que causer. «Un jour, dans un village dont je dois taire le nom, village ayant un chiffre de population qui atteignait presque 500 âmes, je trouvai les enfants avec des bas troués, des vêtements tellement usés et en lambeaux que je ne pus m'empêcher d'en faire l'observation à l'école, en présence des autorités locales, qui assistaient à mon examen. «Ici, me fut-il répondu, on ne s'occupe que de la fabri-«cation des paniers, et l'on y emploie les enfants dès qu'ils peu-«vent être occupés à cet ouvrage, soit pour confectionner quelques «parties de corbeilles ou de paniers, ou même pour préparer

<hr>

[1] A consulter :

Rosalie Schallenfeld, *Der Handarbeits-Unterricht in Schulen. Werth, Inhalt, Lehrgang und Methodik desselben.* Frankfurt a. M. 4. Aufl., 1875, 1. Aufl., 1861.

Viaud, *Méthode pour l'enseignement des travaux manuels dans les classes de filles.* Compiègne, 2ᵉ éd. 1869, 1ʳᵉ éd. 1862.

F. W. D. Krause, *Die Geschichte des Unterrichts in den Nadelarbeiten* (dans Kehr, Geschichte der Methodik des deutschen Volksschulunterrichts. 2. Aufl. Band IV.), Gotha, 1889.

Altmann, *Handarbeiten für Mädchen,* dans Rein, Encyklopädisches Handbuch. 2. Aufl., 1905.

« l'osier. Ce travail absorbe tous leurs instants et ceux des mères
« de famille. Quand les enfants ont besoin d'un pantalon, d'une
« veste, d'une robe ou d'un tablier, on l'achète tout fait, et tant
« qu'il peut tenir, tant qu'il n'est pas hors de service, on le porte,
« mais sans jamais le raccommoder lorsqu'il en a besoin, parce
« que peu de mères en seraient capables. » Cette explication me
suggéra la pensée de faire le recensement des personnes sachant
coudre et tricoter dans cette commune, et grâce aux soins de
l'instituteur j'y parvins. Il y avait en tout 4 bonnes vieilles femmes
sachant un peu tricoter et capables de conduire un bas, et
21 jeunes filles ou mères de famille seulement sachant faire au
plus un ourlet [1]. »

Il en était de même en Allemagne. En 1870, un observateur
français, Salicis, se consolait de notre désastre militaire en son-
geant au désastre économique qui menaçait le vainqueur : « Depuis longtemps, écrivait-il, les Gretchen ont cessé de filer; avant
peu elles ne sauront plus coudre. »

2. Les premiers essais.

Contre ce danger, un certain nombre de personnes firent appel
à l'école; et elles y installèrent en toute hâte un enseignement
manuel de fortune. Parmi ces essais, celui de l'inspecteur Viaud
peut être choisi comme exemple.

Il fallait d'abord des maîtresses. Viaud s'adressa à la femme, à
la fille ou à la sœur de l'instituteur. A leur défaut il prenait une
mère de famille, dont l'âge, la conduite et la tenue fussent de
nature à inspirer le respect, et qui venait de temps en temps
diriger le travail des élèves, tout en raccommodant le linge de
la famille, ou en exécutant les ouvrages commandés. Au besoin, il avait recours aux monitrices. Les plus grandes élèves
devenaient de petites mères; chacune prenait soin d'une petite fille qu'on leur faisait tirer au sort; elle était chargée de
lui enseigner les exercices et après la classe de conserver son
ouvrage.

Ensuite il fallait trouver des travaux. L'inspecteur prit tous
ceux qu'il put rencontrer. Il n'était certes pas opposé à ce qu'on

[1] Viaud, 15-16.

apportât en classe des objets à coudre ou à réparer. Mais, soit faute des parents, soit inexpérience, le plus grand nombre des élèves ne pouvaient pas s'occuper à ces travaux. Alors l'œuvre essentielle ne pouvait être le plus souvent que la pièce de linge, un carré d'étoffe sur lequel les petites filles, et souvent les petites mères, travaillaient toute l'année, faisant des reprises, des raccommodages et des points, puis défaisant ce qu'elles avaient fait, d'abord pour arriver à mieux, ensuite pour éviter le renouvellement de la pièce de linge.

Cependant Viaud craignait que l'intelligence ne restât endormie deux soirées par semaine. Parfois l'institutrice devait couper les leçons en expliquant les connaissances indispensables à une bonne couturière ou à une bonne tricoteuse, ou même en les dictant : « Quelles sont les qualités qui distinguent les bonnes aiguilles à coudre ? Les aiguilles à coudre, pour être bonnes, doivent réunir plusieurs qualités : d'abord elles doivent être de bon acier afin de ne pas se tordre lorsqu'on s'en sert ; elles doivent aussi avoir le chas poli, de telle sorte qu'il ne coupe jamais le fil, et bien piquer. Le prix des aiguilles à coudre vendues au cent varie, selon la qualité, de 0 fr. 20 à 1 franc [1]. » Parfois aussi, lorsque toute la classe était au travail, on faisait chanter aux élèves quelques cantiques, ou on leur faisait réciter quelques morceaux par cœur. Enfin, une fois par semaine, pendant qu'on tricotait ou qu'on cousait, la maîtresse lisait ou racontait une histoire intéressante et morale.

Volontiers l'inspecteur visitait les classes de couture, accompagné parfois par l'inspecteur d'académie, parfois par le préfet, toujours par les autorités de la commune. On travaillait devant lui aux travaux les plus divers, comme dans un atelier de couturières. De moment en moment on chantait un cantique. L'inspecteur ne manquait pas de faire une petite allocution sur l'utilité du nouvel enseignement : « Je ne demande pas de beaux habits, mes enfants ; vous êtes ici à travailler, et ce sont vos effets de travail qu'il faut revêtir pour aller à l'école comme aux champs ; mais ce que je demande, c'est qu'ils ne soient pas couverts de boue et surtout qu'ils ne soient pas déchirés. J'aime mieux une pièce mal mise qu'un trou bien fait [2]. » Les autorités riaient, et

----

[1] Viaud, 39.
[2] Ib., 27.

remerciaient l'inspecteur de tenir la main à cette partie si essentielle de l'éducation des femmes.

Les mêmes efforts, à la même date, se multipliaient en Allemagne. Des maîtresses étrangères et des monitrices, des exercices perpétuellement recommencés, des récitations et des cantiques pour rompre la monotonie du travail manuel, tels étaient les moyens que trouvaient les novateurs les plus consciencieux.

3. Les conseils de Rosalie Schallenfeld.

Cependant, un certain nombre de maîtresses et de pédagogues, dans les pays allemands, acquirent la conviction qu'on ne soupçonnait pas toute l'importance des travaux féminins, qu'on les choisissait mal et qu'on ne savait pas les enseigner. Rosalie Schallenfeld, de Berlin, réussit la première à donner à ces travaux une méthode.

La première pensée de Rosalie Schallenfeld, c'est qu'il faut accorder aux travaux féminins une importance aussi grande qu'à toute autre branche de l'enseignement; c'est qu'ils méritent de devenir un objet d'enseignement direct dans les écoles de filles, une *Schuldisciplin*, car ils unissent aux occupations matérielles un entraînement intellectuel. «Une matière, dit-elle, a le droit d'être acceptée comme enseignement régulier quand elle développe des connaissances ou des facultés nécessaires à tout membre de la société, homme ou femme, et à plus forte raison quand elle exige un développement général[1].» Or c'est le cas pour les travaux féminins : «C'est une grande erreur, largement répandue, que l'apprentissage des travaux manuels repose sur l'acquisition d'une habileté technique. Cette habileté technique donne tout au plus la capacité de finir un bas ou une pièce de lingerie quand on a un bon modèle entre les mains et quand on est pourvu des matériaux et des outils nécessaires. Mais elle ne va pas plus loin... Qu'on réfléchisse seulement à tout ce qui est nécessaire pour tricoter un bas, pour coudre une chemise! Il faut savoir avec quelles matières peut être exécuté l'objet; puis il faut juger laquelle de ces matières convient à la personne qui doit le porter, à la saison, à la situation pécuniaire, et à bien

[1] Schallenfeld, 5.

d'autres conditions encore; puis on doit faire l'achat, faire concorder le prix réclamé avec la qualité de la matière; on doit choisir exactement les outils, connaître les règles et les lois qui dirigent l'exécution, comprendre les divisions et les calculs : alors seulement on peut exercer l'habileté technique; et encore faut-il y joindre le sens de la forme et de la beauté, pour faire un objet qui convienne exactement à une personne déterminée, et qui plaise aux yeux [1]! »

Un deuxième conseil, c'est qu'il faut faire un choix rigoureux parmi les exercices féminins. Il y en a tant d'espèces que l'école ne peut pas être obligée de les enseigner tous. D'autre part on ne doit pas laisser le choix au caprice; on ne doit même pas se contenter d'une distinction grossière en travaux de luxe et travaux utiles. Il faut chercher des exercices qui servent de fondement à tous les travaux féminins, qui donnent une formation suffisante pour l'exécution des simples ouvrages domestiques, et qui permettent une formation personnelle plus développée. A ce triple titre Rosalie Schallenfeld repousse les travaux autres que le tricot, le crochet, la reprise, la couture et la marque.

Enfin, et c'est l'essentiel, Rosalie Schallenfeld proposa de donner le nouvel enseignement selon toutes les règles qu'on appliquait aux autres et qu'on apprenait longuement dans les séminaires allemands : les principes pédagogiques, l'enseignement par classe, l'institutrice formée dans un séminaire étaient indispensables.

Elle rappela donc aux maîtresses les commandements pédagogiques qu'on apprenait alors et qu'il fallait adapter à l'enseignement manuel :

1° Tu le conduiras conformément à la nature des enfants et du sujet;

2° Tu suivras une marche du facile au difficile, du simple au composé, du proche à l'éloigné, du connu à l'inconnu, du concret à l'abstrait;

3° Tu mesureras les exercices à l'avancement de l'esprit et au développement de la force corporelle, particulièrement de la main et de l'œil;

4° Tu feras que la pratique précède la théorie, car la pratique est plus facile, la théorie plus difficile;

[1] Schallenfeld, 8-9.

5° Tu conduiras les travaux isolés l'un après l'autre et non en même temps ;

6° Tu diviseras non seulement l'enseignement en degrés divers, mais encore chaque degré en plus petites parties. Plus l'enseignement est morcelé et divisé, plus il devient facile pour la maîtresse et clair pour les élèves ; etc. [1].

Puis Rosalie Schallenfeld expliquait que l'enseignement doit s'adresser à toute la classe à la fois. Pour le tricotage, par exemple, l'exécution des mailles à l'endroit est d'abord apprise à toute la classe. La maîtresse réunit les enfants autour d'elle de façon qu'elles se tiennent toutes dans la même direction qu'elle ; elle prend de grosses aiguilles bien visibles et une grosse laine de couleur ; puis elle exécute elle-même tous les mouvements de la main, elle les décrit, elle les fait imiter. « Ainsi on apprend d'abord la mise en place du fil et l'exécution des boucles avec la main gauche ; puis l'aiguille est employée, de sorte que la maille soit achevée. Les mailles sont ensuite défaites jusqu'à ce qu'elles soient devenues régulières, et que les doigts aient acquis une certaine souplesse. Alors les élèves et la maîtresse prennent définitivement leurs aiguilles. La maîtresse pique lentement dans la maille en disant ce qu'elle fait ; les enfants cherchent à l'imiter et disent ce qu'elles font. Après ce premier mouvement vient le deuxième et ainsi de suite jusqu'à ce que la maille soit achevée ; puis on passe à la suivante. Si la maîtresse a déjà plusieurs fois indiqué les mouvements, elle les fait nommer par les élèves. Elle les interroge souvent : « Combien faut-il de mouvements pour faire une maille ? Quel est le premier, le deuxième ? Que fait-on ensuite ? » Quand les enfants ont des connaissances sûres et ont exécuté plusieurs rangs de mailles, elles restent à tricoter à leur place et travaillent tranquillement [2]. »

Naturellement un tel enseignement ne peut être donné que par une institutrice spécialement préparée, et non par la première mère de famille venue. Ne faut-il pas comme pour les autres enseignements une grande personnalité, une main et un œil exercés, le sens des formes et des couleurs, le goût, le sentiment de la netteté, de l'ordre et du détail, et encore plus

[1] Schallenfeld, 22-23.
[2] Ib., 35.

l'énergie qui empêche de faire soi-même le travail des élèves, sans
progrès et sans goût? Ne faut-il pas aussi une formation soignée?
Ne faut-il pas acquérir l'habileté technique, les connaissances spéciales sur le but, la nature et les règles des travaux manuels, la
capacité de s'exprimer justement et clairement, l'art de dessiner
sur le tableau noir, l'aptitude à compter, et surtout l'art d'enseigner? «Cette dernière exigence est la plus haute et la plus difficile de toutes, mais elle assure le succès... Une grande habileté technique n'assure pas le succès dans l'enseignement, tandis
qu'une grande capacité pédagogique l'assure, même avec une
habileté technique moyenne [1].»

Certes il restait encore beaucoup à découvrir dans l'enseignement manuel après Schallenfeld. Ses idées étaient profondément
modelées par les conditions locales, et on ne pouvait demander
à tous les pays d'accepter les commandements de la pédagogie
ou d'essayer l'enseignement par classe, sans prendre de précaution
contre un automatisme possible. Cependant Schallenfeld avait
posé des principes qui font aujourd'hui partie de tous les systèmes. Plus de différence entre l'enseignement manuel et les
autres études scolaires! On était loin des efforts consciencieux et
maladroits de Viaud, de ses cantiques, de ses pièces de linge
et de ses petites mères.

4. La période de l'obligation.

Avant que la méthode Schallenfeld ne fût connue, les gouvernements avaient aussi apporté leur concours aux travaux féminins. Depuis trente ou quarante ans déjà, ils encourageaient
par leurs circulaires les efforts privés. Vers 1870, ils se déci-
dèrent à prendre l'initiative de la lutte, et ils ajoutèrent aux premiers efforts toute la puissance dont ils disposaient. Ils procla-
mèrent l'obligation. Le canton de Saint-Gall en avait donné
l'exemple dès 1862. En 1867 la France l'imita, en 1869 l'Autriche, en 1872 la Prusse, en 1879 les derniers cantons suisses.
Le plus bel exemple de ce zèle fut certainement donné par le
gouvernement prussien.

Le 21 octobre 1872, l'administration provinciale du Schleswig

[1] Schallenfeld, 33.

perdit patience la première, et fit paraître une ordonnance détaillée :

1° A partir de Pâques 1873, l'enseignement des travaux féminins sera obligatoire, et le *Königliche Kirchenvisitatorium* décidera seul dans les cas douteux à quelle classe doit commencer cet enseignement.

2° L'introduction de cet enseignement ne peut être retardée que si on ne peut trouver aucune maîtresse apte à le diriger, et encore provisoirement.

3° Seules pourront être dispensées les élèves qui ont des raisons de santé, ou qui reçoivent évidemment dans leur famille toutes les connaissances désirables sur cette matière. Dans le premier cas, il faudra un certificat de médecin; dans le deuxième cas, au moins une attestation délivrée par une *Handarbeitslehrerin*.

4° On recommande de diviser les classes où le nombre des filles dépasse 80 en 3 sections.

5° On demande que deux heures au moins soient accordées à cet enseignement, et même quatre, et même plus, pourvu que le nombre des autres heures ne soit pas diminué.

6° L'enseignement manuel ne doit être confié qu'à une maîtresse ayant une bonne réputation et des capacités complètement suffisantes. Le mieux, ce serait une maîtresse déjà établie à l'école; quand ce n'est pas possible, c'est-à-dire le plus souvent, l'enseignement sera confié au moins à la femme, à la veuve ou à la fille d'un instituteur.

7° On fixe le salaire de la maîtresse pour chaque heure à 3 3/4 Sgr. au moins, et on décide que cette somme sera répartie entre les fonds intéressés selon les règles ordinaires pour le payement des maîtres.

8° Les travaux à enseigner sont les suivants : tricoter, coudre, repriser, raccommoder, marquer et couper.

9° Les matières nécessaires à l'enseignement seront fournies partie par la caisse scolaire, partie par les parents.

10° On recommande l'acquisition d'une machine à coudre pour la maîtresse.

11° On demande à la maîtresse de tenir une liste des absences et un compte du matériel acheté sur la caisse scolaire.

12° On menace les absences aux heures de travail manuel des mêmes peines que les absences aux heures d'école [1].

Cette ordonnance serait assez bien résumée en deux articles :

1° L'organisation et la fréquentation des travaux féminins sont obligatoires.

2° Les frais de toutes sortes, le salaire de la maîtresse, les matériaux, la machine à coudre, sont à la charge des sujets.

Le gouvernement central ne pouvait rester en arrière; et, à partir du 9 novembre 1872, une série d'ordonnances ministérielles calquèrent et précisèrent celle du Schleswig. Dans tout le royaume, les absences devaient être punies comme les absences aux classes ordinaires. Dans tout le royaume, les frais devaient être supportés, comme les autres charges scolaires, par les communautés scolaires. Si cependant ces communautés étaient trop pauvres, le gouvernement provincial était autorisé à leur donner une subvention, ce qui coupait court aux tentatives d'échapper à l'obligation.

Cependant beaucoup de communautés firent de l'opposition, puisqu'il s'agissait d'une nouveauté et d'une dépense. Alors le gouvernement prussien se mit en colère; et une dernière ordonnance, celle du 28 avril 1882, expliqua aux autorités provinciales comment il fallait traiter les communes récalcitrantes. «Si les communes ne se hâtent pas de chercher une maîtresse de travail manuel, ou si elles savent empêcher de la trouver, il faut leur fixer un délai, dans lequel elles auront à faire le nécessaire pour trouver une maîtresse de travail manuel. Le délai expiré sans que l'ordre ait été exécuté, alors le gouvernement provincial, de la manière qui lui semblera le plus convenable, déléguera l'inspecteur provincial, ou l'inspecteur du cercle, ou une autre personnalité qualifiée, pour fixer le salaire de la maîtresse et faire lever de force les cotisations. Si la communauté gêne la maîtresse dans ses fonctions, si elle la force à partir, il faut en chercher une nouvelle, au besoin augmenter le traitement et instituer de nouvelles cotisations. Il est à prévoir sûrement qu'après cette expérience les communautés récalcitrantes cesseront leur opposition. Si elles continuaient, elles n'obtiendraient qu'une augmentation de leurs charges. *Probatum est* [2].»

[1] Krause, 355.
[2] Krause, 357-358.

3.

5. LES OBSTACLES.

Malgré tous ces besoins, ces efforts et ces décrets, les travaux féminins se sont heurtés à des détails qui eurent assez de force pour les arrêter longtemps.

Le premier obstacle, ce fut l'ignorance. La méthode Schallenfeld resta inconnue, même en Allemagne; si bien que de nombreux chercheurs perdirent beaucoup de temps pour arriver à un résultat déjà proclamé. Rosalie Schallenfeld était morte en 1864, et le séminaire qu'elle avait annexé à l'école de sa sœur Agnès disparut avec elle. Sa sœur avait pieusement conservé sa méthode, et elle préparait une *Praktische Anweisung zur Erteilung des Hand-arbeitsunterrichts nach der Schallenfeldschen Methode*, qui parut de 1880 à 1882; mais elle n'était pas capable d'entreprendre une propagande active. Aussi les vieilles coutumes persistaient; et Merget, directeur du *Lehrerinnenseminar* de Berlin, président de la commission d'examen pour les maîtresses de travail manuel, écrivait encore, dans un livre qui parvint à la troisième édition : « Pendant l'enseignement, il faudra faire des contes aux petits de temps en temps. Dans les classes où la force en lecture est assez grande, on pourra faire lire les élèves à tour de rôle [1]. »

Plus tard, on fut retardé par un enthousiasme exagéré pour la méthode Schallenfeld. Krause, en Allemagne, en donna le plus bel exemple, quand il transforma l'enseignement par classe en enseignement simultané, c'est-à-dire en exercice militaire à la prussienne. Exemple, la maille à l'endroit en 4 temps : « La maîtresse a tricoté plusieurs rangs de mailles; le dernier est commencé. Selon la manière souvent décrite, elle se tient debout devant la classe, et elle se commande à elle-même : « Prenez — ouvrage! Piquez! (de bas en haut). Bou-« clez! (de droite à gauche). Nouez! (d'arrière en avant). Faites « tomber! (l'aiguille gauche est poussée en arrière avec l'index de « la main droite, si bien que la dernière maille tricotée glisse hors « de cette aiguille). » Elle répète ces commandements plusieurs fois. « Qu'ai-je dit d'abord? — Piquez! — Ensuite? — Bouclez! « — Ensuite? — Nouez! — Ensuite? — Faites tomber! — Dites-

[1] Krause, 373.

«le tout d'une suite! Encore! etc. Maintenant commandez vous-
«mêmes la manœuvre!» La maîtresse tricote au commandement
des enfants des mailles à l'endroit, jusqu'à ce que les fillettes
puissent faire suivre rapidement et sûrement tous les mouvements.
Alors la maîtresse commande, et les élèves exécutent les ordres :
«Préparez — ouvrage! 1, 2, 3. Ouvrage — prêt! Prenez —
«ouvrage! Piquez!» Si une enfant n'exécute pas bien le mouvement, la maîtresse, ou mieux une monitrice, le lui montre.
«Autant! (Sortir l'aiguille). Piquez! Autant! Piquez!» Le mouvement est répété jusqu'à ce qu'il soit parfait. «Reposez — ou-
«vrage! Repos!» Après que tous les mouvements ont été l'objet
d'exercices suffisants, Krause daigne donner quelques explications : «Ce qui vient d'être tricoté, on le nomme une maille.
Comment appelle-t-on ce qui vient d'être tricoté? Combien de
mouvements sont nécessaires pour cette maille? Comment se
nomment ces mouvements [1]?»

D'ailleurs on s'est heurté surtout à l'indifférence. La France en
particulier est restée jusqu'en 1889 dans cette position inexpu-
gnable. On avait beau multiplier les programmes et les manuels,
les autorités s'en tenaient aux exercices purement professionnels [2],
et les institutrices s'en tenaient au mépris. En 1889, un inspecteur primaire écrivait : «A l'école de filles de Z..., où je me
trouve depuis une heure ou deux, et où j'ai vu quelques bons
exercices, bien dirigés par l'institutrice, arrive l'heure de la
leçon de couture. Je laisse tout le monde s'installer, et je vois
apparaître toute une série d'objets les plus variés. Deux ou trois
aspirantes au certificat d'études ont du fil, une aiguille et de
l'étoffe : elles cousent, ce sont les seules. Les autres font de la
dentelle, de la tapisserie, du crochet, beaucoup de crochet; les
petites ne font rien du tout. La maîtresse regarde. On pourrait à
la rigueur se croire dans un atelier, mais non dans une classe où
se fait une leçon, car de leçon, il n'y en a point [3].»

Ce n'étaient là que des détails. Ils ne peuvent pas nous faire
oublier la grandeur et l'enthousiasme du mouvement en faveur
des travaux féminins. Ils ne peuvent pas non plus nous cacher
l'importance qu'ont prise ces travaux dans beaucoup de pays et

[1] Krause, 402.
[2] Cf. par exemple Schefer et Amis, *Les travaux manuels* (filles). Paris,
1894.
[3] *Enseignement manuel et expérimental*, I, 166, juin 1889 (Doin).

beaucoup de systèmes aujourd'hui. Cependant ils révèlent que le travail manuel était toujours à ses débuts, et qu'il avait besoin de transformations.

LE JARDIN SCOLAIRE [1].

Vers 1870, commencèrent les premiers essais sérieux pour instituer des jardins scolaires et pour y faire travailler des élèves. Les efforts se produisirent un peu partout, puis ils se précisèrent en Autriche, où une tradition s'établit, tandis que les recherches continuaient ailleurs.

1. Les premières demandes.

Depuis le XVIIIe siècle, on demandait que des jardins fussent annexés aux écoles. Quelques philosophes parlaient déjà de former les esprits et les caractères par le contact perpétuel avec la nature, par exemple Fröbel, qui plaçait ses élèves au milieu d'un jardin d'enfants, les grands pour travailler, les petits pour jouer. Des professeurs en quête de la meilleure méthode pour enseigner les sciences naturelles arrivaient aussi au jardin scolaire, tel Lüben, qui souhaitait que toute école possédât un jardinet pour la culture des plantes locales les plus instructives. Mais surtout les économistes songeaient à renouveler les cultures et l'aspect des campagnes par le jardin scolaire, et leurs vœux se réalisaient dans certaines écoles et dans quelques ordonnances gouvernementales.

Parmi les écoles qui furent pourvues d'un jardin scolaire, les plus célèbres furent en Suisse. Leur origine remontait à Emmanuel de Fellenberg, qui avait déjà enseigné le jardinage plus que tout autre travail aux orphelins qu'il pouvait recueillir dans son institut à Hofwyl, et instruire selon sa devise : Travaille et prie. Puis un disciple de Fellenberg, Wehrli, s'était consacré

[1] A consulter :

E. Schwab, *Der Schulgarten. Ein Beitrag zur Lösung der Aufgabe unserer öffentlichen Erziehung.* Wien, 4. Aufl., 1876. 1. Aufl., 1870.

E. Schwab, *Die österreichische Musterschule in der Weltausstellung.* Comité der Schulfreunde. Wien, 1873.

avec enthousiasme à répandre cette doctrine et à fonder des écoles où il enseignait aux enfants pauvres les travaux des champs et la culture de la vigne, en même temps que la menuiserie, le cartonnage et la vannerie. On appelait tous ces établissements des *Wehrlischulen*.

Parmi les gouvernements qui s'intéressèrent à la question, il faut citer la France, qui créa de grands jardins auprès de ses écoles normales. Il faut citer encore le gouvernement suédois, qui favorisa par des subventions l'installation de jardins auprès des écoles rurales. La législature de Hongrie déclara que le jardin scolaire devait faire partie intégrante de l'école primaire. En Autriche, la loi du 14 mai 1869, article 7, § 63, ordonna de créer dans des communes rurales, autant que possible, non seulement un jardin pour le maître, mais aussi un champ pour les expériences agricoles.

Pour toutes ces raisons, un certain nombre de jardins scolaires avaient été installés, tantôt au hasard, tantôt sérieusement. Les idées et les formes les plus diverses y germaient. Cependant aucune d'elles ne s'était encore développée.

2. Le livre de Schwab.

C'est dans la Silésie autrichienne, à Olmütz, qu'apparurent les raisons définitives qui allaient généraliser le jardin scolaire.

La découverte en fut faite vers 1870 par le Dr Erasmus Schwab. Il n'était guère au courant du jardinage ni des essais précédents, mais il était inspecteur scolaire, et chargé d'appliquer la loi de 1869. Et puis il eut le bonheur de rencontrer une inspiration et le talent de la saisir. «Il inspectait l'école du petit village de Nedweiss, près Olmütz. La contrée tout autour est une plaine fertile, une partie de la riche région qu'on appelle le Hanna; mais en long et en large, au delà des arbres fruitiers plantés derrière les maisons, on ne voit ni arbre ni buisson; et la monotonie des champs n'est interrompue que par les arbres qui bordent les routes et qui appartiennent d'ailleurs à un très petit nombre d'espèces. Le Dr Schwab plaignait les enfants du village, qui au milieu d'une telle monotonie devaient bien négliger l'observation intime de la nature. Comme il regardait par une fenêtre de la salle d'école, il vit à côté du jardinet de l'instituteur un grand champ désert. Aussitôt se dressa en lui la pensée : « Ici il faut un « jardin scolaire[1] ! » Au retour, l'inspecteur savait déjà ce qui devait se trouver dans ce jardin. Il écrivit, il consulta ses amis, il créa immédiatement le jardin scolaire de Nedweiss, et il publia en outre un opuscule qui fit époque : *Der Schulgarten.*

Le livre est très confus, le jardin scolaire y étant perpétuellement submergé par l'admiration que Schwab éprouvait pour sa découverte et pour sa personne : « Celui qui veut faire des projets de jardins scolaires, s'écrie-t-il dès le début, doit être un idéaliste et avoir un cœur qui batte pour le peuple ; il doit posséder les connaissances pratiques nécessaires, connaître la vie et ses exigences par l'expérience personnelle, être en relations avec toutes les couches de la population ; il doit surtout connaître les instituteurs et être un homme d'école, pour pouvoir discerner si ses propositions auront une valeur générale[2]. » Mais une œuvre essentielle était accomplie : le livre de Schwab prophétisait les utilités multiples qui devaient attirer vers le jardin scolaire l'argent de l'État et l'attention des élèves.

Premièrement le jardin scolaire sera un moyen d'éducation pour l'école primaire rurale. Les écoles ordinaires ne peuvent guère cultiver l'observation, la moralité, la solidarité, le goût esthétique, toutes les qualités de l'intelligence et du caractère. Ajoutons à l'école un jardin ! Aussitôt la plus large trouée s'ouvrira devant l'intelligence : « Qu'on éveille dans ce jardin l'intérêt pour les phénomènes, pour le charme et la valeur de la nature locale, qu'on le développe, qu'on le célèbre ! Alors la faculté de regarder est éduquée, les élèves prennent un vif plaisir à observer exactement et tranquillement, à réfléchir sur ce qu'ils ont vu, à trouver la liaison entre le phénomène et la cause ; alors le sens d'observer, de voir et d'ordonner les diverses formes et les phénomènes changeants est donné fixement à l'enfant. Or la clarté des représentations est le fondement pour tout le travail intellectuel de la vie humaine. Le Schulgarten est donc une école de jugement juste et mesuré, de réflexion sensée, en même temps qu'il est la source des joies les plus pures pour l'enfance et la jeunesse innocente, le contact avec la nature[3]. »

[1] Schwab, *Schulg.*, 2.
[2] *Ibid.*, 3.
[3] *Ibid.*, 17.

Pendant ce temps, le caractère se forme peu à peu. Les enfants deviennent amis des arbres et des fleurs, et ils apprennent à aimer même les hommes. «Le fondement de toutes les vertus civiques et humaines, c'est le sentiment social. Jusqu'ici le paysan l'a moins possédé que les citadins, ce qui n'est pas un miracle, car les villes sont le foyer de la formation intellectuelle et morale. Mais où les germes du sentiment moral pourraient-ils être semés plus efficacement et plus vite que dans le jardin scolaire? Si l'école fait apprendre en commun, le jardin permettra encore le travail en commun, le plaisir en commun, les jeux en commun [1]. »

Deuxièmement, le jardin scolaire deviendra pour toutes les écoles sans exception un moyen d'instruction unique, qui fera pénétrer les élèves quelquefois dans les sciences naturelles et toujours dans la connaissance de la nature. On ignore communément les plantes locales et, à plus forte raison, les plantes étrangères qu'on eût pu acclimater dans les villages. Le Schulgarten mettra les enfants au milieu des plantes, des animaux et des minéraux, et les forcera à étudier toute la nature.

Alors le monde végétal deviendra un objet d'observation passionnée : paysans et citadins prendront plaisir à connaître les espèces variées d'arbres fruitiers ou forestiers qui ombrageront le jardin scolaire, et les fleurs qui seront répandues un peu partout, en grandes plates-bandes, en petites bordures, le long des murs de l'école, sur les fenêtres et jusque sur les toits.

Le jardin sera un asile pour les animaux utiles, où les élèves apprendront à les connaître et à les soigner. «De justes vues sur beaucoup de nos animaux seront répandues non pas par la salle d'école, mais par le jardin scolaire. Le paysan et le jardinier de l'avenir, le forestier de l'avenir doivent apprendre avec avidité à connaître les amis et les ennemis que la prairie, le champ, le jardin et la forêt possèdent dans le monde animal. Le hérisson, par exemple, élira sans inquiétude domicile dans le jardin; le crapaud, que les jardiniers anglais achètent déjà, ne sera éloigné que des ruches; on le supportera, on le protégera sans délai. Les chauves-souris obtiendront grâce; les busards et les chouettes même seront sûrs de la vie, aussitôt que la jeunesse du village saura qu'en dehors de l'aigle nous n'avons vraiment que deux oiseaux de proie, la pie et l'autour.

[1] Schwab, *Schulg.*, 18.

Les oiseaux trouveront alors partout protection; de douces mains répandront pour nos oiseaux champêtres, pendant l'hiver, de la nourriture; et les lois du pays, qui veulent accorder protection à ces amis de l'homme, auront de la force; la recherche des nids, la capture en masse des oiseaux chanteurs cesseront. Le chant des oiseaux éveillera la contrée et adoucira les âmes; les mésanges se multiplieront d'une façon incroyable, et maint oiseau utile, le sansonnet, le choucas, le pic seront attirés par des nids et fixés dans des villages où ils ne font maintenant que passer[1]. »

Enfin les enfants apprendront à connaître les corps inertes. Ils sauront, par exemple, que l'humus est produit par la décomposition des tissus végétaux et animaux, et qu'il contient de l'acide carbonique et de l'ammoniaque. Ils sauront combien les plantes recherchent l'acide carbonique, non seulement dans l'air, mais dans le sol, comment elles absorbent des aliments minéraux, comment elles les décomposent par une action mécanique et chimique. Ils verront aussi que le sol s'appauvrit et qu'il faut étudier les engrais. Ainsi la nature tout entière sera déployée devant les yeux attentifs.

Troisièmement, il ne faut pas oublier l'intérêt économique. L'école elle-même pourra tirer quelque argent de ses légumes ou de ses fleurs; et le pays en retirera le bien-être, la beauté, la santé.

D'abord le bien-être sera augmenté. « Dans le jardin scolaire, il y aura occasion de mettre aux mains des enfants les outils perfectionnés qu'ont inventés les Anglais et les Américains. On introduira des cultures nouvelles, qui prospéreront parfois et feront une richesse pour le pays; tel le jardinage qui peut, en beaucoup d'endroits, remplacer l'agriculture, donner trois récoltes au lieu d'une, et des récoltes bien supérieures; ou bien encore le maïs comme deuxième culture, le safran, le tabac, le houblon, les diverses sortes de la citrouille comestible, le trèfle en Hongrie, et une série de plantes industrielles et économiques, fourragères et commerciales, qui seront introduites avec peu de peine et peu de frais dans beaucoup d'endroits[2]. » On appliquera surtout les méthodes nouvelles de culture intensive, quand la routine, contre laquelle se sont brisés les efforts des sociétés d'agriculture et des écrits populaires, sera effritée à son tour par les

[1] Schwab, *Schulg.*, 26-27.
[2] *Ibid.*, 21.

démonstrations pratiques du jardin scolaire : «On voit encore aujourd'hui, dans beaucoup de pays estimés pour leur agriculture, des paysans qui n'utilisent pas le purin et qui le laissent couler par les rues du village et s'évaporer... Dans beaucoup de régions, en Autriche et en Hongrie, l'étable est souvent trop étroite, le fumier est laissé sans soin et sans but, et le séjour fréquent du bétail en liberté a pour conséquence une perte considérable de fumier [1]. »

Puis il est important que le pays soit beau, pour les étrangers et pour les habitants eux-mêmes. Faire disparaître dans les villages les tas de boue et les tas de fumier, planter partout des arbres au bord des routes et sur les places, mettre des plantes grimpantes et des vignes le long des ruelles étroites; dans les villes, créer des promenades, planter des arbres devant les églises et autour des fontaines publiques; auprès de chaque maison, perfectionner le jardin domestique, afin qu'on puisse y trouver non seulement de l'utilité, mais encore un repos agréable : voilà des embellissements que le jardin scolaire peut spécialement inspirer.

Enfin le pays deviendra plus sain. La disparition des forêts entraîne de graves conséquences météorologiques; car la terre se dessèche rapidement, par suite de la rareté grandissante des pluies, du caractère plus torrentiel des rivières, et par l'effet des vents qui soufflent sans obstacle. Lui rendre les arbres, ce serait lui rendre l'humidité; et avec l'humidité, c'est le vent moins violent, ce sont les écarts de température moins brusques, c'est la santé qui accourraient. «Tout arbre dans une ville est comme une source de salubrité, un gardien muet de notre santé, en même temps qu'un ornement et qu'un réconfort [2]. »

Le jardin scolaire amènerait donc le retour de l'âge d'or sur la terre. C'est du moins ce que Schwab affirme, avec l'enthousiasme et la confiance qui convenaient au début de l'enseignement manuel et qui se sont heurtés à tant de désillusions dans la pratique : «Certainement une nouvelle espèce sortira de l'école; elle ne verra plus la terre comme une déplorable vallée de misère, mais comme un champ digne de l'application humaine, comme une patrie sûre, habitable, dans laquelle l'homme d'un sentiment élevé doit conserver sans cesse la joie du cœur, et s'efforcer de

[1] Schwab, *Schulg.*, 11-12.
[2] *Ibid.*, 32.

donner à ses compagnons d'humanité le bonheur [1]. » Qu'on
sourie aujourd'hui de cette emphase et de cet orgueil! En 1870,
ce fut une force qui poussa l'idéaliste docteur Schwab à s'occuper
passionnément des détails les plus mesquins et des fumiers, et
qui répandit surtout comme une épidémie d'enthousiasme en
Autriche.

3. Le Schulgarten à l'exposition de Vienne.

Il fallait cependant faire descendre cet enthousiasme sur la
terre et créer des jardins scolaires. Dans son livre Schwab donnait bien quelques détails confus, au milieu des rêveries et des
mots; il y avait même ajouté trois plans de jardins dus à un
de ses amis, M. Machanek. Mais ces suggestions, il fallait les
réunir, les appliquer, les corriger par l'expérience. Le docteur
Schwab n'hésita pas à s'en charger, et il organisa lui-même
un jardin scolaire dans l'Exposition universelle de Vienne en
1873. Il prit bien soin d'expliquer aux visiteurs que ce n'était
pas un type immuable, que les jardins devaient varier à l'infini,
selon les régions, la grandeur du terrain et la population de la
commune. Cependant le Schulgarten de l'exposition résumait et
soulignait les quatre parties qui pouvaient être admises dans le jardin scolaire.

D'abord une place de jeux avait été aménagée à l'entrée,
entre les bâtiments scolaires et le jardin proprement dit. Elle
n'était pas grande, mais tout y était arrangé pour exciter la
gaieté : des pelouses et des arbres tout autour, des fleurs qui
grimpaient au mur de l'école, des fleurs encore au-dessus de la
porte, et comme fond de paysage le jardin tout entier, avec ses
gazons, ses bosquets et ses plates-bandes. «Un Schulgarten, surtout dans la ville, doit emplir d'envie les enfants qui peuvent
y venir, et même ceux qui ne le voient encore que de leurs
fenêtres; il fait que l'école pour une fois est fréquentée volontiers. Qu'on observe seulement la joie que prennent les enfants,
quoiqu'il n'y ait que quelques arbres devant la maison d'école,
dans la cour, quand les murs de la cour ou de la place de gymnastique sont ornés avec des plantes grimpantes ou de la verdure

[1] Schwab, Schulg., 17.

persistante, et les coins avec des corbeilles de fleurs[1] ! » L'endroit
est si plaisant que les petits y resteront toute la journée, sous
la surveillance de la femme ou de la fille de l'instituteur.

Ensuite venait le jardin d'ornement qui occupait la plus grande
partie du terrain. Des pelouses et des arbres, des corbeilles de
plantes vertes et de fleurs, des lignes sinueuses longuement étudiées, deux fontaines le garnissaient. C'est là qu'était concentrée
toute la nature locale. Au centre était une longue plate-bande de
fleurs, protégées par des mûriers; et on trouvait encore des fleurs
répandues çà et là, au bord des autres planches. Une grande
pelouse servait à la fois pour faire connaître les herbes de la
prairie et pour encadrer les arbres fruitiers. Plus loin, c'étaient
les arbres forestiers, tout le long du mur qui formaient comme la
frontière du jardin. Ailleurs, c'étaient les arbrisseaux; ou bien
encore les arbres à aiguilles entouraient de leur rempart pittoresque les ruches pleines d'abeilles et de miel qui intéressaient
beaucoup les visiteurs, et sur lesquelles Schwab insistait particulièrement. «Le besoin de cire, disait-il, augmente tous les
jours sans que l'élevage augmente en égale proportion. Le sucre
qui a remplacé le miel comme moyen d'adoucir les mets dans
presque tous les pays, à l'exception de la Hongrie, n'a pu riva-
liser avec lui comme remède ni comme aliment agréable et sain[2]. »
On eût dit un lambeau de Carniole transporté à Vienne. Non
loin de là, une planche était par exception entourée d'un grillage :
elle montrait une collection des plantes vénéneuses locales les
plus importantes. Enfin une petite étable et une écurie permettaient de compléter l'étude des animaux. D'ailleurs l'installation
était très modeste; et Schwab rêvait pour les villes riches mille
moyens d'embellir cette partie. Si la place n'avait manqué, il eût
imité avec joie le jardin scolaire du banquier Erkunze à Chem-
nitz, en plaçant des statues, des rochers couverts de plantes al-
pestres, ou un étang rempli de plantes marécageuses et aqua-
tiques.

A gauche un long espace avait été réservé pour former le
terrain d'exercice. Soigneusement défoncé par des hommes de
bonne volonté, amendé et fumé sous la direction de l'instituteur,
divisé en petites plates-bandes et en petits carrés, il doit former

<hr>

[1] Schwab, *Schulg.*, 32.
[2] *Ibid.*, 27.

la partie essentielle dans le jardin scolaire des écoles rurales. Chaque élève devait avoir son carré, les filles pour y soigner des légumes et des fleurs, les garçons pour y étudier les céréales et les herbages. Des plates-bandes étaient réservées pour semer, planter, greffer les arbres fruitiers. Chaque élève devait travailler souvent au terrain d'exercice, renouvelant les cultures, appliquant les conseils théoriques de l'instituteur et les exemples pratiques du jardinier, s'ingéniant lui-même, pour atteindre un triple but. « Le jardin d'essais sert en effet d'abord à la culture des plantes utiles de toutes sortes, céréales et plantes économiques, plantes fourragères et légumineuses, diverses plantes commerciales. Puis il sert à la représentation élémentaire des nouveaux progrès de la culture. Enfin il sert à donner les connaissances en physique et en chimie agricole indispensables aux paysans[1]. »

Enfin la maison d'école n'avait pas été exilée du jardin; mais elle avait été disposée sur un des bords, dans un encadrement de plates-bandes, d'arbres fruitiers et de roses de tous les mois, devant à ce cadre de verdure un charme inattendu, et égayant à son tour le jardin par son architecture pittoresque. Au lieu d'une prison, c'était une villa très gaie et très claire, entourée d'un jardin potager et d'un jardin d'ornement; si bien qu'elle devait exciter l'envie et l'imitation des habitants.

4. LA TRADITION AUTRICHIENNE.

Le système Schwab intéressa beaucoup les autorités autrichiennes. On n'alla pas jusqu'à proclamer l'obligation du jardin scolaire, comme Schwab le désirait, mais on en favorisa partout l'introduction; et aujourd'hui les jardins scolaires entourent presque toutes les écoles autrichiennes.

Il y eut certes des résistances. Des communes se refusèrent pendant longtemps, malgré les brochures de Schwab et les circulaires ministérielles, à faire les sacrifices nécessaires pour une coûteuse innovation. Les instituteurs surtout opposèrent souvent à l'enthousiasme de Schwab leur ignorance ou leur mauvaise volonté. Beaucoup de maîtres s'étaient tellement consacrés à la philologie qu'ils avaient oublié d'apprendre les caractéris-

[1] Schwab, *Schulg.*, 10.

tiques de quelques plantes ou le maniement de quelques outils,
et leur commune devait les faire aider par des maîtres am-
bulants qui passaient de temps en temps pour installer le jardin, inspecter les travaux faits, et donner de nouveaux conseils.
« Il faut même encore moins taire que dans certains cas les terrains donnés par les communes ou par les particuliers pour former le jardin scolaire furent détournés par le maître qui y fit
pousser des choux et des pommes de terre à son usage [1] », tant
qu'il fallut prendre des mesures pour distinguer le jardin du
maître et celui de l'école, et pour préserver le deuxième contre
l'égoïsme.

Cependant les bonnes volontés accouraient de toutes parts à
l'aide du jardin scolaire. Les lecteurs se passionnèrent si bien pour
le livre de Schwab qu'il atteignit sa quatrième édition en 1876.
Puis le Gouvernement autrichien fit donner toute son influence.
C'était le Ministère de l'agriculture qui distribuait le livre de
Schwab aux sociétés et aux écoles d'agriculture, et qui les in-
vitait à en faire rendre compte dans les journaux compétents.
C'était aussi le Ministère de l'enseignement qui recommandait
le *Schulgarten* aux bibliothèques scolaires, et qui prescrivait
aux écoles normales l'organisation d'exercices pratiques. De nouveau en 1875 le Ministère de l'agriculture intervenait pour
demander leur appui aux administrations des biens et forêts
de l'État, et au très riche fonds de la religion grecque orien-
tale en Bukovine; tandis que le Ministère de l'enseignement re-
nouvelait aux établissements de l'État un subside en faveur des
jardins. Le Ministère de l'intérieur lui-même attira l'attention des
gouverneurs impériaux sur la portée que pouvait avoir cette institution pour le bien du peuple et du pays. En même temps, la noblesse apportait à l'œuvre de Schwab un concours des plus importants. « Par exemple l'Administration des biens de S. A. l'archiduc
Albrecht a donné son appui à la création de Schulgärten sur les
nombreux biens de ce prince impérial, aussitôt que les instituteurs
en montraient le désir nettement [2]. » Des gouvernements provin-
ciaux s'enthousiasmaient aussi, comme ce chef d'un district gali-
cien qui stimula toute la noblesse de son district. Les communes,
surtout les communes allemandes, firent de plus en plus preuve

[1] Schwab, *Schulg.*, 37.
[2] *Ibid.*, 8.

de bonne volonté; et les paysans slaves eux-mêmes finirent par céder au mouvement, si bien qu'en 1876 le cercle de Mielec en Galicie avait déjà créé 3 jardins scolaires, et songeait à en doter ses 35 écoles, sans exception. Cependant des professeurs ouvraient des cours de vacances pour instruire les maîtres nombreux qui s'intéressaient au nouvel enseignement. Par exemple à Oberheimsdorf, le directeur de l'Institut d'agriculture, M. Janovsky, créa un cours de six semaines pendant les vacances d'automne pour les instituteurs silésiens; il disposa auprès d'une école des environs un petit jardin modèle; et il se déclarait prêt à travailler gratuitement des plans pour toutes les communes qui lui en feraient la demande. Enfin un grand nombre de livres ont paru en Autriche pour préciser les détails du jardin scolaire, expliquer les méthodes de culture, ou indiquer des plantes nouvelles.

Aujourd'hui, tous ces efforts ont obtenu le succès. A l'Exposition de Paris en 1900 le jardin autrichien fut remarqué presque autant qu'à l'ancienne Exposition de Vienne. On y trouvait la statistique suivante, qui n'a pas besoin de commentaires :

	ÉCOLES.	JARDINS.	P. 100.
Styrie.....................	847	874	103
Silésie....................	505	455	90
Bohême....................	5,385	4,538	84
Carinthie..................	373	276	74
Moravie...................	2,491	1,788	72
Carniole..................	321	221	69
Galicie...................	3,726	2,519	68
Basse-Autriche............	1,712	1,113	65
Haute-Autriche............	518	254	49
Görz et Gradiska..........	193	94	49
Bukovine..................	349	164	47
Dalmatie..................	347	151	46
Salzbourg.................	166	63	38
Istrie....................	158	47	30
Trieste...................	43	8	18
Voralberg.................	188	21	11
Tyrol [1]..................	1,425	24	2
Totaux............	18,747	12,620	67

[1] *Exposition de 1900. Rapport. Enseignement primaire, Autriche.*

5. Le *Schulgarten* dans les autres pays.

Cependant ce grand succès fut local. Nulle part ailleurs le jardin ne réussit à former une partie stable de la tradition scolaire. Presque partout on y a songé beaucoup, on a examiné les expositions autrichiennes, on a demandé des renseignements à Schwab. Mais le résultat a été insensible, soit qu'on ait manqué d'enthousiasme, soit qu'on se soit heurté à des obstacles que Schwab n'avait pas suffisamment prévus. Une question surtout fut partout posée, la question de la méthode. Qu'est-ce que les enfants doivent faire exactement dans le jardin scolaire? Quelles connaissances faut-il leur donner, et quels détails faut-il remettre à plus tard? Schwab en avait vaguement dit quelque chose, mais ce n'était pas suffisant pour les pays où les méthodes pédagogiques étaient très précises et très développées.

En France, par exemple, on se plaignait de l'absence d'un règlement général; et la tendance de l'école primaire française à exagérer la précision des programmes, à fixer mois par mois et heure par heure tout ce que l'instituteur doit machinalement faire, n'a pas encore obtenu satisfaction. Aussi, malgré de remarquables efforts dans quelques écoles isolées, à Pauvres, à Nanteuil, à Limoges par exemple, malgré tout le dévouement de quelques instituteurs qui ont acheté eux-mêmes une parcelle de terrain, malgré l'enseignement de plusieurs écoles normales, les jardins scolaires restent stationnaires.

En Belgique aussi, la loi du 20 septembre 1884, qui décrétait l'obligation du jardin scolaire, n'eut guère d'effet, faute de méthode. Le Gouvernement belge, qui s'intéresse à toutes les questions utilitaires, dut bientôt découvrir le défaut de sa loi; et une circulaire du Ministère de l'intérieur et de l'instruction publique en 1890 entra dans des détails que n'avait guère prévus l'idéaliste Schwab. Elle fixait soigneusement les cinq règles qui devaient guider le nouvel enseignement :

A. Les notions d'agriculture, d'horticulture et d'arboriculture doivent être basées sur les principes positifs des sciences naturelles.

B. Les leçons doivent être intuitives. (L'agriculture est avant tout une science de faits... Et il importe de le rappeler : les faits ne frappent fortement que quand ils sont pris sur le vif, matériellement constatés.)

C. Les leçons doivent s'appuyer dans une juste mesure sur l'expérimentation et le travail pratique.

D. Les leçons doivent être données aux trois degrés de l'école d'après un programme bien déterminé, et autant que possible en cours concentriques.

E. Les notions les plus importantes du cours régulier doivent être ramenées occasionnellement dans divers exercices scolaires (lectures expliquées, dictées, rédactions, problèmes), ainsi que dans des visites à la ferme et des excursions à la campagne [1].

Puis, la circulaire fixait un programme. En voici un extrait, pour le degré inférieur.

« 1° Montrer et dénommer dans une série de visites au jardin les plantes potagères principales, quelques fleurs cultivées, les arbres fruitiers, les mauvaises herbes, etc.; donner un choix de détails intéressants; associer, dans la mesure du possible, les enfants à des travaux faciles, tels que le sarclage, l'éclaircissage, le repiquage, l'arrosage, afin de fortifier la connaissance des espèces de plantes et d'éveiller le goût du jardinage; confier, dans le même but, à chacun une fleur, une plante à cultiver en pleine terre ou en pot.

« 2° Petites leçons sur les sujets ci-après indiqués :

« A. Outils du jardinier. La bêche, la houe, le râteau, le plantoir, le cordeau, la latte, la binette, le sarcloir, l'arrosoir.

« B. Végétaux. Le chou et la giroflée, le haricot et le pois, le pommier et le poirier, le cerisier et le prunier, le rosier et le fraisier, la carotte et le persil (comparez la petite ciguë), la pomme de terre et le tabac, l'oignon et le poireau, le blé (froment ou épeautre ou seigle) et l'avoine.

N. B. — Il importe de faire observer les plantes dans les principales phases de leur développement et de ramener ainsi plusieurs fois pendant la saison l'entretien sur le même sujet.

« C. La chenille et le papillon; échenillage; le ver blanc et le hanneton [2]. »

En Angleterre enfin, c'est encore la méthode qu'on a jugée insuffisante, quand on a commencé à établir des jardins scolaires.

[1] *Enseignement manuel et expérimental*, II, 133-134.
[2] *Ibid.*, II, 163.

A Boscombe par exemple, on est allé jusqu'à fixer la liste des plantes qu'il fallait aligner dans chaque carré. On a mesuré le nombre de pouces de chaque outil; on a donné 4 dents à la fourche et 10 au râteau, exactement. On a fait tenir des journaux aux élèves, pour fixer les conditions de chaque culture :

« *Mars 15.* — Semer des oignons. *White Spanish and Bedfordshire Champion.* Une ligne de chacun, à 1 pied de distance. Plantation faite à environ 3 pouces de profondeur. Après la semaille, ramener le sol, et tasser avec la pelle.

« *Mai 14.* — Semer une ligne de laitue-chou dans le plot expérimental. Traiter les plants avec quatre espèces différentes d'engrais artificiel :

    2 lignes avec du nitrate de soude;
    2 lignes avec du nitrate-silicate;
    2 lignes avec du guano natif;
    2 lignes avec du guano ichthémique [1]. »

Des programmes, des listes d'outils, des listes de leçons, des rapports journaliers, des alignements de plantes, voilà les détails qu'avait négligés Schwab, et dont l'absence a laissé pendant vingt ans presque partout le jardin scolaire à la période des essais.

L'ENSEIGNEMENT MÉNAGER [2].

Bientôt se manifesta un nouveau besoin économique. On songea à enseigner aux jeunes filles les travaux du ménage, et on créa des écoles ménagères. L'Angleterre, l'Amérique ont fait beaucoup pour ces nouvelles écoles; mais la Belgique mérite encore plus qu'elles d'être prise comme exemple.

---

[1] Rooper, *The school garden at the Boscombe British School.* (Education Department, Special Reports, vol. 2, p. 228.)

[2] A consulter :

M⁰ᵉ Eug. Hippeau, *Cours d'économie domestique*, professé en 1867, 1868 et 1869. Paris, s. d. (1870).

Les écoles ménagères dans le Hainaut. Mons, 1876.

D'Oultremont, *Rapport sur les écoles ménagères.* Bruxelles, 1887.

Miss K. S. Block and Miss L. Brackenbury, *The housewifery Schools and Classes of Belgium* (Great Britain, Education Department, Special Reports, vol. 1). London, 1897.

1. Les premiers essais d'économie domestique.

Depuis plusieurs années on cherchait à faire des leçons théoriques sur l'économie domestique.

En Amérique, Miss Beecher avait essayé un cours d'hygiène, où elle prouvait l'excellence de la gymnastique, de la sobriété, de la tempérance, de la propreté et de l'ordre.

En France, Mme Hippeau avait essayé des causeries littéraires et morales. Quand l'Association pour l'enseignement secondaire des jeunes filles lui avait demandé quelques leçons d'économie domestique, elle avait été fort embarrassée. Certes elle n'osait pas faire sous un tel titre un traité d'éducation à la Fénelon. Pourtant, elle ne songea pas un instant à descendre à une nouvelle édition de la cuisinière bourgeoise, et elle supprima immédiatement toutes les considérations pratiques. Elle se décida enfin à étudier les questions morales qu'une femme cultivée pouvait découvrir même dans les occupations terre à terre d'un ménage : la prévoyance, les rapports avec les différents membres de la famille, l'instruction des enfants par la mère, les devoirs envers la société, l'épargne, le luxe, la charité, etc. D'ailleurs elle ornait ces sujets de toutes les citations et les explications littéraires qu'aurait reçues un cours ordinaire de morale. Elle a soin de nous prévenir qu'en publiant ses leçons elle a dû en retrancher beaucoup de citations et de lectures qui en adoucissaient l'austérité. «J'empruntais en effet à nos poètes et à nos prosateurs les plus illustres les passages dans lesquels je retrouvais les idées ou les sentiments que j'avais à développer moi-même. J'ai pu constater avec plaisir que je parvenais ainsi à captiver l'attention de mes élèves et à les intéresser plus vivement à mon sujet [1]. »

La conférence sur l'achat du mobilier et la tenue du ménage devenait elle-même élégante.

La conférencière débutait par quelques phrases très générales sur le sujet matériel. «L'étude du dessin et de la peinture habitue l'œil à distinguer la symétrie des lignes et des couleurs et à mettre dans l'aménagement des meubles et des objets tout l'art désirable.

«En faisant appel à l'intelligence pour toutes ces choses, qui

---

[1] Hippeau, préface.

paraissent d'abord si ordinaires, je crois occuper utilement la pensée des jeunes filles; car il ne faut pas se contenter d'un examen superficiel des objets qu'on a besoin d'acquérir; il faut acheter avec prudence et circonspection pour acheter avantageusement.

« La composition du mobilier ne peut, à mon avis, être déterminée d'avance; chacun doit être juge de cette installation. Je dois même signaler ici que les magasins n'offrent plus à ce sujet que l'embarras du choix. On y voit maintenant, pour toutes les fortunes, des chambres, des salons et des salles à manger dont les objets s'augmentent ou se diminuent suivant la dépense que l'on veut faire[1]. »

Mais elle abandonnait bientôt tous ces détails prosaïques :

« Je m'éloignerais entièrement de mon plan si j'ajoutais tout ce qu'il y a à faire pour l'entretien d'un appartement, le choix du linge, la lessive, le nettoyage des lampes, des bronzes, de l'argenterie, des tableaux, des bijoux; le soin des parquets, la destruction des insectes, le chauffage, l'éclairage; le choix des matières employées pour la combustion, la confection des cheminées, des poêles, des fourneaux et des calorifères. Ce sont autant de questions économiques dont je m'occuperai spécialement dans le cours d'hygiène, et que j'envisagerai alors au point de vue de la santé[2]. »

Elle préférait insister sur une fable de La Fontaine :

« L'absence de la maîtresse de maison est devenue plus préjudiciable que jamais. Car, ainsi que l'a dit le bon La Fontaine : « Rien ne vaut l'œil du maître. »

« Les détails de la charmante fable de l'Alouette et ses petits, donnés par La Fontaine, et les préceptes de morale qu'il y ajoute si poétiquement sont aussi de précieux enseignements d'économie domestique.

« Les trois avertissements sont si prudemment adressés par la mère à ses petits; elle veille sur le moment où le danger sera imminent avec une si douce et si intelligente tendresse, pour laisser grandir sa couvée, que l'on s'associe malgré soi à ses craintes et à ses alarmes. C'est de plus un témoignage de la bonté avec laquelle Dieu veille sur sa création. Les faibles, dans la na-

----

[1] Hippeau, p. 102.
[2] *Ibid.*, p. 103.

ture, ont heureusement plus d'un moyen de se défendre contre les forts.

« Le maître du champ, à son tour, reçoit une leçon sévère; il apprend à ne compter ni sur ses amis, ni sur ses parents, pour ce qu'il peut exécuter lui-même. Avec son fils et ses serviteurs il fait sa récolte, reconnaissant qu'il ne faut jamais se reposer que sur soi seul pour ses propres affaires[1]. »

Certes, ces leçons pouvaient être goûtées par un public lettré; elles pouvaient être applaudies; elles pouvaient préparer des femmes charmantes pour leur famille et pour leur société; mais...

2. Les besoins du Hainaut.

Mais la question brutale du ménage se posait toujours dans les classes pauvres, surtout dans les centres industriels. Les femmes ne savaient plus cuisiner, ni balayer, ni laver leurs enfants. Nulle part on ne le sentait plus clairement que dans le Hainaut.

Depuis longtemps les jeunes filles n'y avaient plus reçu aucune éducation ménagère : « La femme, enfant, a été envoyée à l'école gardienne, puis à l'école primaire, d'où elle est sortie, après avoir fait sa première communion, sachant lire, à peine écrire, et ignorant la plus simple opération de calcul. Elle a ensuite travaillé, jusqu'à son mariage, soit aux mines, soit dans une manufacture; et certes ce n'est pas là qu'elle a pu puiser les principes et les maximes qui devront plus tard régler sa conduite au point de vue social. Elle arrive ainsi au moment où elle va se trouver mère de famille, ayant, pour unique richesse, un budget moral fort restreint et un bagage de qualités ménagères complètement nul[2]. »

Premier résultat : un intérieur en désordre. Ne parlons même pas des campagnes, où le foyer n'existe pas, où on a des parents plutôt qu'une famille, un gîte plutôt qu'un intérieur. Mais dans la ville, voici un ménage composé de 5 personnes : le père, la mère, et 3 enfants en bas âge.

« Le père et la mère travaillent au dehors. Pendant leur absence, les enfants sont confiés à la surveillance d'une voisine qui n'en prend qu'à son aise.

[1] Hippeau, p. 117.
[2] *Les écoles ménagères*, p. 2.

«Cette chambre, de niveau avec le sol, est la seule pièce de la famille. Devant la porte, une petite fille de 2 à 3 ans, une baguette à la main, frappe à cœur joie dans une flaque d'eau jetée là négligemment par la mère.

«A l'intérieur, on ne peut faire un pas sans se heurter contre quelque objet ; c'est un meuble éclopé, un linge souillé, un vêtement lancé au hasard sur un siège, et qui traîne, en grande partie, dans la poussière du parquet.

« Sur quatre chaises disposées en berceau, où des choses sans nom forment litière, une chétive créature, presque nue et couchée sur le dos, pousse en avant ses bras et ses jambes amaigris, comme pour aller au-devant des soins qu'on ne lui donne pas et qu'elle réclame par ses pleurs.

« Le troisième enfant vagabonde on ne sait où.

« Le lit n'est pas fait.

« Un fourneau, qui se tient debout par quelque prodige d'équilibre, supporte une marmite dans laquelle un reste de pommes de terre bouillies est destiné au souper du jour.

« A côté se trouve une armoire. Par l'entrebâillement de la porte qui ne ferme pas, faute de serrure, on aperçoit des débris de vaisselle, quelques chemises en lambeaux, des hardes roulées en paquet, et, dans une blouse nouée aux quatre coins, de la braise.

« Plus loin, une table est encombrée d'objets les plus divers et qui n'avaient jamais été faits pour se trouver en contact. Le pain y est en permanence. Dans un pot de terre, un sac servant de filtre est rempli à moitié de marc de café. Depuis le matin, la poussière s'y amasse de plus en plus ; le soir, on jettera sur le tout de l'eau bouillante, et cette eau, usurpant le nom de café, complètera le souper de la famille.

«En somme, en quelque endroit que vous portiez les yeux, ce n'est qu'abandon et désordre. De plus l'atmosphère qu'on respire vous prend à la gorge.

« Tout cela est triste et navrant[1].»

Deuxième résultat : le mari au cabaret. «Cet état, il l'a d'abord supporté avec résignation, sans trop même le remarquer; mais, avec les illusions des premiers temps, sa patience diminuant de jour en jour, il en souffre, et la pensée lui vient d'aller chercher

[1] *Les écoles ménagères*, p. 12-13.

au dehors un bien-être qu'il ne trouve pas chez lui. Ce jour-là, il prend le chemin du cabaret; la désunion se met dans le ménage; et, quelles qu'en soient les ressources, la misère arrive à grands pas [1]. »

Troisième résultat : les vieillards sur le fumier. « Enfin, dans cette autre demeure, un vieillard, étendu sur une couche de paille, est à peine couvert de quelques haillons; c'est l'aïeul de la famille. Après avoir consumé sa vie dans d'incessants et pénibles travaux, cet homme entièrement paralysé se trouve, aujourd'hui, à la merci de ses enfants qui le laissent manquer de tout, et qui ne cessent de reprocher au malheureux de résister bien longtemps à la maladie [2]. »

Les industriels même finirent par s'inquiéter d'une telle sauvagerie. Ils ne songèrent pas à augmenter les salaires, mais ils essayèrent d'augmenter l'instruction des mères : «Vous voulez l'amélioration du sort des classes pauvres? Améliorez l'éducation de la femme, tout est là. « Pour régénérer un pays, a dit « le plus grand homme des temps modernes, il ne faut qu'une chose : «des Mères [3] ! »

Seulement des citations de La Fontaine ou de Xénophon ne pouvaient suffire à alléger ces misères.

3. L'ÉCOLE MÉNAGÈRE DE COUILLET.

Une nouvelle solution, aussi brutale que le problème, fut enfin trouvée à Couillet. M. Smits, directeur de l'usine, avait fondé une école spéciale, où il recevait les jeunes filles des ouvriers au sortir de l'école primaire, entre 12 et 14 ans. Il résolut de leur y donner l'enseignement manuel du ménage.

Le règlement de l'école ménagère nous montre tout au long combien le travail y différait des délicats essais du début.

ART. 1. L'école a pour but de donner aux jeunes filles toutes les connaissances que doit posséder une bonne ménagère. La première condition pour y être admise est de savoir lire, écrire et calculer. Elle se

---

[1] *Les écoles ménagères*, p. 3.
[2] *Ibid.*, p. 14.
[3] *Ibid.*, p. 15.

recrute principalement, et par voie de préférence, parmi les élèves de l'école primaire.

Art. 2. Aucune élève ne peut être reçue si elle n'a atteint l'âge de 12 ans révolus.

Art. 3. Les élèves doivent prendre l'engagement de demeurer à l'école ménagère 2 années consécutives. A l'âge de 14 ans, elles quittent définitivement l'école, et il leur est délivré, s'il y a lieu, un certificat de capacité.

Les élèves sont tenues de suivre les exercices de l'école dominicale.

Art. 4. On enseignera tour à tour aux élèves les divers travaux du ménage, et elles seront, à cet effet, divisées par sections. Un tableau indiquera l'ordre de roulement des travaux; ceux-ci sont divisés comme il suit :

1° Ménage de cuisine;
2° Lavage et repassage;
3° Couture à la main, couture à la mécanique, etc;
4° Tricotage;
5° Soins médicaux, pansements, hygiène.

Plusieurs sections pourront être exceptionnellement employées aux mêmes travaux si la directrice de l'école le juge convenable.

Art. 5. Toute élève aura un tricot commencé, afin de le prendre en mains chaque fois que les travaux de la section éprouveront une interruption.

Art. 6. Les classes se tiennent tous les jours de la semaine, sauf les dimanches et les jours fériés, de 8 heures du matin à midi, et de 1 à 5 heures du soir. Ces heures peuvent, du reste, être modifiées suivant les différentes époques de l'année.

Art. 7. Un jour par semaine à désigner par la directrice, il sera permis aux élèves de la section de couture d'apporter du linge et des vêtements qui seront raccommodés par elles, pendant les heures de classe.

A défaut d'objets vieux, on leur permettra de confectionner des vêtements neufs. Si d'autres sections se trouvaient libres, la directrice pourrait étendre à elles le bénéfice du paragraphe qui précède.

Art. 8. Les élèves doivent s'abstenir de toute conversation en dehors des exigences du service; elles se borneront à s'entretenir exclusivement des travaux qui leur sont confiés.

Pendant la durée de chaque classe, il sera accordé un quart d'heure de récréation.

Art. 9. Les élèves suivront, avec la plus stricte exactitude, les instructions qui seront données par la directrice pour l'exécution des travaux ; toute infraction à ses ordres sera punie.

ART. 10. Les élèves doivent avoir une bonne tenue et se conduire d'une manière exemplaire, tant à l'école qu'au dehors.

ART. 11. Les élèves qui ne fréquenteraient pas régulièrement l'école, ou qui n'observeraient pas les prescriptions du règlement, seront d'abord rappelées à l'ordre, puis punies, et, enfin, en cas de récidive, renvoyées de l'école [1].

Le règlement n'était pas démenti par la pratique. Les travaux manuels étaient uniquement enseignés aux élèves. L'enfant apprenait à coudre, à tricoter, à marquer, à faire les raccommodages de toutes sortes, à remailler, à repriser, à garnir, à confectionner non seulement la lingerie et les habillements de femme et d'enfant, mais encore les blouses, les pantalons de travail, les gilets de tricot. Elle faisait même les réparations nécessaires aux vêtements de drap, et elle taillait les patrons dont elle pouvait avoir besoin. Il y avait aussi une buanderie où les élèves faisaient la lessive, une salle pour repasser. On apprenait encore à nettoyer et à entretenir les meubles, ainsi que tous les objets d'un ménage. Des leçons de cuisine permettaient de varier les alimens et de donner aux reliefs de la veille un aspect appétissant. L'élève apprenait même à faire des gâteaux ; « et si l'on réfléchit au rôle que le gâteau jouera, dans la famille, à la fin du repas du dimanche, et à l'influence qu'il aura sur les enfants, pendant le courant de la semaine, on reconnaîtra que ce n'est pas là du temps perdu [2] ». Enfin, une chose que l'élève apprenait en première ligne, c'est à pétrir et à cuire le pain. « Pour un ménage pauvre il n'est pas d'économie plus grande [3]. »

4. L'APPUI DU PRINCE DE CARAMAN-CHIMAY.

Le prince de Caraman-Chimay, gouverneur du Hainaut, frappé par la nouveauté de l'école de M. Smits, employa sa fortune personnelle et son autorité administrative à propager l'école ménagère d'abord dans sa province, puis dans toute la Belgique.

[1] D'Oultremont, 9-10.
[2] *Les écoles ménagères*, 5.
[3] *Ibidem*, 5.

Il annexa d'abord une classe ménagère à l'école primaire de Frameries en 1874. Il y tentait un essai important, car M. Smits avait pu recueillir par force les filles de ses ouvriers, et on ne savait pas si la nouvelle institution pouvait prospérer en liberté. On comptait sur 8 ou 10 élèves. Il s'en présenta plus de 40 pour demander les 18 places qu'on put donner. Au bout de quelque temps, le nombre fut porté à 32. En 1876, il y avait 70 élèves, et il y en aurait eu beaucoup plus si le local l'avait permis. Le succès était si grand que non seulement les élèves sortant de l'école primaire se faisaient inscrire à l'envi, mais que souvent des jeunes filles de 18 et 20 ans se présentaient pour suivre les cours et que des femmes mariées venaient demander qu'on les mît au courant des plus élémentaires travaux de ménage, dont elles n'avaient pas la moindre idée [1].

Le prince de Caraman-Chimay crut définitivement à l'excellence de l'œuvre, et il multiplia les subsides et les exhortations aux communes pour créer partout des écoles ménagères. En 1877, il y en avait 8 dans la province.

Alors le gouverneur entreprit de généraliser l'institution en la mettant sous le patronage de l'État. Il fit appel à M. Delcourt, ministre de l'intérieur, lui exposa sa création, et lui demanda d'envoyer un fonctionnaire pour visiter une des écoles : « Dans le cas où ces écoles seraient jugées favorablement, elles pourraient être adoptées par les communes moyennant les subsides de l'État et de la province, selon le désir que m'en ont déjà manifesté un certain nombre d'administrations communales, ce qui serait d'autant plus facile que pour la plupart elles ont été établies avec l'agrément de l'autorité locale, sous la direction de l'institutrice communale [2]. » Le Gouvernement hésitant, le gouverneur recommença son appel, dans une lettre du 28 mai 1877 :

« Jusqu'ici, Monsieur le Ministre, j'ai tenu à supporter seul les frais d'une expérience qui, bien que n'étant nullement douteuse dans mon esprit, n'avait pas encore donné de résultats pratiques de nature à être invoqués; mais aujourd'hui cette expérience répétée dans plus de 10 localités a reçu le baptême d'une application plus de dix fois heureuse, sans avoir essuyé un seul échec.

[1] *Les écoles ménagères*, 8.
[2] D'Oultremont, 3.

« Le moment est donc venu de faire de l'école ménagère non plus une entreprise privée et par conséquent essentiellement précaire, mais bien une partie intégrante de l'enseignement public, sinon dans toutes les écoles primaires de filles, au moins dans celles de ces écoles qui, situées dans les communes industrielles du pays, reçoivent une population pour laquelle la notion des diverses pratiques nécessaires à la bonne tenue d'un ménage est, pour ainsi dire, de première nécessité.

« Or, pour arriver à ce but, je viens vous demander, Monsieur le Ministre, de vouloir bien examiner et me faire connaître si, comme l'ont déjà proposé plusieurs des communes où ces écoles ont été annexées à l'école primaire communale, le Gouvernement serait opposé à ce que les frais afférents à cette section fussent compris dans les dépenses ordinaires de l'enseignement primaire.....

« Prenant pour type une section de 15 à 20 élèves, les frais d'entretien pourraient s'élever, d'après mes données et sauf les économies irréalisables par un particulier et que peut faire aisément une administration publique, à une somme de 800 fr. par an, y compris le traitement de l'institutrice spéciale [1]. »

Le Ministre répondit enfin « que le gouvernement était disposé à intervenir, à titre d'essai, dans les frais des écoles ménagères, à condition qu'elles soient annexées à des écoles primaires communales existantes[2] ». C'était la consécration du nouvel enseignement.

5. Les difficultés.

Un grand nombre de détails imprévus ont arrêté pendant longtemps les progrès de l'enseignement ménager, même en Belgique.

Jusqu'en 1889, on n'essaya même pas de découvrir et de surmonter les difficultés. La question restait enfouie dans les papiers d'une commission qui ne s'en occupait guère. Enfin, par une circulaire de juin 1889 le Gouvernement essaya de donner une impulsion victorieuse à l'enseignement ménager; il reprit les arguments qu'on avait fait valoir dans le Hainaut quinze ans

---

[1] D'Oultremont, 11.
[2] *Ibid.*, 12.

auparavant, il promit définitivement des subsides, et il institua trois sortes de cours :

1° L'enseignement de l'hygiène et de l'économie domestique, dans les écoles primaires;

2° Les classes ménagères, pour les enfants du cours supérieur des écoles primaires;

3° Les écoles ménagères spéciales, pour les filles qui ont quitté l'école primaire.

Un département spécial pour l'enseignement professionnel fut organisé au Ministère de l'agriculture, industrie et travaux publics, et un inspecteur général de l'enseignement ménager, M. Rombaut, fut nommé. Alors se manifestèrent toutes les difficultés inconnues et, en 1897, M. Rombaut résumait ainsi les principales, dans une conversation avec des visiteuses anglaises :

D'abord comment faire pour attirer les élèves et gagner leurs parents ? Les écoles gratuites avaient souvent reçu peu d'élèves, et M. Rombaut songeait à exiger un versement annuel de 5 francs, moyen qui avait rendu la vie à quelques écoles sur le point de s'éteindre.

Ensuite quel devait être le but exact, le ménage ou l'apprentissage ? Très souvent les écoles ne formaient pas des ménagères, mais des institutrices, des couturières, des blanchisseuses, des femmes de chambre, des cuisinières. C'était même un bon moyen d'attirer les élèves que de leur montrer les diplômées qui avaient quitté le village et obtenu des places. Mais le Gouvernement tenait au but primitif, et l'inspecteur menaçait de retirer les subsides aux écoles qui obtenaient de tels succès.

Et puis, quelles devaient être les institutrices ? Généralement les directrices et les adjointes étaient des institutrices qui avaient passé par les écoles normales et qui y avaient appris l'économie domestique, ainsi qu'un peu de cuisine. Mais une connaissance plus approfondie du ménage semblait nécessaire. Alors on avait ajouté aux directrices des «femmes de ménage», qui avaient les connaissances pratiques nécessaires, mais qui n'avaient aucune éducation et aucune préparation pédagogique. Les résultats ne furent pas très heureux en général, car la discipline souffrait et les femmes de ménage sans patience préféraient faire le travail elles-mêmes que de le voir recommencer sans cesse. Alors on proposait des cours de vacances pour donner les connaissances techniques aux institutrices.

Enfin, et surtout, faut-il conserver les classes ménagères, annexées à l'école primaire? ou faut-il se restreindre à des écoles spéciales, pour les élèves qui ont fini leurs autres études? Les classes ménagères avaient encore beaucoup de défenseurs qui rappelaient plusieurs succès brillants, par exemple la classe de la rue Everaerts, à Anvers. Elles avaient des directrices qui voyaient là le double moyen d'attirer les élèves à l'enseignement ménager et de les conserver à l'école primaire. Elles avaient des médecins qui trouvaient de réels progrès hygiéniques dans les régions où elles existaient. Mais contre elles il y avait plus d'adversaires encore, et notamment M. Rombaut, qui accumulait les mauvaises notes.

a. Les enfants de 12 à 13 ans n'ont pas la force physique nécessaire pour être employées utilement au travail domestique pratique.

b. Le temps dépensé dans la classe ménagère est pris sur les heures de l'école primaire ou sur les heures libres des enfants. Dans le premier cas, le travail est sérieusement interrompu, alors que le programme est déjà surchargé; dans le deuxième, les élèves sont privées du peu de temps qu'elles avaient pour jouer.

c. L'intervalle entre l'école primaire et le mariage est si long que les filles ont le temps d'oublier ce qu'elles ont appris, surtout si elles deviennent ouvrières dans les ateliers et les mines, et si elles perdent ainsi toute occasion de mettre leurs leçons en pratique.

d. Dans quelques cas des mères négligentes et mauvaises profitent des connaissances qu'on a données à leurs enfants pour leur imposer avant l'âge une part excessive du travail domestique [1].

De semblables questions se sont posées en Angleterre, aux États-Unis, en Suisse, partout où l'enseignement ménager a pris pied aujourd'hui [2]. Elles ne l'ont pas empêché de se développer à la fin; mais elles expliquent pourquoi le besoin et la violence du début n'ont pas suffi à le vivifier.

[1] Bloch, 275. Ces difficultés sont l'objet d'une circulaire du 21 janvier 1899.
[2] La *Domestic Science* s'est développée d'une façon remarquable en Angle-

LE TRAVAIL MANUEL[1].

Le besoin d'ouvriers se fit sentir en dernier lieu; et vers 1880 on ajouta au programme des écoles de garçons le travail manuel. L'essai fut tenté surtout en France.

I. LA CRISE OUVRIÈRE.

La cause était essentiellement économique et elle avait été dénoncée par des économistes.

Dès 1859, l'ouvrier Corbon, devenu législateur et écrivain, publiait son livre *De l'enseignement professionnel*, où il exposait les faits qu'il avait vus autour de lui dans le monde des travailleurs et les idées qu'ils lui avaient suggérées.

Ce qu'il a vu, c'est la routine et le dégoût. L'apprenti, employé à faire des courses et des commissions, soigneusement privé de tout enseignement par des ouvriers jaloux de leurs secrets, ne peut pas arriver à apprendre son métier. D'ailleurs il a été expédié de bonne heure dans un atelier parce que ses parents avaient besoin de son travail, sans qu'on consultât ses aptitudes ni ses goûts; et il ne peut espérer trouver aucune surveillance ni aucune consolation dans la famille, occupée à gagner la vie de chaque jour. Il se fatigue, il apprend à flâner par les rues, à discuter et à boire; et au bout de quatre années

terre et aux États-Unis. Le mouvement est original, mais il ressemble assez au mouvement belge pour qu'il soit inutile d'en parler ici. A consulter :

Pillow, *Domestic Economy Teaching in England*, Special Reports, vol. 1. London, 1896-1897.

The Teaching of «Domestic Science» in the United States of America, Special Reports, vol. 16. London, 1905.

[1] A consulter :

Corbon, *De l'enseignement professionnel.* Paris, s. d. (1859).

Laubier et Bougueret, *Le travail manuel à l'école*, rue Tournefort. Paris, 1887.

Écoles manuelles d'apprentissage et écoles professionnelles. (Mémoires et documents scolaires, 1re série, f. 46.) Paris, 1887.

Programmes généraux des écoles manuelles d'apprentissage. (Mémoires et documents scolaires, 1re série, f. 74.) Paris, 1888.

Salicis. *L'enseignement du travail manuel.* (Mémoires et documents scolaires, 1re série, f. 33.) Paris, 1889.

d'épreuves, au lieu d'un ouvrier, on n'a qu'un fruit sec ou un avorton. L'ouvrier lui-même reste confiné dans sa petite spécialité, sans initiative, sans intelligence, sans aucune aspiration pour améliorer ses connaissances et son travail. Rouage d'un immense engrenage, il reste douze ou treize heures par jour devant son établi ou sa machine, fournissant machinalement la tâche exigée, sans songer un seul instant à se réveiller, à comprendre, à embrasser l'ensemble de l'ouvrage, puisque la division du travail le forcera perpétuellement à répéter les mêmes mouvements. Et encore plus bas que l'ouvrier est le paysan, car il se dégoûte de sa condition, il aspire à l'usine, et il ne voudrait pour rien au monde appliquer à l'agriculture des connaissances qui le laisseraient paysan. Comment rendre aux ouvriers l'intelligence, la confiance en soi, l'activité?

Corbon ne voyait qu'un moyen pratique dans la société d'alors : une réforme de l'enseignement. « Voilà le problème qu'il faudrait pouvoir résoudre, en faveur des populations industrielles particulièrement : faire que les enfants s'habituent le plus tôt possible au travail de la main, et les placer le plus tard possible dans les ateliers... Il faudrait donc, pour obvier à ce double et très grave inconvénient, que tout enfant pût trouver à sa portée une école où, tout en recevant l'enseignement ordinaire, il pût en outre s'habituer à faire œuvre quelconque de ses mains et où il lui fût possible de rester gratuitement jusqu'à sa 14e ou 15e année [1]. » Alors l'école primaire produirait des apprentis d'un nouveau genre, qui auraient acquis dès le jeune âge la dextérité manuelle et intellectuelle, qui seraient aptes à tous les travaux. L'industrie en recevrait de bons ouvriers et les ouvriers leur part de bonheur.

Après la guerre de 1870, ce furent les mêmes idées que reprit un répétiteur à l'École polytechnique, destiné à devenir le maître de l'enseignement manuel en France, Salicis.

Avec une remarquable prévoyance, il sentait que la situation de l'industrie française était aggravée, car la défaite militaire allait être complétée par une guerre économique : « Certes nos artistes, nos fabricants, nos ouvriers, pris un à un, valent les ouvriers, les fabricants, les artistes des autres nations, comme nos soldats valent certainement les meilleurs. En 1870 néanmoins, et sans

[1] Corbon, *Ens. prof.*, 128.

qu'elle puisse en être rendue responsable, l'armée que l'Europe nous enviait est hélas! faute de nombre, mal revenue de Berlin. Or, de même que depuis 1806 l'Allemagne s'est constituée, homme à homme, une armée de soldats que nous avons vue à l'œuvre, de même fait-elle depuis trente ans pour constituer une armée industrielle, et si nous restons bercés par la «note française», c'est avec le même succès qu'en 1870 que nous repartirons pour Berlin[1].»

Salicis ne voyait, lui aussi, le salut que dans une réforme de l'enseignement primaire : «Dès qu'il s'agit d'influer de cette façon sur les mœurs, c'est dire que l'action simultanée de l'esprit et de la main doit non seulement être considérée désormais comme un principe essentiellement éducatif, mais marcher de pair avec l'enseignement purement intellectuel, il faut en donner les leçons et le goût dès l'enfance et acheminer les âges successifs par des occupations graduées vers le développement définitif et complet[2].»

2. Le travail manuel
à l'école primaire de la rue Tournefort.

Il y avait depuis longtemps des écoles industrielles spéciales, mais peu d'essais avaient été tentés pour faire du travail manuel un enseignement général destiné à toutes les écoles primaires[3]. Or en 1870 M. Laubier, devenu directeur de l'école primaire de la rue Tournefort, à Paris, entreprit d'inculquer à quelques-uns de ses élèves son goût pour la menuiserie et la reliure; et c'était pour eux une récompense que d'aller parfois l'aider et l'imiter. En 1872, M. Léveillé, professeur à la Faculté de droit, membre du Conseil municipal, ayant fait une visite à l'école, fut enthousiasmé, et obtint l'établissement d'un atelier, où les enfants apprendraient à tourner le bois et à relier les livres. Bientôt, M. Salicis intervint à son tour et obtint qu'on installât des ateliers complets pour la menuiserie, la forge, le modelage, l'ajustage, de façon à constituer un véritable enseignement manuel primaire. Le Conseil municipal, heureux de s'associer à une œuvre

[1] Salicis, *L'enseignement manuel et professionnel en Allemagne*, 54.
[2] *Ib.*, 55.
[3] Par exemple l'école La Martinière, à Lyon.

essentiellement démocratique, vota, dès 1873, une subvention de 5,000 francs, qu'il porta en 1875 à 8,000 et bientôt à 16,000. On pouvait enfin expérimenter et constituer un apprentissage ouvrier à l'école primaire.

Le but fut la formation des futurs ouvriers. Il fallait, disait-on, résister aux effets de l'enseignement intellectuel organisé par Guizot, en lui opposant l'enseignement manuel; et détourner les élèves des bureaux et des fonctions publiques, en les préparant au métier d'ouvriers. Certes, il ne s'agissait plus, comme dans certaines écoles industrielles, de former et d'exploiter des apprentis habiles, exercés dans un seul métier; mais il fallait mettre dès l'école les jeunes gens à même de se tirer d'affaire plus tard dans certaines occasions.

Les matières étudiées étaient celles qui pouvaient former un bon ouvrier. On continuait les principaux enseignements de l'école primaire ordinaire, pour arriver jusqu'au certificat d'études : langue française, morale, lecture, écriture, histoire de France, géographie, calcul, géométrie, dessin d'art, physique et chimie, minéralogie et botanique, gymnastique et chant. On y ajoutait un certain nombre d'enseignements pratiques, comme le dessin linéaire, les leçons de choses à l'atelier, et la technologie; et on y ajoutait surtout cinq cours manuels : modelage et sculpture, menuiserie, tour au fer et au bois, serrurerie et forge.

Le nombre des heures consacrées au travail manuel était assez considérable, comme il convenait à l'importance du nouvel enseignement; et il croissait avec l'âge des élèves, si bien que dans les classes supérieures on allait tous les jours à l'atelier :

4ᵉ classe........	2 heures par semaine.........		6- 7 ans.
3ᵉ classe.........	4	—	8- 9
2ᵉ classe.........	5	—	10-11
1ʳᵉ classe........	7	—	12-13
Classe spéciale..	10	—	14-15

Les maîtres, comme dans un véritable apprentissage, étaient des ouvriers. Les instituteurs se réservaient les classes théoriques et faisaient même les leçons de technologie. Mais la partie pratique appartenait à des maîtres-ouvriers désignés par l'Administration sur la présentation du directeur, tantôt de petits patrons du voisinage, tantôt des ouvriers offerts par les patrons eux-mêmes.

On leur payait 1 franc par heure, plus 1 franc de déplacement.

Le budget était aussi comme celui d'un véritable atelier, c'est-à-dire beaucoup plus élevé que celui d'une école. Voici le budget spécial des ateliers vers 1875 :

INSTITUTEURS.

Directeur			2,000 francs.
Cours supérieur	1er instituteur adjoint		1,000
	2e —		700
Cours moyen	1er —		600
	2e —		600
Cours élémentaire	1er —		600
	2e —		600

MAÎTRES-OUVRIERS.

Professeur	de modelage	3,000
	de forge	1,152
	de mécanique	792
	de menuiserie	1,152
	d'ébénisterie	792
	de tour à métaux	1,152
	de tour à bois	792

MATÉRIEL.

Bois, fer, cuivre, zinc, plâtre, pierre tendre, argile, outils, modèles, ouvrages techniques, etc.	1,068
TOTAL	16,000 [1]

La méthode était naturellement celle de l'atelier. Elle procédait par exercices, ou plutôt par tâches successives, c'est-à-dire qu'on donnait aux élèves des travaux quelconques à faire, en essayant vaguement d'en graduer la difficulté. Aux débutants en menuiserie on demandait, par exemple, une coupe de moulure :

« 1° *Construction*. — Pour les exercices élémentaires à l'usage

[1] Laubier, 12.

des jeunes enfants, on se borne à appliquer un gabarit ou patron en zinc sur de petites planchettes de o m. 15 de longueur et o m. o4 de largeur et o m. o15 d'épaisseur, en sapin ou en peuplier, et à suivre les contours avec la pointe d'un crayon. On utilise toutes les courbes composant les moulures simples et les moulures composées.

« 2° *Exécution*. — Les petites planchettes sont placées dans les presses de l'établi ou dans des étaux dits *de sculpteur*, qu'on fixe à chaque bout de l'établi ou bien sur les côtés. L'enfant, muni de râpes d'abord et de limes ensuite, enlève les parties du bois qui se trouvent en dehors du trait. Veiller à ce que la position de l'enfant et la tenue de l'outil soient bonnes. Le trait doit toujours être conservé. Les commençants ne font le dessin des pièces qu'ils exécutent qu'après leur achèvement[1]. »

Les apprentis un peu plus avancés pouvaient faire l'ornementation d'une planche par une série de rainures transversales :

« 1° *Construction*. — Sur une planchette rectangulaire, ayant o m. 160 de long et o m. o5o de large, on trace des horizontales distantes de o m. o1o.

« 2° *Exécution*. — Cet exercice nécessite l'emploi de la scie, d'un bédane et d'un ciseau : ces deux derniers outils ont une largeur proportionnée aux parties qui doivent être enlevées. Il est bon de remarquer que le travail ne doit être entrepris au bédane et au ciseau que d'un côté d'abord, et qu'on le continue de l'autre côté, après avoir fait faire à la pièce une demi-évolution. Pour apprendre à se servir de la scie, il faut approcher l'ongle du pouce de la main gauche près du trait; tirer deux ou trois fois la scie vers soi; puis, la voie étant ainsi préparée, pousser la scie légèrement en avant. Il faut veiller à ce que la scie, toujours conduite par une seule main, ne penche ni à droite ni à gauche. On trouve moyen de faire utiliser par ces commençants toutes les pièces qui ont été manquées par d'autres élèves, soit à la menuiserie, soit au tour, soit à la sculpture. C'est la dernière transformation qu'elles subissent avant de passer au feu[2]. »

[1] Laubier, 11.
[2] *Ibidem.*

L'école avait d'ailleurs été décorée comme un lieu de travail. Sur tous les murs des classes et des couloirs il y avait des collections d'objets fabriqués par les élèves; et dans les ateliers, des matières premières, des outils rangés symétriquement, des tableaux noirs, des modèles. Un visiteur disait : « Cela fait faim de travailler. »

Enfin les résultats, qu'accueillait une renommée mondiale, furent ceux d'un bon apprentissage. Le directeur en était tout heureux : « On remarque, disait-il, parmi la multitude d'objets qui couvrent les murs, des chapiteaux fort bien sculptés, des feuilles d'acanthe, voire même des médaillons et des bustes d'une réelle valeur. Du reste, les élèves de M. Laubier n'ont besoin, en sortant de l'école, que d'une année ou deux années au plus d'apprentissage. Tous ou presque tous trouvent de bonnes places dans les ateliers. Nombre de patrons viennent demander des apprentis à l'école de la rue Tournefort [1]. »

L'école primaire s'efforçait ainsi de préparer, sinon de remplacer l'apprentissage.

3. Les écoles primaires
SUPÉRIEURES ET PROFESSIONNELLES.

Plusieurs villes avaient organisé des écoles supérieures professionnelles. Des sénateurs comme Corbon ou Tolain, des députés comme Nadaud, Spuller, Lockroy, Floquet ou Paul Bert, des ministres comme Jules Ferry, avaient plus d'une fois parlé de la question. En conclusion de ces efforts, la loi du 11 décembre 1880 avait créé une nouvelle sorte d'école, où le travail manuel et l'enseignement intellectuel étaient mélangés, sous la double protection du Ministère de l'Instruction publique et du Ministère du Commerce. On l'avait appelée école primaire supérieure et professionnelle. Pour tenter le premier essai la municipalité de Vierzon s'offrit; et Jules Ferry, par un décret du 9 juillet 1881, fit décider la création à Vierzon d'une école nationale d'enseignement primaire supérieur et d'enseignement professionnel préparatoire d'apprentissage, destinée à servir de type pour les établissements de même nature qui seraient fondés par appli-

[1] Laubier, 10.

cation de la loi susvisée. Une commission, dont faisait partie Salicis, fut chargée d'élaborer les programmes. Ce deuxième essai ressemblait en général à l'école de la rue Tournefort, par le but visé, par les maîtres, par la méthode. Cependant il en différait en deux points.

D'abord on réservait les travaux d'apprentissage à des élèves plus âgés. Certes la commission proclamait la nécessité de l'enseignement manuel dans toutes les classes; elle songeait même aux petits enfants de l'école maternelle et aux travaux fröbeliens. Mais elle jugeait que pour les élèves de l'école primaire, entre 6 et 11 ans, le travail du bois et du fer était chose difficile et dangereuse. «Il y a lieu de penser qu'à partir de 10 ans le travail d'atelier ne saurait être nuisible, s'il est convenablement dirigé et si l'on a soin de ne mettre entre des mains encore faibles et inexpérimentées que des outils en rapport avec la force musculaire de l'élève et choisis de façon à ne pas porter préjudice au développement d'un organisme encore en voie de formation. Les enfants de 11 et 12 ans pourront donc déjà être familiarisés dans une certaine mesure avec la plupart des outils employés au travail du bois, être exercés à l'usage du tour, initiés à la tenue de la lime. L'habileté et la délicatesse de la main seront en même temps entretenues par la pratique du modelage. Quant à la période de 7 à 10 ans, on ne doit songer qu'à développer la dextérité manuelle de l'enfant par de petits travaux n'exigeant presque aucun déploiement de force physique. Le dessin, le découpage, l'assemblage de morceaux de carton permettant d'obtenir des objets de formes et de couleurs variées exerceront en même temps son attention, son intelligence et son adresse. A ces travaux se joindront l'exécution de petits objets de vannerie, la fabrication de treillages mécaniques nécessitant déjà l'emploi d'un outil léger... Le modelage devra déjà tenir une certaine place dans les exercices scolaires [1].» Il vaut donc mieux réserver les durs travaux pour une école primaire supérieure.

Alors on pouvait à l'école primaire supérieure organiser un apprentissage plus complet qu'à l'école ordinaire. On ne négligeait pas les connaissances théoriques : morale, langue française, écriture, histoire, géographie, langues vivantes, mathématiques, comptabilité, physique, chimie, histoire naturelle, dessin, chant,

[1] *Mémoires et documents scolaires*, 46, 20.

gymnastique. Mais on apprenait à fond le travail du bois et du fer. On passait même la troisième et dernière année presque en entier à l'atelier, pour exécuter un long programme que voici :

TRAVAUX D'ATELIER.

(5 heures par jour pendant le premier semestre)
(7 heures par jour pendant le second semestre).

1re période : Travail du bois. — Confection d'outils. — Bois à dresser : bois à dresser d'onglet. Sergents en bois. Scie à tenon. Scie à araser. Scie à chantourner. Un rabot. Exercice de tour à bois.

2e période : Travail du fer. — Confection d'outils. — Une paire d'équerres en acier, l'une à chapeau. Un tourne à gauche. Travail au burin.

3e période : Travail du bois. — Confection d'outils. — Une varlope, une demi-varlope, une équerre, un trusquin, un bouvet ordinaire. Travaux au tour. Modèles [1].

Après la clôture du cours de 3e année, les élèves pouvaient même, sur leur demande, être maintenus à l'établissement pour y suivre, pendant la période des vacances, le travail d'atelier qui comprenait la journée entière. Il leur était alloué un prix de journée.

D'ailleurs, l'école de Vierzon, étant un modèle, devait se borner à des travaux généraux; et les autres écoles devaient se consacrer à des apprentissages mieux définis encore que le sien. Jules Ferry le disait nettement dans un rapport du 29 novembre 1881 : «Les élèves de l'école primaire supérieure sont plus que des écoliers : ce seraient des apprentis déjà dispersés dans les ateliers, si l'école, pour les retenir, ne se transformait elle-même, dans une certaine mesure, en atelier. De là vient... l'impossibilité de réduire toutes ces écoles à un type unique : elles doivent, pour trouver le succès, s'adapter, dans toute la partie professionnelle, aux circonstances et aux nécessités locales : elles sont tenues d'acheminer leurs élèves, non pas théoriquement vers toutes les professions, mais positivement vers celles auxquelles les prédes-

---

[1] *Mémoires et documents*, 46, 27.

tine le milieu natal. C'est à ce prix que nos écoles primaires supérieures conserveront et verront croître de jour en jour la popularité qui les entoure [1]. »

4. L'obligation.

Le Gouvernement s'intéressa de plus en plus à cette question, et en 1882 Jules Ferry crut possible de généraliser l'enseignement manuel, aussi bien dans les écoles primaires que dans les primaires supérieures.

Ce fut d'abord la loi du 28 mars 1882, qui n'oublia pas cette matière en fixant la liste des études obligatoires pour l'école primaire : « L'enseignement primaire comprend... :

« Les éléments des sciences physiques et mathématiques, leurs applications à l'agriculture, à l'hygiène, aux arts industriels, travaux manuels et usage des outils des principaux métiers;

« Les éléments du dessin, du modelage et de la musique;

« La gymnastique;

« Pour les garçons, les exercices militaires;

« Pour les filles, les travaux à l'aiguille [2]. »

Puis ce furent des programmes, par exemple ceux qui furent annexés à l'arrêté du 28 juillet 1882, pour les écoles primaires, et dont voici les parties principales :

1° OBJET DE L'ÉDUCATION PHYSIQUE.

L'éducation physique a un double but :

D'une part, fortifier le corps, affermir le tempérament de l'enfant, le placer dans les conditions hygiéniques les plus favorables à son développement physique en général;

D'autre part, lui donner de bonne heure ces qualités d'adresse et d'agilité, cette dextérité de la main, cette promptitude et cette sûreté de mouvements qui, précieuses pour tous, sont plus particulièrement nécessaires aux élèves des écoles primaires, destinés pour la plupart à des professions manuelles.

[1] *Mémoires et documents*, 46, 31.
[2] *Officiel*, 19 mars 1882, p. 777-778.

Sans perdre son caractère essentiel d'établissement d'éducation et sans se changer en atelier, l'école primaire peut et doit faire aux exercices du corps une part suffisante pour préparer et prédisposer, en quelque sorte, les garçons aux futurs travaux de l'atelier et du soldat, les filles aux soins du ménage et aux ouvrages de femmes.

2° MÉTHODE.

Les exercices du corps faisant diversion à l'ensemble des travaux scolaires et des leçons proprement dites, il sera généralement facile d'obtenir que les élèves y apportent de la bonne volonté et de l'entrain, qu'ils les considèrent comme une véritable récréation.

... Pour le travail manuel des garçons, les exercices se répartissent en deux groupes : l'un comprend les divers exercices destinés d'une façon générale à délier les doigts et à faire acquérir la dextérité, la souplesse, la rapidité et la justesse des mouvements; l'autre groupe comprend les exercices gradués de modelage qui servent de complément à l'étude correspondante du dessin, et particulièrement du dessin industriel...

3° PROGRAMME.

Classe enfantine. — Petits exercices de tressage, pliage, tissage.

Découpage et application de pièces de papier de couleur sur des dessins géométriques.

Petite vannerie.

Combinaisons en laines de couleur sur le canevas ou sur le papier.

Classe élémentaire. — Exercices manuels destinés à développer la dextérité de la main.

Découpage de carton-carte en forme de solides géométriques.

Vannerie : assemblage de brins de couleurs diverses.

Modelage : reproduction de solides géométriques et d'objets très simples.

Cours moyen. — Construction d'objets de cartonnage revêtus de dessins coloriés et de papier de couleur.

Petits travaux en fil de fer; treillage.

Combinaison de fil de fer et de bois : cages.

Modelage : ornements simples d'architecture. Notions sur les outils les plus usuels.

Cours supérieur. — Exercices combinés de dessin et de modelage : croquis cotés d'objets à exécuter et construction de ces objets d'après les croquis, ou *vice versa.*

Étude des principaux outils employés au travail du bois. — Exercices pratiques gradués. Rabotage, sciage des bois, assemblages simples. Boîtes clouées ou assemblées sans pointes. Tour à bois, tournage d'objets très simples. Étude des principaux outils employés dans le travail du fer, exercices de lime, ébarbage ou finissage d'objets bruts de forge ou venus de fonte [1].

Enfin J. Ferry faisait agir son influence personnelle en faveur du travail manuel, et il prononçait à Vierzon en 1883 un véritable panégyrique. Le travail manuel à l'école serait un remède efficace pour la crise économique. Peut-être même serait-il pour la démocratie un aide salutaire et un moyen d'apaiser les luttes sociales. « Former, dès l'enfance, l'homme et le citoyen, préparer des ouvriers pour l'atelier, c'est notre tâche. C'est le travailleur que nous voulons élever, c'est à lui que nous voulons donner une éducation pratique et intellectuelle qui le rendra supérieur à sa tâche journalière, mais qui, loin de l'en dégoûter ou de l'en distraire, le rattachera à elle par un lien plus intime et plus profond [2]. »

Le travail manuel avait attaqué la routine et les hésitations, il avait survécu aux expériences, pris une méthode et un programme. Il commençait à se répandre dans les écoles primaires de tous degrés. C'était la période ascendante.

5. LES DIFFICULTÉS.

Le travail manuel avait eu au début une fortune rapide. Salicis, nommé inspecteur général, avait si bien dépensé son

[1] *Mémoires et documents scolaires,* 1re série, f. 8, VIII-IX.
[2] Laubier, 7.

ardeur et son autorité que les communes à l'envi avaient adopté la réforme, que 12,000 écoles s'essayaient à des travaux divers, et que 649 possédaient des ateliers bien outillés. L'exemple s'était répandu de proche en proche, en Belgique où les travaux manuels devenaient à la mode, en Angleterre où sir Philip Magnus prônait les écoles primaires supérieures ou professionnelles françaises et en particulier l'école de Reims, en Amérique même où le pointilleux Woodward reconnaissait les mérites de l'école de la rue Tournefort. Cependant, sous la coulée envahissante les obstacles ne disparaissaient pas; ils subsistèrent au milieu de toutes les institutions nouvelles, les déparant, les disloquant; ils finirent par les briser.

Le premier obstacle, ce furent les finances. Pour créer des ateliers scolaires, il fallait beaucoup d'argent. Or le Ministère du Commerce n'avait pas de crédits pour fournir des subsides aux communes. En 1882, la ville du Havre, sur la foi des lois et des règlements ministériels, avait créé une école primaire supérieure et professionnelle; puis elle réclama l'approbation des deux Ministères qui protégeaient ces écoles. Sans délai le Ministère de l'Instruction publique promit autorisation et subsides; mais le Ministère du Commerce ne répondit pas; et voilà l'école désorganisée avant d'avoir débuté. En vain en 1882, en 1883, en 1884, la ville répéta sa demande : le Ministère restait sourd. En 1885, une circonstance se présenta, qui permettait d'espérer une solution : M. Goblet, ministre de l'Instruction publique, devait aller inaugurer le Congrès international des instituteurs, au Havre; la municipalité le supplia d'intercéder encore une fois auprès de son collègue du Commerce pour obtenir au moins la reconnaissance légale de l'école. Il n'obtint que les motifs du refus : savoir que le Ministère du Commerce aurait dû subventionner l'école, s'il l'avait reconnue; que l'école coûtait chaque année 18,000 fr. au Ministère de l'Instruction publique; et que le Ministère du Commerce n'avait aucun crédit pour prendre sa part de cette lourde charge [1]. Le Ministère de l'Instruction publique lui-même était forcé de ménager les 15 millions qu'on lui accordait annuellement, et de faire des économies dangereuses, comme le jour où il supprima l'École normale de la rue Louis-Thuillier, que Salicis venait de créer pour former des maîtres de travail manuel.

[1] *Mémoires et documents*, 16, 70-71.

Un deuxième obstacle, c'était l'esprit des élèves. On avait espéré leur donner le goût des métiers manuels, et on les en dégoûta. Les écoles primaires supérieures elles-mêmes en furent accusées par le Ministère du Commerce, qui était chargé de les soutenir : « Quand les élèves à côté de cette lueur d'espoir, la vie bourgeoise, verront cet enfer, la forge, ce salaire insuffisant, péniblement acquis, ces vêtements grossiers, ces mains noires, combien consentiront à être ouvriers? Tout ce qu'il y a de noble dans la profession d'ouvrier, tout ce que la démocratie peut assurer, après quelques années de persistants efforts à l'artisan économe et laborieux, disparaîtra devant leurs yeux. » Ces prédictions n'étaient que trop vérifiées par les statistiques, car à peine un quart des élèves persistaient dans les carrières industrielles : « Que deviennent les trois autres quarts! Les violents vous accusent de faire de faux bourgeois, de faux journalistes, de mauvais employés, de détestables bureaucrates. Les préfectures, les sous-préfectures, les bureaux d'octroi, les bureaux de douanes, les bureaux d'académies, les bureaux de vérification, tous les bureaux y recrutent un personnel toujours inférieur à sa tâche et toujours mécontent, dont l'existence entière se passe à désirer la fin de la journée [1]. » Naturellement, c'était pis dans les écoles primaires. Quand ils se voyaient condamnés à corroyer une planche ou à dresser une pièce de fer pour débuter, les enfants de 10 ans, mal renseignés, maladroits, s'épuisaient d'abord en efforts; puis beaucoup prenaient le travail en dégoût, et regardaient les camarades passer à d'autres exercices, tout en continuant eux-mêmes à corroyer mollement [2].

La question des maîtres était encore plus grave que celle des élèves. Les maîtres-ouvriers, sur qui on comptait, s'étaient montrés dès le début incapables d'attirer l'attention et le goût des élèves, même quand ils s'y appliquaient consciencieusement. On essaya de créer des maîtres spéciaux, possédant un certificat spécial, mais on ne pouvait en placer dans toutes les écoles primaires, et ils ne purent se former que difficilement après la fermeture de l'École normale de la rue Louis-Thuillier. Il fallut s'adresser aux instituteurs déjà surchargés, et mal préparés. En vain créa-t-on des récompenses et des cours de vacances; on se

[1] *Mémoires et documents*, 46, 109.
[2] *Enseignement manuel et expérimental*, 1, 35.

heurtait à une foule de détails imprévus, qui laissaient les instituteurs méprisants ou impuissants. En 1888, plusieurs abonnés
confiaient ainsi leurs doléances au journal l'*Enseignement manuel
et expérimental.* «Il faudrait, disait l'un, que les travaux auxquels nous serons initiés pendant les cours de vacances fussent
applicables dans nos écoles au moyen des maigres ressources dont
nous disposons.» L'autre protestait contre la durée des cours
normaux supplémentaires qui auraient fait disparaître toutes les
vacances : «A la rigueur on accepterait de faire ses 13 jours;
mais faire ses 28 jours, c'est dur après une année bien remplie.»
Un autre enfin était forcé de poser la question des salaires :
«Nous ne sommes pas riches, et beaucoup d'adjoints comptent
sur leurs vacances pour faire quelques économies en allant vivre
à la maison paternelle [1].»

Puis les programmes n'étaient pas satisfaisants, et sans cesse
on discutait pour les transformer. Les programmes de l'enseignement primaire, déjà modifiés à Vierzon, puis en 1882,
l'étaient encore en 1887. L'enseignement primaire supérieur
était tiraillé entre ses deux Ministères, et il y eut grande bataille
en 1888 entre MM. Buisson et Ollendorf. Le Ministère de l'Instruction publique traitait en accessoire l'enseignement technique, tandis que le Ministère du Commerce voulait faire de
petites écoles d'Arts et Métiers et protestait contre les empiétements des connaissances inutiles : «Les bonnetiers de Paris et
de Troyes, par exemple, veulent fonder une école de bonneterie.
A qui s'adresser? Ils vont à qui détient tous les fonds : il nous faut
une école de bonneterie, disent-ils à l'Instruction publique. —
Je vous donne plus et mieux, répond l'Instruction publique. Je
vous donne une école primaire supérieure avec un cours sur la
bonneterie [2].»

Enfin, en 1889, Salicis mourut. Depuis 1870 il avait sans
cesse combattu pour cette cause. C'était lui qu'on avait vu à
l'école de la rue Tournefort, à l'école de Vierzon et dans toutes
les commissions officielles, lui qui avait répandu dans toute la
France des brochures, des conférences et des plans. Il avait
réussi à émousser provisoirement bien des difficultés, et il laissait
le travail manuel installé dans toutes les écoles normales, dans

<hr>

[1] *Enseignement manuel et expérimental*, I, 21.
[2] *Mémoires et Documents*, 46, 113.

beaucoup d'écoles primaires supérieures, dans plusieurs écoles primaires. On fit son apologie, on donna son nom à l'école de la rue Tournefort, on fit exécuter son buste en bronze, qui se trouve aujourd'hui dans le jardin du Musée pédagogique, à la place de son ancienne école de la rue Louis-Thuillier. Mais on ne pouvait le remplacer de sitôt.

Aujourd'hui, si l'on en croit les frères des écoles chrétiennes, ils ont obtenu des résultats magnifiques et durables à l'école Saint-Nicolas et à l'école de la Salle à Paris, mieux encore aux cours industriels de Saint-Étienne, en prenant soin seulement d'assurer de bonnes places à leurs élèves. De son côté un usinier, M. Somasco, qui s'est passionné pour le problème de la préparation ouvrière, a fondé à Creil une école, l'a dirigée avec méthode et persévérance, et a mérité des récompenses de plus en plus hautes aux Expositions de 1889 et de 1900. Beaucoup de cours complémentaires et d'écoles primaires supérieures ont fait remarquer leur enseignement professionnel à l'Exposition de 1900. Cependant le travail manuel a dû être entièrement transformé dans les écoles primaires; et les écoles primaires supérieures, malgré les efforts de M. R. Leblanc, qui a repris la tâche de Salicis, n'ont pas encore échappé aux obstacles, en particulier aux critiques de ceux qui voudraient transporter l'enseignement professionnel dans des écoles techniques [1].

Les travaux manuels ont apporté à la construction du nouvel enseignement une importante contribution. Grâce à l'importance des crises économiques, à l'attention des industriels, à la bienveillance des États, on a trouvé enfin de l'argent, des salles, des terrains, des outils, tout un matériel concret qui manquait aux méditations des philosophes. Peu importe que ce matériel ait dû plus tard changer d'usage pour s'adapter aux nouveaux systèmes. Les initiateurs des travaux économiques l'ont créé, et par là ils ont mérité d'être salués par leurs successeurs les plus opposés comme des pionniers.

Cependant, en 1880, on reconnaissait partout que la pour-

[1] La question de l'enseignement manuel professionnel a été reprise récemment avec ardeur. Voir pour les écoles techniques : M. Leroy, *Le Ministère du Commerce et l'enseignement technique*, conférence du 9 janvier 1905; et pour les écoles primaires supérieures, Réné Leblanc, *L'enseignement professionnel en France au début du xx° siècle*. Paris, 1905.

suite d'avantages économiques immédiats dans l'école ordinaire ne réussissait guère et que le travail manuel devait se restreindre aux écoles spéciales ou se transformer en un enseignement pédagogique. Partout aussi on était arrivé à conclure qu'une organisation pédagogique ne pouvait pas être œuvre d'enthousiasme, et qu'il faudrait du temps, des études, des essais pour y atteindre. La méthode Schallenfeld avait seule indiqué la solution que fera bientôt triompher le slöjd.

TROISIÈME PARTIE.

LE SLÖJD.

Les pays scandinaves avaient essayé obscurément une forme de travail manuel économique, le slöjd [1], ou industrie domestique. Autrefois, pendant les longues veillées d'hiver, les paysans réunis autour de la cheminée s'occupaient à des travaux domestiques. Tandis que les femmes filaient, cousaient ou brodaient, les hommes maniaient la hache et le couteau pour construire et sculpter des planches à pain, des sièges, des tables, des manches d'outils, ou seulement des piquets de fleurs. Or au XIX⁰ siècle l'invasion des machines et des produits industriels avait presque anéanti ces occupations; et les longues veillées se passaient dans l'oisiveté et les discussions. Pour conserver aux paysans le goût du travail domestique et du travail en général, on s'adressa aux écoles; et c'est pourquoi de nombreuses tentatives furent faites pour enseigner aux enfants l'industrie domestique.

Or les circonstances et les conditions locales firent apercevoir un nouveau problème. Les directeurs d'école qui avaient assumé la tâche de créer l'enseignement manuel avaient été formés selon la tradition germanique et scandinave dans des séminaires [2]; ils s'étaient pénétrés de l'importance des commandements pédagogiques; ils avaient entendu parler des pédagogues et même de Fröbel. Cette condition leur permit de voir mieux que personne le mal dont souffrait l'enseignement manuel, c'est-à-dire le manque d'organisation scolaire; et elle leur permit d'y porter remède mieux que personne. Ils appliquèrent au nouvel enseignement les règles qu'ils avaient apprises dans les séminaires, ils choisirent dans la foule des essais ceux qui étaient susceptibles de réussir immédiatement; et peu à peu se constitua un enseignement manuel pédagogique qu'on opposa à l'enseignement économique dont il était sorti.

Cette réforme fut accomplie surtout entre 1880 et 1890.

Nous ne retiendrons ici que les tentatives qui ont fait quelque bruit.

[1] Prononcer *sleud*.
[2] C'est-à-dire dans les écoles normales.

LES TRAVAUX TECHNIQUES FINLANDAIS [1].

Le mouvement slöjdien s'est produit spontanément dans tous les pays du Nord, et chacun d'eux put quelque temps en revendiquer l'origine. Aujourd'hui tous sont d'accord pour laisser à la Finlande l'honneur d'avoir, dès 1863, exécuté les premiers travaux et d'avoir posé les principes fondamentaux du nouvel enseignement. Le créateur du slöjd éducatif, c'est le Finlandais Uno Cygnaeus, né à Tavastehus en 1810.

1. Uno Cygnaeus.

L'œuvre d'Uno Cygnaeus fut préparée, non pas par une crise économique, mais par trois circonstances particulières.

Uno Cygnaeus aimait le travail manuel pour le travail même, indépendamment des avantages immédiats. Dès l'enfance, son père, tout en lui faisant faire de fortes études, l'avait initié aux travaux familiaux qui étaient en honneur dans les intérieurs finlandais; et on l'avait même envoyé dans divers ateliers. Ainsi le jeune Cygnaeus développait son habileté manuelle, se délassait de ses études, et prenait goût au slöjd. Plus tard, quand il fut devenu pasteur comme son père, Cygnaeus accepta l'invitation d'une petite communauté établie dans les colonies russes de l'Alaska, à Sitka. Au milieu des forêts, des vagues et des glaces, à la tête d'une société à demi sauvage, il comprit définitivement l'importance de l'habileté manuelle, pour les pasteurs comme pour les autres; et il songea à adjoindre une nouvelle aptitude à l'éducation intellectuelle et morale de l'humanité.

Ensuite Cygnaeus fut directeur d'école. A cette époque les partisans de l'enseignement manuel n'étaient pas souvent des pédagogues; les économistes et les ministres n'avaient pas rencontré fréquemment l'occasion d'étudier les enfants et d'organiser les études. Ce fut la profession de Cygnaeus. Un pasteur avait

---

[1] A consulter :

Uno Cygnaeus und der Unterricht in Handarbeiten (Rheinische Blätter für Erziehung und Unterricht, 1882, p. 195-204).

Salomon, *Le travail manuel à l'école primaire*, p. 44, 117 et suiv., 143 et suiv.

à former l'intelligence et les connaissances de ses élèves aussi bien que leur religion, il était souvent le maître d'école et toujours l'inspecteur des études. Cygnaeus enseigna. En 1858 il fut même chargé d'une grande enquête pédagogique par le gouvernement, qui voulait organiser un système scolaire national. Il visita la Suède, le Danemark, l'Allemagne, l'Autriche, la Suisse, la Hollande; et il discuta partout avec les spécialistes sur l'enseignement et l'organisation des écoles, sans oublier jamais de faire un peu de propagande en faveur de son cher travail manuel. En 1861 il devint inspecteur, chargé d'organiser l'enseignement primaire. En 1863, quand tous les plans eurent été préparés, il prit pour lui la tâche la plus délicate et la plus importante, la direction du séminaire de Jyväskylä.

Enfin il fut dans une certaine mesure un Fröbelien. De bonne heure il avait lu plusieurs ouvrages de Pestalozzi et de Fröbel, et il avait senti un lien entre ses idées et la recherche fröbelienne de l'activité. Il profita de son voyage en 1858 pour étudier sur place les Kindergärten et pour entrer en relations avec les disciples qui avaient conservé la parole du maître, par exemple Wichard Lange.

2. SES IDÉES.

Il ne faut pas s'étonner si, dans l'organisation des écoles primaires finlandaises, Uno Cygnaeus donna un rôle important à l'enseignement manuel. On ne peut s'étonner non plus si ses idées furent différentes de celles qu'expérimentaient à la même époque les économistes. A vrai dire ce ne fut pas encore un système, mais Cygnaeus émit quatre idées qui restèrent à la base du slöjd scolaire.

Premièrement le but est pédagogique. Peut-être Cygnaeus restreint-il le vaste idéal de Fröbel, l'éducation par l'activité et pour l'activité. Mais il pense lui aussi « que l'enfant doit apprendre à réaliser lui-même ses conceptions, qu'il doit être élevé dès le début comme un créateur [1] ». En tout cas il se prononce nettement contre la recherche d'une panacée économique : « Ce n'est pas une habileté mécanique et professionnelle dans un certain métier que je recommande. J'ai au contraire déclaré à

[1] Rh. Bl., 199.

plusieurs reprises que je trouve un tel travail nuisible à l'école primaire, parce qu'il est exclusivement mécanique et ne provoque pas les réflexions ; il se fait machinalement et n'exerce point, par conséquent, l'esprit de l'élève. Le travail mécanique naît souvent de la paresse et de l'ennui ; il prend un temps précieux qu'il vaudrait mieux consacrer à une occupation plus utile. Je crois absolument urgent que les élèves de l'école primaire et, à plus forte raison, ceux du séminaire se procurent une dextérité générale, c'est-à-dire la capacité de faire les différentes espèces de travail au moyen d'outils [1] ».

Deuxièmement l'école de travail manuel doit être l'école primaire elle-même. Les systèmes économiques n'avaient pas songé pour la plupart à résoudre cette question des relations entre l'école primaire et l'école de travail ; et quand la réalité les mettait en devoir de la résoudre, ils avaient plus ou moins consciemment glissé vers la solution d'une école spéciale, indépendante, et quelquefois postérieure à l'école primaire. Les rénovateurs du slöjd dans les pays du Nord, en Suède par exemple, concluaient aussi à une école spéciale, une *slöjdskola*. Cygnaeus fut le premier à protester : « On s'enfonce là-bas dans de mauvais chemins, écrivait-il. On a en Suède élevé plusieurs centaines de *slöjdskolor*, on a élevé un séminaire particulier pour la formation des maîtres de travail manuel ; mais on y a oublié que l'école primaire est une forme d'éducation générale, l'école de slöjd une spéciale, et on n'a établi aucun pont pour descendre de l'une dans l'autre. Nous au contraire, nous restons fermes dans la pensée que l'enseignement manuel appartient aux matières obligatoires de l'école primaire, à cause de sa faculté de développer les forces du corps et celles de l'esprit à la fois [2]. »

Troisièmement le maître de travail manuel doit être l'instituteur lui-même, et non pas un ouvrier : « Le travail manuel reste, chez nous, comme les autres objets d'instruction, sous la direction du maître de l'école et surtout de l'instituteur primaire. Ce n'est que dans cette position qu'il peut maintenir sa valeur et atteindre son but éducatif, chose impossible si on traite cet enseignement comme un métier et si on en abandonne la direction à un ouvrier ou à un maître auxiliaire [3]. »

[1] Salomon, 44.
[2] Rh. Bl., 201.
[3] Rh. Bl., 201.

Quatrièmement les travaux techniques enseignés ne doivent pas être des métiers ni des puérilités. Ce seront des travaux familiaux. « Je fus amené à la pensée qu'on devrait introduire dans l'école non seulement les dons de Fröbel et les autres occupations recommandées par lui, mais aussi des travaux qui conviennent à des élèves plus âgés et qui puissent contribuer à la formation de la main, au développement du sens de la forme et du sens esthétique, et procurer aux jeunes gens une adresse générale utile dans toutes les situations de la vie [1]. » En conséquence, les jeunes Finlandais exécutent des travaux très simples en menuiserie, tour, sculpture, forge, ferblanterie, vannerie. Ils fabriquent des louches, des manches de cognée, des cuillers, des règles à dessin, des jauges, des montures de scie, des navettes, des clous à crochet, des compas ordinaires, des compas d'épaisseur, des étaux à main, des marteaux, des haches, bref les mille instruments ou bibelots qui peuvent être exécutés et utilisés dans un ménage. Ils se servent des outils que tous les cultivateurs finlandais possèdent ordinairement, et en particulier du couteau, qu'on ne quitte jamais dans ce pays, et qu'hommes et femmes portent à la ceinture dans un étui [2].

3. Son influence.

L'influence de Cygnaeus s'est étendue sur la Finlande d'abord, puis sur tous les pays scandinaves.

En Finlande, il organisa complètement l'enseignement manuel qu'il rêvait. Dès 1863 il l'introduisit au séminaire d'instituteurs et d'institutrices à Jyväskylä, afin de le mélanger intimement aux autres enseignements. Dès 1866, le grand règlement adopté par le sénat de Finlande pour la création des écoles primaires reproduisait les idées de Cygnaeus, vantait l'influence des travaux manuels techniques « qui développent l'esprit d'observation, le goût, l'adresse, l'amour du travail », les rendait obligatoires dans les séminaires et dans les écoles rurales, facultatifs dans les écoles urbaines. L'expérience n'a fait qu'affermir cette œuvre. En 1880, lors du 70ᵉ anniversaire de Cygnaeus, il ne se

[1] Rh. Bl., 199.
[2] Exposition de 1900, Rapport, Finlande.

trouva personne pour protester contre sa méthode. On lui fit au contraire une ovation.

Aux autres pays scandinaves Cygnaeus indiqua la voie. Au début les philologues affectèrent de mépriser le travail manuel. On secouait la tête, en Suède et en Danemark, et les vieux maîtres d'école étaient d'avis qu'il s'agissait seulement de réminiscences et de puérilités. En vain Cygnaeus expliqua-t-il son système, à l'exposition scolaire de Stockholm en 1866, à l'assemblée des instituteurs à Orebro en 1868, et à l'Assemblée de Kristiania en 1871. On loua parfois les objets exposés; mais on ne voulut jamais discuter. Puis, vers 1870, quand le slöjd s'introduisit enfin partout, les novateurs prétendirent ignorer Cygnaeus. « Dans les derniers temps, écrivait-il en 1880, une importante question pédagogique est revenue à l'ordre du jour, je veux dire l'introduction du travail manuel à l'école primaire… Suédois et Danois se prennent aux cheveux pour la priorité de la nouvelle découverte. Un pédagogue de Copenhague soutient que c'est lui et lui seul le véritable *spiritus creator* du nouveau mouvement. Le Suédois Salomon veut lui arracher de vive force ce privilège. » Personne ne songeait à la Finlande. « Qu'est-ce que Nazareth peut fournir de bon [1] ? » Cependant les colères se sont apaisées, et M. Salomon a su proclamer sa dette envers Cygnaeus : « C'est à la Finlande, a-t-il écrit, que revient l'honneur d'avoir reconnu avant tous les autres pays la valeur de l'enseignement manuel, et d'avoir mis l'idée en pratique dans ses écoles publiques; et c'est à M. Uno Cygnaeus que la Finlande doit ce bienfait [2]. »

Uno Cygnaeus mourut en 1888.

LE HUSFLID DANOIS [3].

Vers 1870, pendant que Cygnaeus restait ignoré, une crise économique éclatait dans les pays scandinaves et attirait l'atten-

[1] Rh. Bl., 198.
[2] Salomon, *École de slöjd et école primaire*, 26.
[3] A consulter :
Clauson-Kaas, *Ueber Arbeitschulen und Förderung des Hausfleisses*. Bremen, 1881 (contient une bibliographie).
Meyer, *Der Handfertigkeitsunterricht und die Schule*, mit besonderer Berücksichtigung der Bestrebungen des Rittmeisters a. D. Clauson-Kaas; eine sozialpädagogische Studie. Berlin, 1881.

tion vers une de ses idées principales : les travaux domestiques. Le mouvement se fit partout à la fois; c'est surtout en Danemark qu'on introduisit dans les écoles le huslid, ou travail domestique.

I. LES SOCIÉTÉS D'INDUSTRIE FAMILIALE.

Aussitôt que la disparition de l'industrie familiale fut constatée, des sociétés entreprirent de rappeler les paysans danois aux vieilles et bonnes coutumes.

Elles s'appliquèrent à découvrir et à dévoiler tous les dangers économiques qui accompagnaient cette disparition et qui nécessitaient des réformes urgentes.

D'abord elles voulaient ramener le goût du travail. « Travailler contre la vie d'auberge; obtenir les heures de délassement qui y sont gaspillées et les consacrer à la famille ou au bien personnel de l'individu; donner aux heures d'oisiveté une occupation agréable, bienvenue et bienfaisante, tel était le premier et le principal devoir de ces sociétés [1]. »

Ensuite il fallait créer des ressources supplémentaires pour les paysans. « Si nous nous tournons vers les pauvres, nous pouvons être pénétrés du vif désir de leur créer de temps en temps par le travail un salaire supplémentaire qui les mette en état de n'avoir pas besoin de tomber dans l'aumône pour soutenir leur vie [2]. »

Enfin il fallait donner parfois des connaissances techniques. « La troisième influence de ces sociétés touche par exception les contrées encore besoigneuses, dans lesquelles les conditions locales ne peuvent pas toujours donner le gain nécessaire. Il faut y créer un travail dont les productions puissent être vendues jusque dans les cercles éloignés [3]. »

C'étaient trois motifs pour fonder au plus vite des écoles de slöjd.

[1] Clauson-Kaas, 13.
[2] Ib., 24.
[3] Ib., 25.

2. Le capitaine Clauson-Kaas.

Bientôt un homme généralisa le mouvement, par son enthousiasme, ses efforts et ses arguments. Ce fut le capitaine Clauson-Kaas. Comme la plupart des premiers partisans du travail manuel, au contraire de Cygnaeus, il était un laïque, pour employer l'expression locale, c'est-à-dire un étranger à toute pédagogie. Jusqu'en 1864, il avait été officier de cavalerie; et il n'avait quitté l'armée que par force, après la guerre des Duchés, quand le Danemark dut réduire ses dépenses militaires. Mais il apportait à sa nouvelle vocation beaucoup de bonne volonté.

D'abord le travail domestique le passionnait. Il en avait pris le goût à la maison paternelle, où le père quittait souvent l'habit de cour pour endosser une veste et pour s'occuper à divers travaux. Plus tard, dans la petite garnison de Nestved, les heures de loisir lui permettaient souvent de réunir ses enfants et quelques garçons du voisinage; il leur fabriquait des jouets, il leur montrait les moyens d'en faire eux-mêmes, et il avait été récompensé par leur affection et leur enthousiasme. Le travail est une volupté, telle fut la devise qu'il put mettre en tête de tous ses efforts : *Ipse labor voluptas.*

Ensuite il apportait à sa propagande une ardeur infatigable.

Il commença par sa patrie en 1866 : il fit installer dans les écoles de Copenhague des locaux où il donnait lui-même des leçons de travail domestique, l'après-midi ou le soir, aux enfants et aux adultes. En 1870, il s'entendit avec l'instituteur Rom, du Jütland, pour fonder deux revues, *Nordisk Husflids Tidende* et *Husflids Meddelelser.* En même temps, il faisait des conférences dans tout le pays et il fondait partout de nouvelles sociétés de travail domestique. En 1873, il organisa une association centrale, le *Dansk Husflidsselskab*, dont il fut le secrétaire. Les vacances mêmes étaient employées à des cours normaux où il formait les maîtres et les maîtresses qui voulaient bien comme lui sacrifier leur temps et leur argent. Pendant six semaines, Clauson-Kaas conduisait lui-même l'enseignement, avec l'aide d'artisans ou d'anciens élèves. Chaque jour, douze heures de travail. Vannerie, brosserie, rabot, scie ordinaire, scie à chantourner, sculpture, se succédaient sans trêve.

Bientôt le Danemark ne suffit plus, et Clauson-Kaas passa

en Allemagne. Une première fois, en 1876, il vint faire une conférence à Berlin, devant le *Centralverein für arbeitende Klassen*, et il fonda une Société d'industrie domestique. Les résultats furent presque nuls; à peine put-on compter quelques essais isolés. Alors, en 1879, Clauson-Kaas revint en Allemagne, fit une deuxième conférence, gagna plusieurs partisans, et engagea des négociations pour ouvrir un cours normal à Osnabrück. Ce fut encore un insuccès. La municipalité d'Osnabrück ne voulut donner aucun subside, les instituteurs restèrent indifférents, et parmi les industriels il y eut de violents adversaires. Une troisième fois, en 1880, Clauson-Kaas reparut, et il s'adressa cette fois à la ville d'Emden. Il y eut encore un instant d'hésitation, avant d'organiser le cours normal que rêvait Clauson-Kaas. Mais enfin on trouva de l'argent, un local, des adhérents; Clauson-Kaas enseigna lui-même encore une fois ses divers travaux; il entretint à ses frais une école annexe pendant quatre semaines, pour apprendre aux étudiants la manière d'enseigner le travail manuel. L'industrie domestique put ainsi être introduite dans quelques écoles du Nord-Ouest. Quelque temps après, Clauson-Kaas était à l'autre bout de l'Allemagne, en Silésie, où l'appelait un fervent disciple, M. de Schenckendorff. Une association et deux écoles y furent créées.

D'ailleurs, l'activité de Clauson-Kaas s'étendit sur d'autres pays. En 1873, il fut membre du jury à l'Exposition universelle de Vienne, et il y fit apprécier ses convictions. En 1880, pendant le cours d'Emden, il eut le bonheur de convertir un Hollandais, qui introduisit les nouvelles idées en Hollande.

Enfin Clauson-Kaas fut un grand manieur d'idées. Il ne se les assimila pas toujours parfaitement. A d'autres le soin de coordonner patiemment les principes, de fixer les listes de modèles, de constater minutieusement les résultats. Les contradictions même ne le gênaient guère : il passe du but économique au pédagogique, et réciproquement; à vingt pages d'intervalle, il flétrit éloquemment la menuiserie, et il l'adopte [1]. Mais personne ne dépensa jamais une telle abondance d'arguments pour soutenir la cause de l'enseignement manuel. La liaison de l'école de travail avec l'école ordinaire devait conduire l'enfant plus facilement et plus sûrement à sa vocation naturelle. Puis le travail manuel

[1] Clauson-Kaas. 3 et 21, 30-32 et 59.

exécuté volontiers était la meilleure protection contre l'oisiveté et ses mauvaises suites. Et puis l'amour du travail, le respect pour le travail et pour le travailleur seraient nécessairement produits. Et puis l'école de travail était un membre indispensable de l'école générale, un légitime complément des études théoriques, une condition nécessaire pour la fraîcheur et la santé, non seulement du corps, mais de l'esprit[1]. « Avec l'établi, la scie à découper, la règle et l'équerre, la vie elle-même est introduite dans l'école; à la chair de l'école une âme est pour ainsi dire insufflée; avec l'outil et par lui le garçon apprend à voir, à observer et à comprendre; et l'intelligence obtenue de cette manière est de nature durable, un poids dans la balance de l'avenir[2]. »

Ainsi Clauson-Kaas, par sa conviction, par ses voyages, par ses arguments, réussit à créer un certain nombre d'écoles de travail, et à poser devant les pédagogues la question du *husflid*.

3. LE SYSTÈME DE CLAUSON-KAAS.

Aux conférences et aux arguments, il fallait cependant ajouter un système. Sommé à plusieurs reprises par les Allemands de coordonner ses idées et ses enseignements, Clauson-Kaas n'y réussit pas. Tout au plus publia-t-il, en 1881, son opuscule *Ueber Arbeitschulen und Förderung des Hausfleisses*. C'est une collection de descriptions charmantes; mais ni les écoles ni les travaux n'y sont réellement organisés. Aucune connaissance des réformes d'Uno Cygnaeus.

D'abord les *Arbeitschulen* essaient seulement de plaire, au risque de devenir impossibles.

Aux travaux, par exemple, elles ne demandent qu'une qualité : c'est qu'ils soient faciles, pour que les enfants puissent les exécuter sans aucune lassitude et les montrer avec fierté. « Ne comptez pas sur un garçon de sept ou huit ans pour exécuter des travaux qui aient une utilité pratique », voilà l'opinion de Clauson-Kaas. « Faites donc construire des jouets enfantins, faites coller des images dans un album, faites exécuter un cerf-volant, un moulin, un jeu de patience; mais donnez avant tout à l'enfant le plaisir du

[1] Clauson-Kaas, 3-21.
[2] Ib., 16.

travail, car alors le but principal est atteint, et devant lui les autres buts postérieurs doivent s'effacer. Un porte-allumettes pour le père, une boîte à ouvrage pour la mère, un mobilier de poupée pour la sœur, etc., sont des travaux louables pour les petits, aussi longtemps que la force corporelle leur manque pour entreprendre des travaux plus difficiles et pour manier les outils correspondants [1]. »

Les élèves sont de tout âge. Pourquoi réserver le travail domestique aux grands élèves qui ont la force de manier la scie et le rabot ? Puisqu'on considère le travail scolaire, non pas comme un apprentissage, mais comme un plaisir, tous les enfants peuvent venir, pourvu qu'ils y trouvent plaisir. Les petits seront même mieux reçus que les grands, car les grands ont leurs heures absorbées par le besoin de parfaire leurs connaissances théoriques avant de quitter l'école, tandis que les petits ont du temps pour le travail libre et le jeu [2].

Les outils, ce sont au hasard ceux dont on se sert le plus communément dans les ménages, pour que les enfants puissent se les procurer et les conserver. Tant pis pour les travaux qui en demandent d'autres ! La menuiserie pourrait être fort utile à l'entretien du ménage, ou à l'enseignement du dessin et de la géométrie. Mais elle exige un établi et d'autres outils qui ne peuvent guère se trouver à la maison, sauf dans certaines campagnes, où les sociétés de travail domestique ont réussi à remettre en honneur l'atelier familial. A quoi sert d'apprendre à jouer du piano, si on ne doit jamais en avoir un [3] ?

Enfin, pour local, n'importe quoi. Dans les écoles moyennes et supérieures, on pourra peut-être aménager une salle spéciale, avec huit ou dix établis. Mais dans la plupart des écoles primaires, où la salle de classe est seule disponible, on peut s'en contenter. Il faut même que les enfants transportent souvent leurs outils et leurs travaux de l'école à la maison, car il ne s'agit pas d'industrie scolaire, mais d'industrie familiale.

De même, Clauson-Kaas ne cherche que des travaux agréables au risque d'émettre des préceptes que la pratique devait condamner.

[1] Clauson-Kaas, 28.
[2] Ib., 29-30.
[3] Ib., 30-32.

Le travail essentiel, le plus facile, le plus agréable, le plus rapide, le moins coûteux, c'est la sculpture sur bois. Il faut commencer par le dessin, puis par le modelage en argile. Puis, qu'on s'essaie à la sculpture sur plâtre. On dessine une feuille, on en découpe les contours, on cisèle le plat, on creuse les nervures, et il ne s'agit plus que de savoir grouper les feuilles pour faire des branches. Alors rien n'est plus facile que la sculpture sur bois. On la commence sur du bois tendre, pour aborder ensuite des bois de plus en plus durs. L'instant le plus délicat de tous, c'est peut-être le finissage. « Pour polir la surface des feuilles, après le découpage net des arêtes et des contours, l'emploi du papier de verre (n° 1 1/4 au oo) est utile. Un petit morceau est replié deux ou trois fois; et, à l'exception des contours qui ne doivent pas venir en contact avec le papier de verre, les autres surfaces sont polies. Les grains de verre sont les plus dangereux ennemis des fers aiguisés; aussi avant de creuser les nervures de nouveau avec le pied de chèvre pour les faire ressortir d'une main légère, tous les grains restés sont enlevés soigneusement avec une brosse[1]. » Il ne reste plus qu'à peindre le chef-d'œuvre : « La couleur qu'il faut pour donner au tilleul l'aspect du noyer s'obtient en faisant bouillir du brou de noix avec de l'eau et de la soude. On l'étend plus ou moins claire ou épaisse. selon le goût, avec un pinceau. Quand la couleur est complètement sèche, on met une couche supplémentaire de cire et de térébenthine qui lui donne un éclat mat et agréable. Il faut seulement prendre garde au feu en faisant le mélange... On étend un peu de ce mélange avec un pinceau ou une brosse, et quand il est à peu près sec, on frotte avec une brosse douce, comme on fait reluire une chaussure[2] ». Rien de plus facile et de plus agréable, semble-t-il. Néanmoins le bois tendre, le papier de verre et la peinture sont aujourd'hui proscrits de toutes les méthodes scolaires.

Les autres travaux étaient à peine énumérés. Clauson-Kaas voulait ajouter à la sculpture le plus grand nombre possible de travaux. À savoir :

a. La menuiserie;
b. La scie à chantourner;

[1] Clauson-Kaas, 54.
[2] *Ib.*, 57.

c. La vannerie;
d. La brosserie;
e. La reliure et le cartonnage;
g. Le tressage de la paille.

La vannerie, la brosserie et le tressage de la paille étaient recommandés aux écoles pauvres, où il fallait vendre les ouvrages des élèves pour subvenir aux besoins de l'enseignement. Clauson-Kaas en remettait d'ailleurs l'explication à une brochure ultérieure.

Bref le système de Clauson-Kaas, en dépit des Allemands, ne fut pas un système. Sa règle resta l'imprévu, l'enthousiasme, la fraîcheur du travail familial. Il aurait fallu davantage.

4. La débâcle.

L'enthousiasme ne fut pas suffisant pour assurer l'intégrité de l'œuvre, quand survinrent des adversaires passionnés eux aussi.

Le premier coup fut porté par la Commission officielle prussienne que Clauson-Kaas avait lui-même fait envoyer en Danemark et en Suède pour y examiner l'état de l'enseignement manuel. Le rapporteur Schneider ne fit guère qu'une longue énumération de critiques : « Je dois dire que si nous avons vu en Danemark une organisation scolaire vraiment bonne et intéressante, nous avons beaucoup moins vu le résultat des efforts faits en faveur du travail domestique. Dans le Jütland, à Fionie, à Seeland, nous nous sommes appliqués partout à en découvrir des traces. Nous avons inspecté Silkeborg dans le Jütland, Odensee, Nyborg, Faaborg, Skaarup et le pays de Kruendrup à Fionie, puis Copenhague même, Jonstrup et quelques autres villes de Seeland. Les efforts en faveur du travail domestique n'ont été faits partout que par des particuliers, ou par une Société spéciale, le *Husflidsselskab.* Cette société a installé à Copenhague une petite école qui compte 72 élèves, et çà et là quelques autres écoles dans le pays. Quant à l'État, il reste dans l'expectative. Il donne chaque année 5,000 couronnes à la Société et 200 au capitaine Clauson-Kaas pour les cours normaux; mais le Gouvernement a répété qu'il ne considère pas l'entreprise comme officielle.

Quelques propriétaires ont essayé bénévolement dans leurs domaines de faire donner l'enseignement manuel à leurs gens, mais cet essai n'a réussi que dans deux ou trois cas. L'administration a demandé aux communes, en particulier à celles de Fionie, si elles étaient disposées à introduire le travail domestique dans les écoles, avec les subsides de l'État, mais elles n'ont guère répondu favorablement. Dans le cercle d'Odensee il y a bien 22 communes et peut-être 26 qui encouragent le travail domestique; mais ce n'est que pour les filles, mais l'État paie la moitié des frais, mais les autres communes n'ont rien fait. Le capitaine Clauson-Kaas a essayé de faire introduire ce travail dans l'enseignement des séminaires, et il s'est adressé aux directeurs et à l'administration. Mais sur 4 directeurs, 3 se sont prononcés contre l'introduction du travail domestique dans le programme des séminaires, et le quatrième ne l'accepta que comme matière facultative, sans vouloir s'en occuper lui-même. Quant à l'administration, elle a fait le compte des frais, 2,700 couronnes, et elle a répondu qu'elle ne pouvait payer pareille somme [1]. »

Alors les partisans de la vieille école dogmatique s'enhardirent et prononcèrent contre cette nouveauté de Copenhague l'excommunication pédagogique. Meyer concluait : « Nous pouvons exprimer comme notre ferme conviction que la saine direction du peuple allemand et de la pédagogie allemande, après avoir déjà deux fois repoussé l'assaut de l'enseignement manuel, le repoussera cette fois encore. Car l'idée dont il s'agit n'est pas une de ces saines idées que les esprits clairs conçoivent longtemps d'avance et qui n'arrivent à triompher qu'après des luttes répétées; c'est une vieille erreur qui vient se briser, et qui résonne comme l'écho pour aller se perdre dans un tintement de plus en plus lointain [2]. »

Il ne manquait à Clauson-Kaas que le coup de pied des Fröbeliens, à lui qui avait voulu parfois continuer Fröbel. Wichard Lange le lui donna volontiers. « J'eus l'occasion, raconte-t-il, de pouvoir connaître personnellement ce monsieur dans la maison de mon ami, l'illustre conseiller scolaire Theodor Hoffmann; et ce ne fut pas du tout agréable à M. von Kaas, je crois. Après avoir écouté pendant quelque temps ses explications, je cherchai à lui

[1] Meyer, 26-27.
[2] Meyer, 85.

prouver que ses efforts n'étaient qu'une application encore incomplète des principes fröbeliens ; je lui donnai la preuve que Cygnaeus avait eu l'honneur de marcher le premier dans la voie du travail domestique, et je lui soutins qu'en Finlande on avait fait beaucoup mieux sur cette question qu'en Danemark. Le capitaine n'avait visiblement jamais eu connaissance de Friedrich Fröbel ; il ne savait rien non plus de Cygnaeus ; et il reçut tous mes renseignements avec la mine de la plus grande tranquillité d'âme et de la superbe indifférence d'un apôtre[1]. »

Contre tant d'ennemis, le capitaine Clauson-Kaas ne put lutter. Il avait cependant donné une grande importance à la question des travaux domestiques. Il laissait même de la reconnaissance ; et en 1903 les *Blätter für Knabenhandarbeit*, à propos des noces d'or de l'ancien capitaine, envoyaient leurs cordiaux souhaits de bonheur « au champion et au propagateur bien méritant de l'enseignement manuel[2] ».

LE SLÖJD SUÉDOIS[3].

Les idées de Cygnaeus et les arguments de Clauson-Kaas furent réunis et dépassés par le slöjd de Nääs. La Suède était restée quelque temps en arrière, mais elle sut aller jusqu'au bout, et elle arriva la première à la constitution d'un système universel et

[1] Rheinische Blätter, 1882, 197.

[2] Bl. f. Kn., 1903, 191.

[3] A consulter :

Salomon, *Slöjdskolan och Folkskolan*. Göteborg, 1878-1880.

Salomon, *Le travail manuel à l'école primaire* (adaptation française de l'ouvrage précédent), traduit sous la direction de G. Salicis, par E. Schmidt et Th. Petit. Paris, s. d.

Salomon, *Theory of educational sloyd* ... revised and edited for English and American students ...with... a biography of Salomon. London, 2d. ed., 1892.

Nääs-Modellserie för pedagogisk snick rislöjd. Göteborg, 1903.

Salomon, *Nääs* (brochure publiée à l'occasion de chaque exposition universelle, la dernière pour l'Exposition de Saint-Louis). The August Abrahamson foundation Nääs. Göteborg, 1904.

Sluys, *L'enseignement des travaux manuels dans les écoles primaires de garçons.* Verviers, 1885.

Paroli, *La scuola popolare e il lavoro manuale educativo in alcuni stati d'Europa.* Milano-Roma, 1888.

Hoffman, *The sloyd system of woodworking*, s. d.

durable. L'école de Nääs sut se dégager complètement de toutes les préoccupations économiques, constituer un enseignement manuel scolaire, organiser un corps de maîtres habitués au travail et à la pédagogie, et lancer par le monde entier la nouvelle doctrine.

1. LE MOUVEMENT PÉDAGOGIQUE.

Le slöjd suédois avait pris naissance au milieu du grand mouvement économique de 1870, mais l'école de Nääs l'en détacha peu à peu.

Au début, on ne parlait qu'apprentissage et atelier. Ramener le slöjd dans les campagnes était l'unique souci. Les gouverneurs entassaient les rapports à cet effet. Les sociétés économiques accordaient des récompenses aux familles pauvres qui pratiquaient le slöjd. Le Riksdag votait des subventions de 5,000, 10,000, 20,000 couronnes pour l'encourager. L'Académie d'agriculture faisait faire des conférences par l'ingénieur Albert Ramström. Enfin les écoles de slöjd apparurent un peu partout, notamment à Stockholm, végétèrent et moururent[1].

En 1872, August Abrahamson fonda lui aussi une école de slöjd; mais cette école se distingua bientôt des autres et se dégagea de leurs préoccupations étroitement économiques pour devenir une école d'expériences. Jusque-là on n'avait pu, nulle part, organiser et suivre une longue série d'expériences; on s'était borné à des improvisations. C'est qu'il fallait beaucoup de patience et beaucoup d'argent pour aller jusqu'au bout de l'entreprise. La patience avait manqué aux gouvernements, et l'argent n'avait pas été remplacé par l'enthousiasme. Abrahamson possédait la persévérance. Né en 1817, il s'était établi en 1831 à Göteborg; en 1840 il avait fondé une maison d'importations; il avait élargi de plus en plus ses achats; il avait fait notamment de grandes affaires avec la France; et en 1872 il ne se retirait de tout ce labeur que pour en entreprendre un aussi rude. En outre, Abrahamson était riche; il avait même acheté le château de Nääs, près de Göteborg, un ancien rendez-vous de chasse royal. Il donna son château et sa fortune à la nouvelle entreprise, dont il devint le Mécène.

---

[1] Salomon, *Le travail manuel,* 27 et suiv.

Enfin M. Otto Salomon, neveu d'Abrahamson et directeur de l'école de Nääs, consomma la rupture avec toutes les préoccupations du début. Par vocation il était directeur d'école et pédagogue. Il étudia longuement tous les antécédents de l'enseignement manuel, il prit plaisir à collectionner tout ce qu'en avaient dit les philosophes depuis Amos Comenius jusqu'à Fröbel. Il connut les efforts de Cygnaeus. Sous l'influence de telles études, sa conception de l'enseignement manuel se transforma peu à peu. D'ailleurs les circonstances et les expériences venaient appuyer l'évolution.

L'école de 1872 était encore une école de slöjd, une école spéciale qui devait donner un enseignement complémentaire. On y faisait du slöjd sept heures par jour pendant toute l'année.

En 1874, Salomon pensa que le slöjd devait être un moyen d'éducation de la plus grande importance, un moyen de culture générale. Alors une école primaire avec slöjd remplaça l'école complémentaire. Le programme comprit les matières prescrites par la loi pour l'école primaire : religion, histoire, géographie, arithmétique, géométrie, langue maternelle, histoire naturelle, écriture, et en plus le dessin linéaire et plusieurs travaux domestiques : menuiserie, tour, sculpture sur bois. Une école d'apprentissage permettait encore de compléter ces premiers exercices. Une division supérieure recevait les jeunes gens de 18 ans ayant les connaissances exigées pour l'examen final des écoles primaires et quelques connaissances sur le travail du bois, et elle les préparait pour servir de maîtres spéciaux. Le cours durait un an. On y apprenait beaucoup de travail manuel et quelques sciences auxiliaires : mathématiques, histoire naturelle, pédagogie, méthodologie, dessin, suédois, physique, mécanique. Les élèves sortants recevaient un diplôme de professeur de slöjd. Ainsi la liaison avec les écoles économiques n'était plus établie que par quelques détails : l'école d'apprentissage et les maîtres spéciaux.

La rupture fut achevée en 1882. Avec le développement croissant du slöjd, les maîtres spéciaux devenaient insuffisants, il fallait faire appel à tous les instituteurs primaires. Aussi dès 1878 on avait organisé pour eux des cours de slöjd de cinq semaines à Nääs. A partir de 1882, on renonça à tous les autres cours. L'école ne fit plus que des cours normaux, huit par an au début. Ainsi le nouvel enseignement était remis aux seuls instituteurs. L'école de Nääs avait adopté successivement le slöjd, puis la tendance pédagogique et la liaison avec l'école primaire, puis les maîtres-instituteurs, c'est-à-dire qu'elle avait confirmé toutes les idées de Cygnaeus.

2. Le système de Nääs.

L'école de Nääs rendit bientôt à l'enseignement manuel un nouveau service. Jusque-là aucune tentative, ni vieille ni nouvelle, ni économique ni slöjdienne, n'avait reçu une véritable organisation scolaire. Or M. Salomon était un homme à l'esprit net et analytique. La pédagogie germanique l'avait d'ailleurs enserré dans l'habitude des règlements. Son livre, *Slöjdskolan och Folkskolan*, donna le premier à l'enseignement manuel un plan.

1. *Le but pédagogique.* — Salomon reprit l'idée fondamentale de Cygnaeus et protesta en termes définitifs contre ce qu'il appelait les buts économiques, c'est-à-dire contre l'espérance de préparer des ouvriers dès l'école. S'il combat en faveur de l'enseignement manuel, c'est pour des raisons purement scolaires. « L'école primaire doit donner une éducation générale; elle évitera donc avec soin toute combinaison, toute spéculation opposée à ce but. Ce n'est pas à elle que revient le soin de former un artisan, un homme de métier; elle ne doit se servir de son enseignement que pour développer les qualités physiques, morales et intellectuelles de l'enfant. Quant à l'étude d'un métier, c'est l'affaire de l'école professionnelle ou de l'atelier [1]. »

2. *Les maîtres-instituteurs.* — Jusque-là on avait pris les maîtres partout, dans l'enseignement et dans les usines, même dans les armées. Salomon reprit encore sur ce point l'idée de Cygnaeus l'instituteur était nécessaire pour le succès du nouvel enseignement. « La cause principale des échecs précédents est facile à expliquer. On a complètement négligé le côté pédagogique en chargeant de cet enseignement des artisans, des hommes de métier. Ceux-ci ne pouvaient s'acquitter de leur tâche qu'en artisans. Accoutumés à ne rien voir au delà de leur métier, ils considéraient l'école comme un atelier et les enfants comme

---

[1] Salomon, *Le travail manuel*, 53.

des apprentis dont il fallait avant tout faire d'habiles ouvriers. »
Or cela est contraire aux principes de la pédagogie classique.
« Tout éducateur comprendra facilement la stérilité de ce procédé.
Pour qu'une instruction quelconque devienne utile, il faut qu'elle
contribue à l'éducation... Le grand philosophe et pédagogue
Herbart disait : « Je ne saurais concevoir une éducation séparée de
« l'instruction, de même que je n'admettrai jamais l'instruction
« qui n'élève pas. » C'est précisément la capacité d'associer d'une
manière intime et raisonnée ces deux fonctions, instruire et
élever, qui distingue l'instituteur de l'artisan. Ce dernier ne s'oc-
cupera que de la partie technique et négligera entièrement l'éducation. Chaque fois que, dans une école, on néglige l'éducation,
l'établissement ne tardera pas à péricliter[1]. » Salomon ne se dis-
simulait pas, du reste, une foule d'objections. « Des hommes,
d'ailleurs bien intentionnés, prétendaient que c'était déclasser
l'instituteur, le réduire au rôle d'artisan, convertir l'école en atelier de fabrication. Aucun instituteur, disait-on, pénétré du sentiment de sa dignité, de la sublimité de sa vocation, ne consenti-
rait à manier la scie et le rabot. D'autres ajoutaient que l'instituteur
était déjà trop chargé de travail pour songer à ajouter d'autres matières à son programme, et que, dans le cas où il s'imposerait ce
sacrifice, non seulement le temps lui manquerait, mais que les
connaissances techniques lui feraient défaut[2] ». Contre l'orgueil
Salomon répliqua qu'il n'y a qu'une gloire, celle qui consiste à se
rendre utile à soi-même et à ses semblables. Contre le surmenage
il fit appel aux bonnes volontés. « Voici mon raisonnement. Les
6 jours ouvriers de la semaine se composent de 144 heures. En ac-
cordant 8 heures par jour au repos, soit 48 heures par semaine,
il restera 96 heures pouvant être consacrées au travail. Le règlement scolaire absorbe 30 heures par semaine pour la classe; ajoutons une durée égale pour la confection des devoirs et l'étude
des leçons, ce qui fait 60 heures par semaine attribuées à l'école.
Il reste donc 36 heures non employées. Ne pourrait-on pas distraire
6 heures par semaine de ces 36 heures disponibles[3]? » Quant à
l'ignorance il y répondit en offrant son séminaire.

3. *Les matières d'instruction.* — Ici Salomon commençait la

[1] Salomon, *Le travail manuel,* 54-55.
[2] *Ib.,* 56.
[3] *Ib.,* 58.

série de ses innovations. Aux innombrables travaux de Cygnaeus et de Clauson-Kaas, il opposait qu'on ne pouvait enseigner tant de métiers. Il fallait trop de connaissances aux maîtres, trop d'outils et de dépenses; et puis on n'avait pas assez de temps pour obtenir des résultats sérieux. Alors Salomon avait passé l'inspection minutieuse de tous les travaux proposés : forge, vannerie, peinture en bâtiment, reliure, découpage à la scie fine, confection des habits, cordonnerie, tressage de la paille, menuiserie. Il les avait examinés longuement avant de décider quel était le plus utile et le plus facile; il les avait expérimentés; il avait appelé à l'aide tous les principes pédagogiques; et il conclut enfin, au rebours de Clauson-Kaas, pour la menuiserie[1]. La sculpture sur bois n'est bonne qu'à déformer le corps, à gâter l'esprit et à répéter perpétuellement les mêmes exercices jusqu'au dégoût. Au contraire la menuiserie est le meilleur de tous les travaux pour développer la dextérité générale et l'amour du travail. « Entrez dans un atelier, lorsque les élèves sont fièrement placés à leur établi. Quelle vivacité, quel mouvement, quelle gaîté frapperont vos regards ! Le maniement de la scie, l'usage du rabot, la cadence du marteau, le va et vient de la lime vous présenteront un tableau qui ranime le cœur et réjouit l'esprit. Voyez avec quelle précision les petits travailleurs prennent leurs mesures, avec quelle attention ils reçoivent les indications du maître, avec quelle exactitude ils imitent les moindres détails du modèle[2]. »

4. *Les élèves*. — Salomon déclara encore qu'il fallait limiter l'essai à un très petit nombre d'élèves. Admettre des élèves très jeunes, continuer l'œuvre de Fröbel était chose tentante. Mais cette adaptation pouvait attendre; mieux valait d'abord implanter le slöjd en ne s'adressant qu'aux élèves âgés, capables de manier les outils. C'était aussi une tentation que de réunir de nombreuses classes, sous prétexte d'économie ou d'émulation. Six élèves au début, douze plus tard, mais non davantage ! « Pour l'écriture, il n'y a qu'un instrument à surveiller, pour la menuiserie il y en a 40. Si l'instituteur ne s'aperçoit pas, par hasard, dans une séance, que la tenue de la plume est défectueuse, il pourra corriger ce défaut dans une des classes suivantes. Il n'en

---

[1] M. Salomon propose de traduire *snickerislöjd* plutôt par *travail du bois*.
[2] Salomon, *Le travail manuel*, 84-86.

est pas de même pour les séances de travail manuel, où la nature des outils varie à tout instant et où la mauvaise tenue peut faire contracter des habitudes fâcheuses [1]. »

5. *Le temps d'instruction.* — Salomon fixa aussi le temps qui pouvait être donné au travail manuel. D'accord pour une fois avec Clauson-Kaas, il pensa que la durée ne devait pas être trop longue, pour ménager l'intérêt des élèves et éviter le surmenage du maître. Lui qui avait d'abord fait faire sept heures de travail par jour, il restreignit ses demandes à deux heures par semaine, et encore une demi-heure devait-elle être employée à nettoyer et ranger les outils.

6. *L'atelier.* — L'atelier ne devait plus être quelconque. Certes, il ne fallait pas être exigeant au début, il fallait d'abord créer l'enseignement; mais une pièce distincte de la salle de classe était cependant nécessaire tout de suite, quoi qu'en dit Clauson-Kaas, au nom de l'ordre et de la propreté.

Plus tard, quand on pourrait avoir un véritable atelier scolaire, alors les moindres détails importeraient à la réussite de l'enseignement : la situation, la forme, la surface, la hauteur, les fenêtres, les plafonds et les murs, le chauffage, les dispositions intérieures. Il faut, par exemple, que l'atelier soit installé dans le bâtiment même de l'école ou dans un bâtiment voisin. Dans le premier cas, l'atelier sera placé de telle façon que le bruit du travail ne puisse déranger les études. Une porte extérieure donnera accès dans la cour pour faciliter l'enlèvement des copeaux et des balayures. La hauteur ne doit pas être inférieure à 3 m. 5o. Il faut éviter, autant que possible, de travailler à l'éclairage artificiel. Pour cela, les fenêtres seront assez nombreuses, assez grandes et convenablement placées; elles occuperont, d'une façon générale, une superficie équivalente à 25 ou 3o p. 100 de la surface du plancher. Trois côtés recevront la lumière, si c'est possible. Les fenêtres de l'atelier demandent une hauteur plus considérable que celles des chambres ordinaires; on leur donnera 2 mètres ou 2 m. 25, sur 1 mètre ou 1 m. 15. Elles seront placées aussi près que possible du plafond; la distance entre la fenêtre et le plafond ne doit pas dépasser o m. 3o, et celle du

[1] Salomon, *Le travail manuel,* 9².

sol à la fenêtre doit avoir 1 mètre ou 1 m. 05 au moins. Les établis ayant à peu près cette hauteur, il importe d'observer ces prescriptions, pour ne pas être exposé à pousser les outils ou les matériaux contre les vitres. Le chauffage se fait le mieux au moyen d'un poêle en fer et en terre cuite ou entièrement en terre cuite, garni de tuyaux recourbés. Ces deux espèces de poêles ont l'avantage de donner assez de chaleur et de permettre la fabrication de la colle forte. Il n'est pas nécessaire, d'ailleurs, que la température de l'atelier soit aussi élevée que celle de la salle de classe; les élèves travaillant manuellement conserveront mieux la chaleur que ceux qui restent assis à leurs tables. Une température de 12 degrés Celsius suffira [1].

7. *Les outils.* — Les outils devaient être choisis et préparés aussi minutieusement que l'atelier. Aucun soin n'était superflu pour atténuer les frais sans sacrifier aucune manipulation essentielle. Voici la liste que dressait Salomon :

DÉSIGNATION DES OUTILS [1].	PRIX.		POUR	
			6 ÉLÈVES.	12 ÉLÈVES.
	fr.	c.		
Établi	35	00	3	8
Scie à chantourner	2	00	2	3
Scie plus large	2	10	1	2
Scie à déchiqueter	2	40	2	4
Scie à découper	1	10	1	1
Scie à main	3	15	1	2
Varlope	3	95	3	8
Riflard	1	47	3	8
Rabot à polir	2	25	3	8
Rabot à creuser, à 2 fers	2	80	1	1
Pince pour fil de fer	0	50	1	1
Pince plate	1	05	1	1
Petites tenailles	0	98	1	1
Grosses tenailles	0	87	1	2

[1] Salomon, *Le travail manuel*, 99.

[1] Salomon, *Le travail manuel*, 95 et suiv.

DÉSIGNATION DES OUTILS [1].	PRIX.		POUR	
			6 ÉLÈVES.	12 ÉLÈVES.
	fr.	c.		
Ciseaux (jeu de 12)................	4	75	1	2
Bédanes (jeu de 8)...............	5	95	1	1
Gouges...................	4	40	1	1
Lime { plate.................	0	95	2	4
demi-ronde..............	0	95	3	6
ronde (queue de rat)......	0	95	2	4
triangulaire..........	0	33	2	4
Vilebrequin avec 2 mèches.........	8	05	1	1
Petit foret anglais...............	1	15	1	2
Couteau...................	0	50	4	6
Plane (à 2 manches).............	1	70	2	3
Marteau...................	1	12	4	8
Maillet...................	0	77	4	6
Compas...................	1	15	2	2
Compas d'épaisseur..............	1	05	2	2
Polissoir...................	0	20	4	6
Tournevis................	0	35	3	6
Rabot américain (en fer)..........	0	95	4	4
Couteaux à évider.............	0	35	3	3
Vis à main (presse).............	1	40	3	3
Hache................	2	80	1	1
Trusquin................	1	05	4	8
Sauterelle................	0	90	1	2
Équerre................	0	35	4	8
Pot à colle, avec pinceau.........	2	30	1	1
Petite pierre à adoucir...........	0	77	2	3
Meule à aiguiser...............	7	00	1	1
Ciseau à sculpter...............	8	05	1	1
Mètre...................	0	85	2	4

[1] Salomon, *Le travail manuel*, 99.

8. *Choix et gradation des modèles.* — On avait jusque-là laissé au hasard le choix des travaux. Salomon aimait la règle, excessivement. Il posa même dix-huit règles pour choisir et graduer les modèles.

CHOIX DES MODÈLES.

1° Exclure tout ouvrage de luxe et ne choisir que des objets trouvant leur emploi dans un ménage modeste. Ces objets doivent naturellement appartenir aux élèves et ne pas être vendus au profit de l'école. C'est un moyen d'attirer l'attention des familles, et de combattre le développement excessif du luxe.

2° N'entreprendre que des ouvrages pouvant être confectionnés entièrement par les enfants eux-mêmes, sans aucun secours étranger.

3° Prendre parmi ces ouvrages ceux qui ne demandent que l'emploi du bois, avec exclusion de toute autre matière.

4° Éviter le choix des objets dont l'achèvement complet exige l'emploi de la couleur ou du polissage.

5° Confectionner des objets dont les matières premières sont d'un prix peu élevé.

6° Habituer les enfants à travailler alternativement le bois tendre et le bois dur.

7° Ne s'occuper de la sculpture artistique sur bois que dans une proportion restreinte, ce travail exerçant peu les facultés physiques.

8° Se rappeler que les objets confectionnés doivent contribuer à développer le sentiment de l'esthétique par la pureté de la forme.

9° Viser à ce que, dans leur ensemble, ces objets offrent à l'enfant l'occasion de manier tous les outils de l'atelier, et lui présentent la facilité de se familiariser avec les différentes opérations qu'exige le travail du bois, ainsi qu'avec les assemblages divers en usage pour la réunion des parties formant un tout complet.

GRADATION DES MODÈLES.

10° L'enseignement doit procéder du facile au difficile, du simple au composé.

11° Les difficultés doivent être graduées de manière à éviter toute transition brusque et trop forte.

12° Le travail évitera la monotonie, la variété étant seule capable de soutenir l'attention des élèves.

13° A chaque degré de l'enseignement, les travaux des élèves, quoique faciles et strictement proportionnés aux forces de l'exécutant, représentent des objets bien confectionnés et facilement utilisables.

14° Tout objet déjà exécuté devra être une préparation pour la confection des objets suivants, de telle sorte que ceux-ci puissent être exécutés sans le secours du maître.

15° Le nombre des outils et la quantité des opérations augmenteront dans la mesure des progrès réalisés.

16° Pour les enfants qui ont déjà appris à manier le couteau, particulièrement pour ceux de la campagne, le couteau reste l'outil fondamental du slöjd [1].

17° Les premiers travaux ne seront pas exécutés sur bois tendre, cette matière molle permettant trop facilement au débutant de commettre des fautes.

18° Pour que l'enfant soit en état de s'apercevoir bientôt des résultats de son travail, et y trouve un encouragement salutaire, il est important que les premiers modèles soient simples et faciles [2].

Au nom de ces règles, Salomon arrêta une série de 100 modèles, qui pouvaient d'ailleurs être modifiés selon les temps et les pays. Voici les 25 premiers.

1. Chevillette.
2. Tuteur pour fleurs, section ronde.
3. Tuteur pour fleurs, à section carrée, avec tête de diamant.
4. Plaque pour étiquette.
5. Épingle de blanchisseuse (sans ressort).
6. Cheville pour collier de cheval (simple).
7. Couteau à papier.
8. Cheval de métier.
9. Spatule à beurre.
10. Règle plate.
11. Croisillon pour support de pot à fleur.
12. Cuiller.
13. Manche de marteau.
14. Cuiller (plus difficile qu'au n° 12).
15. Manche d'outil.
16. Cuiller à beurre.
17. Planche à découper le pain.
18. Forme à chaussette (pour blanchisseuse).
19. Écope pour sucre.

[1] La traduction française porte le contraire.
[2] Salomon, *Le travail manuel*, 105-106.

20. Forme à bas (pour blanchisseuse).
21. Aiguisoir à faux.
22. Porte-manteau.

23. Porte-manteau à champi-
gnons tournés.
24. Cheville de collier de cheval
25. Manche de hache, etc. [1].

9. *L'enseignement individuel*. — Tels étaient les principes en 1882. Au cours des années suivantes, Salomon en a trouvé quelques autres; il est devenu en particulier le champion de l'enseignement individuel contre l'envahissement de l'enseignement par classe. Le travail au commandement, comme Krause voulait l'imposer aux travaux féminins, comme Mikkelsen l'introduira bientôt dans le slöjd danois, n'a pu le séduire. L'élève suédois reste seul en face de son modèle; le maître passe entre les établis et donne à chacun des conseils, louant ici, corrigeant ailleurs.

3. Nääs Slöjdlärareseminarium.

Il fallait maintenant rendre à l'enseignement manuel un autre service; il fallait aborder sa mise en pratique; il fallait avant tout donner aux instituteurs le goût du slöjd et les connaissances techniques. Salomon ne s'adressa pas à l'État, mais à lui-même; il fit de Nääs une école normale et il consacra désormais tous ses efforts à la formation des maîtres.

Pour l'organisation, Salomon s'arrêta aux principes suivants :

Cours normaux temporaires, comme on en fait à propos de tout dans les pays germaniques, et comme Clauson-Kaas en essayait aussi. Leur nombre était de 8 en 1882; mais la plupart tombaient en des mois où les maîtres ne pouvaient quitter leurs classes; aussi les réduisit-on à 6 en 1883, à 5 en 1884, puis à 4 en 1886, et ce fut un nombre à peu près régulier. Leur date est choisie pendant les vacances, autant que possible : deux cours en hiver, deux en été. Leur durée fut d'abord de cinq semaines, puis de six à partir de 1884, ce qui était nécessité par l'abondance des travaux, et permis par la longueur incomparable des vacances scandinaves.

Les étudiants sont logés gratuitement à l'institution et le prix

[1] Salomon, *Le travail manuel*, 107 et suiv.

de leur nourriture est fixé au minimum. Ce furent d'abord des instituteurs suédois. A partir de 1882, les institutrices y furent admises et elles vinrent volontiers, tantôt à des cours distincts, tantôt à des cours communs. Enfin il y eut bientôt un assez grand nombre d'étrangers, venus des pays germaniques ou anglo-saxons pour la plupart, parfois des pays les plus exotiques; et ils faisaient ressembler Nääs à une nouvelle Babel. C'est ainsi qu'aux quatre cours de 1887 assistèrent 156 instituteurs et 57 institutrices qui représentaient 10 pays.

Suède	161	Norvège	3
Italie	16	Russie	3
Angleterre	12	Allemagne	2
Finlande	9	Autriche	1
Danemark	5	Abyssinie	1 [1]

Quant aux maîtres, c'est d'abord le directeur Salomon qui se charge de presque tous les cours théoriques et qui assiste à tous les travaux; c'est ensuite un certain nombre d'adjoints temporaires pour l'enseignement du slöjd. « Le fait que les adjoints ne sont pas permanents ne facilite pas peu les efforts qui ont été continuellement faits pour prévenir, autant que possible, la routine. Certes, il n'y a pas de plus grand danger pour l'enseignement pédagogique. D'ailleurs le séminaire a toujours eu la faculté de choisir facilement des adjoints et des adjointes parmi les étudiants qui avaient suivi les cours précédents, et qui avaient ailleurs des places fixes [2]. »

Les cours de la section de slöjd sont de trois sortes ; théoriques, pratiques et annexes.

Les leçons théoriques, qui se bornaient au début à quelques causeries, sont devenues de véritables cours. M. Salomon les a réservées pour lui-même. Il y enseigne la pédagogie du slöjd. Parfois ce sont des leçons sur la méthodologie, la psychologie, l'hygiène, l'esthétique; souvent on parle sur l'histoire de l'éducation, et en particulier sur les pédagogues qui ont discuté la question de l'enseignement manuel ; souvent encore on parle sur la technologie des outils et sur tous les sujets qui sont en rela-

[1] Paroli, 84.
[2] Salomon, *Nääs*, 19.

tions étroites avec le slöjd. Quelquefois le directeur discourt seul.
D'autres fois une sorte de méthode socratique est employée : c'est
une conversation, une discussion entre professeur et auditeurs;
et les étudiants prennent des notes pour rédiger ensuite un som-
maire. Quand le temps le permet, on s'installe en plein air, sous
les arbres du parc. De temps en temps la leçon est coupée par
un chant, « disposition qui a produit des effets singulièrement
utiles[1] ».

Les cours pratiques, dans une salle de slöjd, occupent la plus
grande partie du temps. Il s'agit d'exécuter la série des modèles
de Nääs, pour apprendre les manipulations, et pour pouvoir emporter une collection. Chacun travaille de son mieux pour imiter
le modèle présenté et pour suivre les indications données. Les
maîtres adjoints ont chacun une vingtaine d'étudiants à diriger;
ils les conseillent, redressent les attitudes mauvaises, et veillent
surtout à ce qu'on se serve jusqu'au bout des instruments tran-
chants, qui seuls attestent la valeur de l'ouvrier. Le directeur et le
chef d'atelier s'occupent de la correction des travaux. En présence
de six ou sept élèves, ils les examinent minutieusement, vérifient
les cotes, l'exécution, et une foule d'autres choses, au grand désespoir de quelques malheureux qui les accusent de pédantisme.
La note d'ailleurs ne blesse pas tout de suite les amours-propres,
car le nom est tenu secret jusqu'au dernier jour. Durant la
cinquième semaine, arrive le travail le plus difficile de tous, le
modèle facultatif ou extraordinaire. Il s'agit d'inventer un modèle
qui puisse remplacer un numéro déterminé de la série, sans
enfreindre aucun des principes de Nääs. Il faut « créer », comme
le voulait Fröbel. Les modèles extraordinaires permettent aux
instituteurs d'adapter le cours aux besoins locaux, et au séminaire de former une collection qui compte aujourd'hui plus de
3,000 numéros[2].

Ajoutons que deux cours annexes sont obligatoires pour les
étudiants de slöjd. C'est d'abord le dessin, que Salomon n'aimait pas à l'origine. Les étudiants dessinent chaque modèle sur
du papier avant de l'exécuter dans la salle de slöjd. C'est ensuite
la gymnastique suédoise, selon le système de Ling. De plus, le

[1] Salomon, *Nääs*, 18.
[2] *Ib.*, 19-24.

séminaire offre un certain nombre de cours facultatifs, les jeux depuis 1895, la conservation des fruits et le jardinage depuis 1902, la cuisine et la couture aujourd'hui [1].

Le site seul vaut bien une visite. Il y a d'abord le vieux château et son mobilier de prix. C'est là qu'on loge les hôtes de distinction qui veulent bien passer quelques jours à Nääs. C'est là aussi, dans les salles du rez-de-chaussée, qu'ont lieu les réunions et les fêtes. Le grand salon Empire, qui occupe tout le premier étage, est réservé pour les grandes fêtes qui inaugurent et concluent les cours, et où les étudiants déploient les drapeaux de toutes leurs nations. D'autre part, il y a toute une série de constructions modernes, pittoresquement disposées au milieu des arbres, autour de la colline. C'est Björkenääs, la résidence très simple du directeur. C'est Mellannääs, Vänhem, Källnääs, Lilla Nääs, Babel et d'autres, qui contiennent les salles de classe, les chambres des étudiants, les salles de lecture et une bibliothèque pédagogique. A côté de Mellannääs se trouve la place de jeux; un peu plus loin, le jardin modèle. Il y a encore deux ateliers pour la fabrication des outils et du mobilier scolaire. Enfin le tout se trouve dans un parc de 25 hectares; et le lac Säfvelängen l'entoure presque avec ses eaux tranquilles et profondes où se reflètent les forêts et ses talus escarpés qu'ont modelés les glaciers quaternaires [2].

4. L'EXPANSION DU SLÖJD.

Nääs a donné à l'enseignement manuel pour la première fois une expansion mondiale. Salomon a pu dresser une série de statistiques qui permettent de suivre cet envahissement.

Nääs a fixé le slöjd en Suède. Certes, avant que l'influence de Salomon se fût étendue sur tout le pays, il y avait déjà beaucoup de bonnes volontés pour préparer la création d'un slöjd scolaire, à côté du slöjd familial. Le gouvernement avait par décret du 11 septembre 1877 promis des subsides aux écoles qui essaieraient cet enseignement. Mais les essais de slöjd, sans but, sans principes et presque sans soutien, risquaient fort de disparaître

[1] Salomon, *Nääs*, 25.
[2] *Ib.*, 30-32.

comme tant d'autres, si les écoles défaillantes n'avaient trouvé à s'appuyer sur la colonne de Nääs.

Grâce à Nääs, les erreurs primitives furent redressées. Ainsi à Göteborg on s'était engagé dans un pur apprentissage. Il n'y avait ni méthode ni programme, le chef d'atelier se guidant seulement sur ses idées momentanées ou sur les commandes. On fabriquait des boîtes à craie, des tableaux noirs, des tableaux compteurs, des serrures pour pupitres, des baromètres, des jouets en bois et en métal peint, des outils ; et on exposait tous les produits dans un magasin pour les vendre. Malgré l'argent et les espérances qu'on avait concentrés sur cette entreprise, elle ne réussit pas ; et l'enseignement manuel eût sans doute disparu de Göteborg, si le système de Nääs n'était venu révéler qu'il fallait, pour réussir, restreindre le but et préciser la méthode. M. Leffler, l'inspecteur de l'enseignement manuel dans les écoles de Göteborg, fut converti un des premiers. Bientôt les modèles et les maîtres de Nääs remplacèrent les essais infructueux, et aujourd'hui Göteborg est un des centres les plus actifs du slöjd scolaire.

Grâce à Nääs aussi, un nombre sans cesse croissant de maîtres exercés se répandirent par tout le pays, jusque dans les provinces du Norrland.

1875	4	1890	276
1876	9	1891	276
1877	11	1892	283
1878	14	1893	281
1879	19	1894	268
1880	27	1895	290
1881	29	1896	271
1882	102	1897	272
1883	114	1898	236
1884	114	1899	227
1885	149	1900	266
1886	158	1901	236
1887	219	1902	250
1888	249	1903	259
1889	277	1904	252 [1]

En tenant compte des redoublements, le total monte à 4,112 étudiants, dont plus de 3,000 Suédois.

[1] Salomon, *Nääs*, 15. Complété pour 1904.

Ainsi, sans obligation, rien que par les efforts et l'exemple d'un particulier, le slöjd a conquis solidement la Suède.

En outre, de 31 pays, plus ou moins éloignés, des étudiants sont venus à Nääs :

Angleterre et Galles.	312	France.	3
Finlande	63	Belgique.	3
États-Unis	63	Suisse.	3
Norvège	59	République Argentine..	3
Danemark	52	Croatie.	2
Écosse	49	Égypte.	2
Hollande	36	Japon.	2
Russie	32	Islande.	2
Autriche	26	Uruguay.	2
Allemagne	24	Serbie..	1
Italie	16	Abyssinie.	1
Hongrie.	15	Brésil.	1
Bulgarie	9	Canada.	1
Irlande	5	Cap	1
Indes Orientales.	5	Chili	1 [1]
Roumanie	4		

Les missions officielles se sont de toutes parts acheminées vers Nääs. Dès 1880, ce fut l'Allemagne ; puis la France en 1882, la Belgique en 1883, la Russie en 1884, l'Italie en 1887, le Japon en 1888, l'Argentine et le Chili en 1889, l'Uruguay en 1890, le Brésil en 1891, la Croatie en 1892, la Roumanie et l'État libre d'Orange en 1893, la Hongrie en 1894, la Bulgarie en 1895, l'Irlande en 1897, la Serbie en 1898, l'Égypte et la Grèce en 1901, le Siam en 1904 [2].

Des livres ont été publiés dans toutes les langues et dans tous les pays pour décrire et propager le système de Nääs.

Des établissements enfin ont été fondés partout pour appliquer les principes et souvent les modèles de Nääs. C'est après un voyage en Suède, par exemple, que Salicis créa en France l'École normale de la rue Louis-Thuillier, et que Consorti créa en Italie le séminaire de Ripatransone, la plus durable et la plus célèbre des filiales de Nääs ; c'est sous cette inspiration encore que des classes de slöjd furent instituées aux États-Unis, en Angleterre, en Hol-

---

[1] Salomon, *Nääs*, brochure pour l'Exposition de 1900.
[2] Salomon, *Nääs*, 16.

lande, en Russie, au Japon, et jusque dans l'Amérique du Sud.

Nääs a même inspiré des systèmes dérivés, qui ont essayé d'adapter les idées de Salomon à des conditions particulières. Parmi eux, on peut prendre comme exemple la *Praktiska Arbets-skola* d'Eva Rodhe en Suède.

Eva Rodhe, à Göteborg, essaya dès 1882 de modifier le slöjd pour le mettre à la portée des jeunes enfants. « Le système de Fröbel peut être appliqué aux enfants jusqu'à 5 ans. De 5 à 8 ans, on doit leur donner un travail manuel convenable, avec l'usage des outils légers ; de 8 à 11 ans, un travail avec des outils plus grands et plus lourds, dans diverses sortes de bois convenables pour la confection de modèles simples ; et de 11 à 13 ans le système de slöjd de Nääs sera trouvé tout à fait utile [1]. » Elle a pensé surtout aux enfants de 5 à 8 ans, et elle a inventé pour eux une série de modèles faciles, par exemple :

1. Dévidoir pour ligne à pêche. 2. Plaque pour étiquette. 3. Planchette à coudre. 4. Dévidoir pour fil. 5. Palette (jouet). 6. Planche à découper. 7. Aiguille à repriser. 8. Étiquette de bouteille. 9. Porte-manteau (jouet). 10. Forme à chaussette (pour blanchisseuse), etc.

Bref, on ne saurait exagérer l'influence de Nääs dans l'histoire de l'enseignement manuel. Certes les établissements slöjdiens n'ont pas partout pris racine ; le système a rencontré de violents contradicteurs, surtout dans les pays anglais. Il ne lui en reste pas moins l'honneur d'avoir placé définitivement l'enseignement manuel hors des préoccupations économiques, d'avoir montré la nécessité d'une organisation précise, d'avoir créé au séminaire de Nääs pour ainsi dire l'Académie et la pépinière des novateurs, enfin d'avoir initié les pays encore indifférents à la question de l'enseignement manuel.

LE SLÖJD DANOIS [2].

L'éclat du slöjd suédois ne peut faire oublier les autres pays scandinaves et les efforts postérieurs. Le Danemark en particulier,

[1] Hoffman, préface d'Eva Rodhe.

[2] A consulter :
Paroli, *La scuola popolare e il lavoro manuale educativo in alcuni Stati d'Europa.* Milano-Roma, 1888.
Association danoise du travail à l'école. *Le slöjd danois* (brochure publiée

un instant arrêté après la chute de Clauson-Kaas, a tenté un deuxième effort en faveur de l'enseignement manuel avec Aksel Mikkelsen, à partir de 1884, et un certain nombre de questions nouvelles y ont été débattues alors.

1. L'INFLUENCE DE NÄÄS.

Le slöjd danois fut d'abord une filiale de Nääs. Certes, la question de l'enseignement manuel était née spontanément et depuis longtemps au Danemark. Certes, Mikkelsen réfléchit et travailla sans se soumettre à aucune imitation. Cependant ce n'est pas sur des essais indépendants qu'il s'appuya d'abord, et il n'en a pas fait mystère.

Lui-même il vint assez souvent en Suède. Il y fut l'hôte de M. Salomon pendant plusieurs cours temporaires, et s'il ne prit pas part aux travaux manuels, du moins il assista à toutes les conférences et à toutes les discussions. De plus, il intervint dans un grand congrès des maîtres scandinaves et il y discuta toutes les questions intéressant le slöjd.

Au Danemark, ses premiers ouvrages furent inspirés directement par ce qu'il avait vu en Suède. Ce fut en 1885 une adaptation du célèbre livre de Salomon. En 1886 ce fut encore un livre sur l'école de slöjd en Suède.

Bien plus, on fit venir Salomon à Copenhague. On venait de créer une grande association pour répandre le slöjd en Danemark. On crut ne pouvoir faire meilleure propagande que d'appeler Salomon à son aide ; et celui-ci voulut bien faire à Copenhague une conférence sur *le slöjd au service de l'école* [1] ».

Aussi ne faut-il pas s'étonner si on retrouve dans le système Mikkelsen un grand nombre de principes de Nääs : le but pédagogique, la nécessité d'une organisation méthodique, le séminaire, les cours temporaires, et même des détails comme le choix de la menuiserie, l'habitude de donner aux élèves les objets qu'ils ont exécutés, la disposition de l'atelier, etc.

pour l'Exposition de 1889, et reproduite dans le *Rapport : Enseignement primaire, Danemark*).

[1] Paroli, 95, 114, 101.

2. Les innovations.

Cependant Mikkelsen ne fut pas pleinement satisfait par le système de Nääs. Soit qu'il ait dû conserver quelques vestiges des anciennes écoles économiques slöjdiennes, soit qu'il ait inventé lui-même des perfectionnements, soit surtout sous l'influence française, il a modifié le système modèle sur plusieurs points.

Premièrement, il a cru nuisible de resserrer le slöjd en deux ou trois ans de la vie scolaire, et il lui a donné la plus large extension qu'on eût encore vue, à travers toutes les classes. Les enfants de 6 ans furent admis déjà à faire une heure de travail manuel par semaine, généralement en modelage. Dès 9 ans, les premiers exercices du travail essentiel, de la menuiserie, pouvaient être essayés. Enfin et surtout, le slöjd s'étendait au delà de l'école primaire, et les directeurs danois soutenaient même volontiers qu'il était spécialement utile pour les *gymnasier* et *realskoler*, c'est-à-dire pour les écoles secondaires; car les élèves de ces institutions ont un plus grand besoin que les autres de rompre par l'exercice et la fatigue du corps l'uniformité de la vie intellectuelle et sédentaire [1]. Du moins, les écoles qui adoptèrent les premières le slöjd danois furent des écoles secondaires, par exemple la Mariboes Skole de Copenhague, la Martzius Skole de Birkeröd, et en 1887 le gymnase gouvernemental de Frederiksborg.

Deuxièmement, les Danois revinrent à l'obligation, dont Salomon s'était privé. Mikkelsen avait laissé d'abord le slöjd facultatif, mais il lui sembla qu'on excluait par là de la salle de travail beaucoup de bons élèves, que beaucoup d'enfants n'auraient ainsi aucun moyen de manifester leurs aptitudes manuelles, et que leur intérêt même exigeait l'obligation [2].

Ensuite, le système Mikkelsen s'occupa soigneusement de l'hygiène. On chercha des positions pratiques, physiologiques, gracieuses, et on les groupa dans un album, tandis que dans un album opposé on collectionnait les positions vicieuses. Deux choses parurent surtout importantes : il fallait habituer l'enfant à se tenir bien droit pour donner assez de jeu aux organes pectoraux et abdominaux et pour agir sur la tenue en général ; il fallait

[1] Paroli, 98.
[2] *Ib.*, 98.

aussi l'habituer à se tenir ferme sur ses pieds en lui donnant un plan de soutien suffisant. Alors, espérait-on, l'enfant conserverait partout ces habitudes, et il serait tout de suite gêné dans une position mauvaise[1].

Mikkelsen imagina encore d'étudier et de modifier les outils. Ainsi à l'établi, pour éviter une position de travers, la presse de menuisier, perpendiculaire, fut remplacée par la presse de carrossier, parallèle. De même pour le rabot : les mains de l'enfant n'ont pas la peau assez durcie pour supporter la pression du fer ou du talon rectangulaire; on plaça donc une poignée protectrice derrière le fer, et on arrondit le talon. De même la varlope fut raccourcie et sa poignée fut baissée. Mikkelsen installa un atelier pour la construction des outils spéciaux à l'école[2].

Mais ce n'étaient pas là les transformations essentielles, les points où Mikkelsen se plaça en contradiction formelle en face de Nääs.

Aux modèles de Nääs il opposa l'enseignement des outils et des opérations. On avait cherché à Nääs tant de principes pour classer les modèles que la clarté du classement disparaissait sous l'abondance des analyses. Mikkelsen jugea qu'un seul principe devait conduire toute la gradation. Il fallait donner aux élèves des outils de plus en plus difficiles à manier, une scie, un couteau, un rabot, une scie à chantourner, un ciseau, une lime, une râpe, etc. Avec chaque outil, il fallait leur faire faire des opérations de plus en plus compliquées, et on ne les laisserait passer à l'exercice suivant que si le premier était exécuté parfaitement, automatiquement. Par exemple, avec le couteau, il fallait faire :

a. Des entailles longitudinales, partant du corps, servant à donner à l'enfant la main ferme et la connaissance de la structure du bois. Il est naturel de commencer par ces entailles, puisqu'elles n'offrent pas de danger, qu'elles sont plus faciles que les autres entailles, qu'elles permettent une bonne pose du corps, et qu'elles sont les seules entailles pouvant enlever de grands copeaux de bois.

b. Des entailles transversales, qui sont plus difficiles et plus dangereuses, et qui se fondent sur un traitement préalable des côtés.

c. Des entailles obliques.

---

[1] *Exposition de 1889*, Danemark.
[2] Les outils de Mikkelsen ont été exposés ensuite au Musée pédagogique.

d. Des entailles concaves, qui ne trouvent leur place qu'ici, parce que, au point de vue pratique comme au point de vue technique, les courbes sont plus difficiles à traiter que les autres lignes, et que par la même raison la pose est plus difficile.

e. Des entailles convexes, qui doivent suivre les entailles concaves. Celles-ci permettant au couteau de s'appuyer contre le bois, une entaille s'obtiendra assez facilement ; tandis que le couteau restant sans appui pendant celles-là, une entaille régulière devient presque impossible [1].

Aussi grave fut une autre réforme, l'enseignement par classe. Salomon s'en était tenu à l'enseignement individuel sans songer à en donner des raisons jusque-là ; Mikkelsen pensa que, pour achever la rigueur de la méthode, il fallait reprendre les idées allemandes qui avaient été exposées à propos de l'enseignement féminin, et il organisa un *Klassundervisning* [2]. Voici, par exemple, une leçon que vit Paroli à la Mariboes Skole. Il s'agissait du sciage longitudinal ; les élèves devaient construire la charpente d'une maison avec 17 bâtons de 4 longueurs diverses. Une maîtresse spéciale de slöjd était chargée d'enseigner cet exercice à 18 enfants de 9 à 10 ans. La maîtresse, en agitant une sonnette, donne le signal d'attention. Elle explique la construction de la première espèce de bâtonnets, en indique au tableau la forme et la dimension. Alors un autre coup de sonnette ordonne l'exécution. Les élèves empoignent la scie et commencent le travail. La maîtresse les surveille, les encourage, conseille les moins capables, et quand elle voit qu'un travailleur se trompe trop, avec un coup de sonnette elle fait suspendre le travail pour expliquer l'erreur et remettre l'élève dans la bonne voie ; un autre coup de sonnette, et le travail recommence. A mesure que les élèves avaient fini, ils se mettaient dans la position d'attente, ou ils échangeaient quelques paroles avec le voisin, au grand effroi des instituteurs italiens. Quand la maîtresse les vit tous prêts, elle réclama l'attention par un autre coup de sonnette, donna de nouvelles explications en interrogeant sur ceci ou cela ; puis un tintement encore, et tous reprirent le travail [3].

[1] *Exposition de 1889*, Danemark.
[2] Il en a pris l'idée à Paris.
[3] Paroli, 112.

3. Les résidus.

L'influence du système Mikkelsen fut importante, mais indirecte.

L'effort de Mikkelsen pour créer un système durable d'enseignement manuel au Danemark a échoué. En vain Mikkelsen a-t-il déployé des prodiges de volonté. En vain il fonda un séminaire où il enseigna lui-même ; il organisa une société pour le slöjd, le *Dansk Slöjdförening*, pour soutenir financièrement les essais ; il obtint un subside important de l'État ; il eut un moment la faveur des journaux, la bienveillance de plusieurs directeurs d'école, et l'appui de Salomon. Mais il fallait d'énormes sommes pour installer les écoles ; l'école de Tisted, par exemple, avec sa grande salle aménagée pour 40 travailleurs, revenait à 14,000 couronnes [1]. Il fallait presque autant pour attirer et soutenir les étudiants du séminaire Mikkelsen. Or on n'eut jamais rien. En 1885, l'association crut faire beaucoup en entretenant gratuitement 3 étudiants ; en 1886, pleinement organisée, elle ne put en soutenir que 12. En 1887, les anciens élèves du séminaire n'avaient fondé que 10 écoles. Tel était, par exemple, le budget en 1886 :

RECETTES.

	couronnes.
Subsides de l'État.	5,700
Cotisations des 175 membres	603
Total	6,303

DÉPENSES.

	couronnes.
Pour la création de 7 écoles de slöjd	3,400
Pour l'acquisition de modèles et d'instruments	400
Pour les publications	600
Pour les subventions et indemnités de voyages aux maîtres-étudiants	1,500
Diverses	277
Total [2]	6,277

[1] Paroli, 99.
[2] Ib., 114.

Bienheureux le slöjd suédois, qui avait trouvé en Abrahamson un Mécène! Si l'abondance d'argent n'avait été pour Salomon qu'un auxiliaire, le manque d'argent fut du moins pour Mikkelsen un obstacle insurmontable.

Cependant, les idées de Mikkelsen ont survécu à ses écoles. Elles avaient eu le temps de se répandre par le monde, et elles ont reparu dans plusieurs systèmes. Mikkelsen est reconnu par Kjennerud comme un des ancêtres les plus importants du slöjd norvégien. Mikkelsen intéressa les inspecteurs français à l'Exposition de 1889 plus vivement que le slöjd suédois; et non seulement ils étudièrent soigneusement ses outils et ses modèles, mais ils imitèrent sa gradation d'exercices. Mikkelsen enfin exposa encore avec succès son système à Chicago en 1893.

LE SLÖJD NORVÉGIEN [1].

Le slöjd norvégien n'a pas encore eu d'histoire. Cependant, depuis 1870, il n'a cessé de se développer, sans bruit, mais sans désastre.

1. LE MOUVEMENT PÉDAGOGIQUE.

Au début le slöjd norvégien suivit la même marche que les autres; il se détacha des travaux économiques pour devenir de plus en plus pédagogique.

Quand le slöjd apparut dans les écoles, vers 1880, il était purement économique. On créa des écoles privées de travaux manuels, tant dans les campagnes que dans les villes; on y essaya la fabrication des ouvrages les plus divers, et on les entassa dans des magasins, sans prendre beaucoup de peine pour leur créer des débouchés. On n'obtint que des déceptions, malgré les subsides de l'État.

---

[1] A consulter :

H. K. Kjennerud et Lövdal, *Slöidtegninger.* 1894 et 1900.

O. Anderssen, *The new law for the secondary schools in Norway* (Great Britain, Board of Education, Special Reports; vol. 8). London, 1902.

P. Voss, *Rapport devant la commission scolaire de 1890* (documents).

H. K. Kjennerud, *Les travaux manuels dans les écoles norvégiennes* (documents).

Vers 1880, les idées pédagogiques arrivèrent de l'étranger. Uno Cygnaeus était déjà connu; on l'étudia davantage, et Nils Hertzberg alla faire une enquête en Finlande. En même temps, on entendait parler des nouveautés suédoises; et un assez grand nombre de maîtres partirent pour Nääs, d'où ils rapportèrent les idées pédagogiques et les habitudes organisatrices de Salomon.

A la même époque, un mouvement local très vif commença avec l'arrivée de Nils Hertzberg au Ministère des Cultes et de l'Instruction publique. Dès 1880, le ministre proposa au Storthing de porter à trois ans le temps d'études dans les séminaires d'instituteurs, afin d'y introduire l'enseignement manuel. Le Storthing refusa; du moins accorda-t-il quelques subsides : 800 kr. pour faire des essais dans quelques séminaires, 2,000 kr. à l'école de Drammen pour préparer les professeurs, 2,500 kr. encore pour donner des bourses aux futurs maîtres de slöjd. En 1881, Nils Hertzberg réitéra sa proposition, et il obtint cette fois l'argent nécessaire pour établir le slöjd dans les 6 séminaires du pays à titre facultatif et provisoire.

La transformation décisive, l'organisation d'un système pédagogique, fut accomplie par H. K. Kjennerud, directeur d'école à Fredrikshald. Depuis longtemps déjà il s'était dévoué au slöjd. Dès 1872, il avait fondé une école de slöjd économique. L'association de slöjd de Fredrikshald (*Fredrikshalds Slöjdföre-ning*) lui avait fourni les subsides. Le programme comprenait toute la variété primitive des travaux : la menuiserie, la sculpture sur bois, le tournage et même la cordonnerie, la confection des vêtements, la peinture, la vannerie, la reliure et la brosserie. Exemple rare parmi les écoles économiques, l'école de Fredrikshald avait survécu, et en 1881 elle comptait encore 177 élèves[1]. Mais à cette époque elle subit la même métamorphose que Nääs; c'est-à-dire que des cours normaux y furent introduits pour les instituteurs qui désiraient connaître le nouvel enseignement, et qui ne pouvaient suivre les trop longs cours spéciaux de Drammen. Bientôt les cours temporaires se développèrent si bien qu'il fallut en faire douze par an, et les répartir dans les principales villes du pays. Quelque temps après, Kjennerud fut chargé d'une mission en Suède, Danemark, Allemagne, et il revint avec l'idée nette que le nouvel enseignement ne devait viser qu'un but sco-

[1] Salomon, *Le travail manuel*, Norvège.

laire, par des moyens pédagogiques. Enfin, pendant ses classes et ses cours normaux, Kjennerud put expérimenter toutes les difficultés que devait résoudre l'enseignement manuel, et il arriva peu à peu à constituer un système, qu'il a exposé dans son livre : « Dessins de travaux manuels » (*Slöjdtegninger*, 1894 et 1900).

Ainsi le slöjd, par la force des circonstances, s'était détaché des ateliers et des artisans pour devenir un enseignement scolaire.

2. LE SYSTÈME KJENNERUD.

Ce qui frappe d'abord, quand on examine le système norvégien, c'est qu'il ressemble aux autres systèmes slöjdiens. Peut-être la moindre contradiction eût-elle été accueillie avec une joie jalouse, aussi bien par les Norvégiens que par les Suédois et les Danois. Mais la plupart des conclusions ont été les mêmes. En Norvège, une fois encore on a conclu que le but devait être pédagogique, que l'enseignement devait être donné par les instituteurs ou au moins par des professeurs ayant reçu une instruction académique, que le nombre des élèves ne devait pas dépasser 20. Une fois encore on a rejeté tous les travaux slöjdiens primitifs pour concentrer les efforts sur la menuiserie. Une fois encore on a étudié avec le plus grand soin la gradation des modèles, la disposition de l'atelier, la liste, et la forme des outils. Les conclusions de détail ne sont pas toujours les mêmes, mais les principes essentiels du slöjd ont été confirmés par une nouvelle expérience.

Cependant le système Kjennerud ne reproduit pas le système de Nääs; il s'en écarte légèrement à chaque instant, et il insiste davantage sur deux points importants.

D'abord c'est la grosse question de la gradation des modèles. Voici le résumé de l'enseignement norvégien :

1er degré. — Taille du bois au couteau.

2e degré. — Sciage plan, rabotage plan.

3e degré. — Rabotage en rond, limage.

4e degré. — Sciage en arc, limage en angle.

5e degré. — Assemblage avec des clous, puis avec des vis.

6e degré. — Assemblage par encastrement.

7ᵉ degré. — Assemblage en sifflet.

8ᵉ degré. — Assemblage à tenon et mortaise.

9ᵉ degré. — Assemblage à queue d'aronde.

10ᵉ degré. — Travaux plus considérables.

Dans chacun de ces degrés, on commence par quelques exercices, puis on exécute des modèles utiles. C'est dire que Kjennerud se rapproche de Mikkelsen, qu'il choisit un principe essentiel de gradation, l'étude des opérations, au lieu de maintenir toute une liste de principes, et de trop sacrifier en particulier aux objets utiles du slöjd primitif.

La deuxième différence, c'est l'enseignement. Entre l'enseignement par classe que Mikkelsen voulait introduire et l'enseignement individuel dont Salomon s'est fait le champion, il y a eu place pour une troisième méthode, qui a essayé de réunir les avantages des deux autres. Comme Mikkelsen, Kjennerud tient à ce que le cours de slöjd soit un vrai cours scolaire que tous les élèves suivent en même temps. Tous les élèves commencent donc en même temps la confection du même objet et font autant que possible le même travail. Cependant, comme Salomon, peut-être plus que Salomon, Kjennerud songe à sauvegarder et à développer l'individualité. Il veut que l'enseignement éveille des idées, que les enfants trouvent le plus possible par eux-mêmes quelle est la manière de procéder, que le maître remplace les commandements militaires par des questions ou des réponses. Et puis, pour que les élèves les plus diligents et les plus habiles ne perdent pas leur temps à attendre les autres, il leur a réservé une innovation importante, le modèle facultatif, qu'ils exécutent pendant le temps économisé, pour compléter leur dextérité, et qu'ils exécutent d'une manière aussi individuelle que possible, c'est-à-dire de préférence sans conseils préparatoires et sans direction [1].

3. L'ENSEIGNEMENT OFFICIEL.

En 1889 survint une circonstance que ni les Suédois ni les Danois n'avaient jamais rencontrée : l'État prit pour lui la direc-

---

[1] Le modèle facultatif a été adopté aussi dans d'autres systèmes, en particulier dans la méthode de Paris.

tion du slöjd, de même que les États occidentaux avaient dirigé eux-mêmes les travaux économiques. Cette situation particulière ne pouvait manquer de faire naître des institutions nouvelles. Il y en eut deux surtout.

D'abord ce fut l'occasion d'établir l'obligation. On jugea en Norvège que le slöjd méritait cet honneur autant que tout autre enseignement. Aussi les lois de 1889 sur les écoles primaires publiques le mirent-elles au rang des matières obligatoires dans toutes les écoles, urbaines et rurales. Quelques années plus tard, quand une nouvelle loi sur les séminaires fut votée, les travaux manuels devinrent là aussi obligatoires Une seule concession fut faite : comme les écoles rurales se heurtaient provisoirement à des difficultés matérielles, on leur permit de choisir entre le slöjd, le dessin et la gymnastique, et de n'enseigner qu'une seule de ces matières.

Puis on a institué l'uniformité. De très bonne heure on s'était rendu compte que l'instruction des maîtres devait être uniforme dans tout le pays. On est souvent obligé de changer de maître, surtout dans les campagnes. Pour que la matière puisse être enseignée avec succès, il est donc indispensable que l'organisation extérieure, les outils, le local, l'enseignement ne varient pas avec les maîtres. L'uniformité fut obtenue par la création d'un programme commun à tous les séminaires, que rédigea Kjennerud, et qui fut conforme aux plans des cours temporaires. Elle fut en outre conservée par des inspections. Au début Kjennerud était même chargé de l'inspection générale dans tout le pays. Plus tard, on a divisé la tâche en créant trois districts, où un inspecteur local voyage deux mois chaque année.

4. Les middelskoler.

Enfin, et c'est l'œuvre la plus originale de la Norvège, en 1896, une nouvelle circonstance vint développer de nouvelles questions devant le slöjd. La loi du 6 août, qui révolutionna l'enseignement secondaire, introduisit le slöjd parmi les matières obligatoires des écoles moyennes, pour les élèves de 11 à 15 ans, et parmi les matières facultatives des gymnases, pour les élèves de 15 à 18 ans.

D'abord doit-on introduire le slöjd dans les écoles secondaires?

Depuis 1890, c'était l'avis d'une commission royale créée par le Storthing pour examiner les réformes à faire dans l'enseignement secondaire. Depuis 1895, c'était l'avis du nouveau ministre des Cultes et de l'Instruction publique, Jacob Sverdrup. Le slöjd n'avait-il pas pleinement réussi dans les écoles secondaires privées qui l'avaient essayé, notamment à Bergen et à Kristiania? Et surtout le slöjd n'était-il pas la conclusion nécessaire des deux grandes idées qui dirigeaient la révolution de 1896? On voulait en premier lieu faire cesser l'isolement aristocratique de l'école secondaire; elle ne devait plus être un cénacle réservé à une classe, préparant au cénacle encore plus restreint des Universités; elle ne devait pas rester une école bourgeoise, comme on l'appelait autrefois; mais elle devenait une simple partie de l'école universelle, s'appuyant sur l'école primaire qui la précédait. D'où la nécessité d'emprunter à l'école primaire les principales matières d'enseignement, et le slöjd en était une depuis 1889. En second lieu, on voulait moderniser les programmes, renoncer aux vieilles études classiques, qui conviennent peut-être à une élite ou à des fonctionnaires, mais qui ne peuvent suffire à une nation et à une école universelle, et mettre à leur place les études réelles, qui puissent préparer pour la vie moderne l'esprit et le corps des futures générations. Or le slöjd fut jugé un moyen décisif de réaliser cet idéal [1].

Mais une nouvelle question se posait. Fallait-il laisser le slöjd facultatif? Une fois de plus on a conclu à l'obligation. Voss, dans son rapport à la commission royale en 1890, a soutenu l'obligation, et la loi de 1896 s'est ralliée à ses raisons. Il avait donné deux raisons surtout. La première, c'est que si le slöjd n'est pas obligatoire, s'il occupe dans l'enseignement une place subordonnée, s'il est abandonné au bon plaisir des parents ou des directeurs, l'éducation corporelle risque fort d'être négligée et, par suite, d'être combattue. « L'instruction intellectuelle absorbe de prime abord, autant qu'on peut le désirer, la force active et l'ardeur des enfants; elle accapare à un tel point leur temps et leur zèle qu'il ne leur est laissé aucune occasion de s'intéresser à d'autres occupations sérieuses. Les dispositions innées chez tous les enfants à employer leurs mains à une activité sensée et méthodique ont besoin d'être alimentées; si par suite de la fréquen-

_____
[1] Anderssen, 8.

tation de l'école pendant plusieurs années ces dispositions ne reçoivent aucune alimentation ou une alimentation insuffisante; l'école a participé indirectement à les arrêter dans leur développement naturel. Le travail du corps doit être soutenu directement par l'école, sinon elle agit indirectement dans un sens contraire. » Ensuite et surtout, le slöjd est aussi utile que les autres enseignements, et on ne le mettrait pas sur le même rang? Mais le slöjd est indispensable pour la préparation pratique à la lutte pour la vie : « Comme les limites entre les travaux du corps et ceux de l'esprit deviennent de plus en plus vagues, on ne peut savoir d'avance, même dans l'école secondaire, quels sont les enfants dont la carrière consistera à s'occuper, principalement ou en partie, de travaux manuels. » Le slöjd est utile à l'éducation physique. « Il ne peut pas remplacer la gymnastique, mais il peut lui servir de complément fort acceptable... L'école secondaire mène à des carrières qui entraînent facilement un travail exagéré du cerveau. Si l'enfant est habitué dès l'école à faire alterner avec bien-être le travail de l'esprit et celui du corps, on peut espérer que cette habitude se prolongera toute la vie. » Or « celui qui voit dans les travaux manuels une partie nécessaire et essentielle de l'éducation pratique et physique de l'enfant ne peut plus à la longue se contenter d'une admission facultative ». L'obligation du slöjd n'est donc que nécessité et justice.

Une troisième question fut examinée. Y avait-il lieu de donner à cette obligation une sanction, et quelle sanction ? On a trouvé le moyen le plus simple, les examens. A l'examen d'entrée dans les écoles moyennes on demande une composition de slöjd. A l'examen qui termine chaque année de l'école on demande encore du slöjd. « Les élèves des écoles ayant le droit d'examen exposeront les articles faits par eux durant l'année précédente, de même que leurs dessins industriels, les deux accompagnés par le certificat du professeur. Les élèves privés feront, d'après un modèle ou un dessin industriel fourni par le Conseil d'instruction, un article dans un temps fixé, sous la surveillance d'un examinateur. Un examen de cette espèce peut être aussi organisé par le Conseil d'instruction pour les élèves des écoles ayant le droit d'examen [1]. »

Enfin il serait intéressant de savoir quels résultats on a pu

---

[1] *Règlements pour les écoles publiques secondaires*, IV, c.

obtenir depuis 1896. Malheureusement la question n'est pas encore très nettement résolue. Cependant Kjennerud juge que les résultats du slöjd dans les écoles secondaires sont encourageants. Peut-être même est-ce là que le slöjd se cantonnera surtout. « Dans la plupart des écoles rurales, on n'obtient pas de bien beaux résultats. Dans la plupart des écoles moyennes, au contraire, on arrive aux modèles du sixième et du septième degré. Quelques maîtres permettent aux élèves les plus habiles de la classe supérieure le travail libre, et ainsi on peut atteindre quelquefois les assemblages à queue d'aronde, c'est-à-dire le neuvième degré. »

Ainsi le slöjd norvégien est resté un slöjd, quoique ses transformations se soient prolongées jusqu'à une époque où cette forme d'enseignement manuel commençait à être jugée insuffisante. Il ressemble encore beaucoup à ses frères de Suède et de Danemark. Il n'a pas encore connu l'union avec les autres enseignements, sauf un peu avec le dessin. Mais il a évolué plus longtemps que les autres slöjds, quand les autres étaient déjà morts ou fixés, ce qui lui a permis de se trouver en face de questions nouvelles, qui en font la caractéristique et l'intérêt.

QUATRIÈME PARTIE.

LA «NOUVELLE ÉDUCATION».

Autour de 1889 a commencé, en Angleterre et en Amérique,
un grand mouvement scolaire qu'on a nommé «la nouvelle éducation». On remarqua avec stupeur que les écoles anglo-saxonnes
ne pouvaient soutenir la comparaison avec l'essor que l'enseignement avait pris en Suisse, en Allemagne et surtout en France.
On pensa que les bonnes méthodes étaient encore plus rares
que les écoles; car la vieille éducation restait fondée sur les trois
R's, *to read, to write, to reckon;* elle consistait à gaver l'élève
de connaissances toutes prêtes, à lui affirmer des vérités intan-
gibles et à lui faire lire des dictionnaires, sans jamais essayer
de développer sa pensée ou son action, et sans songer à le
préparer pour la vie pratique. Une réforme radicale s'imposait.
Délaissant la routine, les autorités inquiètes, les philosophes
soucieux des facultés humaines, et les professeurs désireux de
donner à leurs élèves autre chose que des mots vides se mirent
de concert à la recherche d'une nouvelle éducation.

Parmi les innovations qui ont été proposées, nulle n'a tenu
plus de place que l'enseignement manuel. On a pensé qu'il pourrait devenir le meilleur enseignement de l'activité. Or, à leur
tour, les Américains et les Anglais s'enthousiasmaient pour l'éducation harmonique des facultés humaines, et ils découvraient la
faible importance du savoir, quand il reste inerte, sans prévoir et
sans pouvoir. En même temps, on a pensé que l'enseignement
manuel pouvait devenir un des meilleurs moyens de culture intellectuelle, car il pouvait ajouter aux connaissances une réalité et
une impression sans lesquelles tous les cours risquaient de glisser
sur l'indolence des enfants. Consciemment ou inconsciemment,
les Anglais et les Américains retrouvaient ainsi les idées de Fröbel,
qui avaient été inconnues aux économistes, et modifiées par les
Scandinaves.

Mais les systèmes de travail manuel existants donnaient-ils
vraiment l'éducation que les réformateurs attendaient de lui?
Quelques-uns y avaient visé autrefois. C'est pourquoi les Américains adoptèrent avec enthousiasme les Kindergärten fröbeliens
et les élevèrent, par des observations et des corrections mul-

tipliées, à la dignité d'une institution nationale et d'une base éducationnelle. Il y avait encore de bonnes intentions dans l'enseignement de la couture, comme l'avait compris Rosalie Schallenfeld, ou dans les jardins scolaires selon la méthode autrichienne. La cuisine aussi pouvait être adaptée aux nouveaux besoins.

Mais, en général, les travaux manuels restaient sans véritable valeur éducative. La culture physique, le repos intellectuel, l'apprentissage ouvrier, et bien d'autres utilités proclamées par les systèmes économiques s'étaient montrées douteuses à l'expérience. Quant au slöjd, il s'écartait de plus en plus du but. A force de vouloir épurer l'enseignement manuel, les Scandinaves en avaient retiré la vie. A coup sûr le slöjd ne cultivait pas l'intelligence, car il repoussait toute liaison avec les autres enseignements, quelquefois même avec le dessin. Peut-être même ne développait-il pas beaucoup l'activité, puisqu'il évitait comme une faute capitale l'automatisme, c'est-à-dire la véritable dextérité. Pour s'être trop complue dans ses commandements et ses analyses, la pédagogie avait étouffé l'éducation [1].

Alors il fallait se mettre en quête. Maintenant que l'enseignement manuel avait des ateliers et des méthodes, il fallait les détacher de leurs systèmes inutiles et les employer à de nouvelles constructions, adaptées aux mœurs anglo-américaines et au but éducatif. Le temps n'était plus propice aux tentatives coûteuses et aventurées. Lentement on expérimenta les effets de chaque travail, de chaque modèle, de chaque discipline. Grâce au développement des revues et à l'échange international des idées, une coopération s'établit avec les pays étrangers. Ce fut un des plus grands mouvements éducationnels qu'on eût encore vus, par l'importance de la question, qui touchait au fondement même de l'école, par le nombre des essais, par leur valeur pratique et par leur coordination.

Enfin peu à peu les systèmes de travail éducationnel apparurent. Les tentatives ne peuvent pas être toutes exposées en détail. A notre grand regret, il faudra en supprimer d'intéressantes, comme la méthode Calozet et la méthode Boogaerts en Belgique pour l'enseignement des mathématiques, ou la méthode hollandaise de Van der Meulen et de de Vries pour l'enseigne-

---

[1] Cf. Tadd, *New Methods in Education*, p. 25-30.

ment du langage. Nous insisterons seulement sur les principaux systèmes anglo-américains; et dans les autres pays nous ne retiendrons qu'un essai : celui des écoles de la Ville de Paris.

L'ÉDUCATION INDUSTRIELLE[1].

L'enseignement le plus facile à transformer selon les désirs de la nouvelle éducation, la première étude scolaire qui devait servir à cultiver l'activité en même temps que les connaissances, c'était naturellement l'enseignement manuel lui-même. Aussi la première action des novateurs fut-elle la transformation progressive des travaux manuels en éducation industrielle.

1. LA MÉTHODE RUSSE.

L'adoption de la méthode russe dans les écoles techniques en 1876 avait inauguré l'éducation industrielle américaine.

Pour la première fois on songeait à enseigner les travaux manuels. Depuis quelque temps, on cherchait à les introduire dans les écoles techniques. En 1870, par exemple, un atelier pour le travail du bois et un autre pour le travail du fer avaient été ajoutés à l'Université d'Illinois. Depuis 1872, la Washington University, à Saint-Louis, avait installé un grand atelier pour son école polytechnique; et les futurs ingénieurs y construisaient des modèles qui illustraient les principes de mécanique. Cependant on ne savait trop comment conduire ces innovations, quand, en 1876, à l'exposition de Philadelphie, apparut comme une révélation la méthode employée par Della Vos à l'école tech-

[1] A consulter :
C. M. Woodward, *The manual training school.* Its aims, methods and results. Boston, 1887.
C. M. Woodward. *The rise and progress of Manual training.* (United States, Report of the Commissioner of Education for the year 1893-1894, vol. 1.) Washington, 1896.
Boykin, *Typical institutions offering Manual or Industrial training.* (United States, Report of the Commissioner of Education for the year 1895-1896, vol. 2.) Washington, 1897.
C. M. Woodward. *Manual, industrial and technical education in the United States.* Washington, 1904.

nique impériale de Moscou. C'était une véritable méthode d'enseignement, elle offrait une gradation mathématique. Un grand nombre d'Américains furent enthousiasmés, et le directeur de l'atelier de la Washington University, Woodward, voulut bien y reconnaître l'idéal qu'il avait cherché. Alors un homme se fit le champion de l'innovation. Ce fut le président John D. Runkle, du *Massachusetts Institute of Technology*, à Boston. Immédiatement il introduisit la méthode russe dans son institut; il fonda même pour elle un département préparatoire spécial, la *School of Mechanic Arts*. Puis, dans ses rapports annuels et dans ses conférences, il s'efforça d'expliquer pourquoi le travail manuel devait être enseigné.

De plus, pour la première fois on enseignait les travaux méthodiquement, comme il convient quand on veut s'adresser à des étudiants. Au lieu de faire exécuter des objets au hasard, la méthode russe faisait apprendre les éléments du métier, c'est-à-dire les outils, les matériaux et les manipulations. Le président Runkle disait : « N'est-ce pas la chose la plus raisonnable du monde que d'enseigner les éléments à part, abstraction faite des machines dans la construction desquelles ils entrent ? Quand le jeune apprenti a parcouru tout l'alphabet des éléments mécaniques, de sorte que dans chaque cas il sache quels outils employer et qu'il soit capable d'exécuter le travail avec précision, vous pouvez être sûr qu'il est capable de construire une machine avec un plan donné, même s'il n'en a jamais fait de semblable. Quand vous appreniez à écrire, vous avez commencé par des lignes droites, des courbes simples et des crochets, des courbes et des ovales. Ce sont les éléments de l'écriture. Vous appreniez ensuite comment combiner ces éléments pour former les 26 lettres de notre alphabet. Lorsque vous eûtes appris à combiner ces lettres dans des mots, vous avez été maître de l'art d'écrire, même si vous n'aviez jamais écrit une phrase. En dehors de ces trois leçons, il n'y a rien à apprendre. Vous pouvez gagner de la facilité, et développer constamment l'exécution, mais rien de plus. Au contraire, j'ai connu des personnes qui pouvaient écrire leur nom et qui étaient incapables de faire plus. Elles avaient emmagasiné dans leur mémoire, avec beaucoup de patient labeur, les signes compliqués qu'on leur avait dit représenter leur nom; et le manque de discernement avec lequel elles les reproduisaient montrait bien qu'elles ne savaient rien sur la signification des lignes et des fioritures particulières. Voilà ce qu'obtiendraient les éducateurs utilitaires qui ne voudraient enseigner que les travaux immédiatement utiles, et qui ne suivraient pas une méthode [1] ».

Enfin pour la première fois, l'enseignement se faisait par classe. Voici par exemple un exercice en limage. « On donne à chaque élève une plaque de fer, aplanie sur les deux faces, avec un trou rond au milieu. On lui fournit encore six limes, chacune pour un but spécial; et deux équerres, l'une de quatre pouces et demi et l'autre d'un et demi. Quand chacun est à sa place, avec ses outils, l'instructeur dit à la classe :

« Il faut mettre cette pièce carrée, en soignant bien les angles ;
« et il faut donner au rond du milieu la forme d'un carré, selon
« les lignes que j'ai marquées sur chaque face. L'exercice doit vous
« apprendre l'usage de deux nouvelles limes, en même temps qu'il
« augmentera votre habileté dans l'usage de celles que vous avez
« déjà maniées. Il vous montrera encore comment on peut mettre
« d'équerre les côtés extérieurs sans l'aide des lignes, en n'em-
« ployant les lignes qu'aux endroits où les nouvelles limes sont
« nécessaires. A la fin du travail, vous polirez une des faces à la
« lime. Vous effacerez ainsi les lignes marquées pour le contour du
« trou carré, mais vous ne le ferez qu'après avoir fini soigneuse-
« ment ce trou, pour que l'effaçage ne serve pas à dissimuler un
« travail peu soigné.

« 25 p. 100 seront donnés pour le limage du trou, soigneuse-
« ment jusqu'à la ligne sur chaque face ;

« 15 p. 100 seront donnés pour l'exactitude des angles inté-
« rieurs. Vous jugerez vos pièces avec la petite équerre. Cette cote
« tiendra compte également de la rectitude des côtés sur les bords
« du trou ;

« 10 p. 100 seront donnés pour l'exacte mise à l'équerre de deux
« côtés extérieurs ;

« 20 p. 100 pour la mise à l'équerre des 4 côtés l'un avec
« l'autre ;

« 10 p. 100 pour l'effaçage soigneux de toutes les marques ;

« 10 p. 100 pour les côtés tirés en longueur ;

« 10 p. 100 pour les côtés tirés en largeur.

« Total, 100 p. 100. Le temps donné est de 4 heures. Com-

____

[1] Woodward, *Manual training*, 278-279.

« mencez par le trou carré. Fixez la pièce dans l'étau, et employez
« d'abord la lime bâtarde de 6 pouces. »

Alors l'instructeur explique les caractères des nouveaux outils
et la manière de les employer. Il rappelle encore les exercices
précédents et montre comment ils entrent dans l'ouvrage présent.
Alors tous les élèves poursuivent leur travail pendant 4 heures;
l'instructeur donnant l'aide individuelle nécessaire. L'instructeur
peut arriver à enseigner le limage et le burinage à une classe de
22 élèves, dont l'âge est d'environ 15 ans [1]. » Les visiteurs admiraient volontiers cet enseignement « aussi systématique et aussi
simple que celui de l'arithmétique ou de la grammaire dans
une des meilleures écoles publiques [2] ».

Certes, s'ils avaient connu tous les essais faits en Europe à
cette époque, les Américains auraient avoué qu'ils étaient étonnés
par peu de chose. C'était une méthode économique, et des plus
restreintes, qu'ils adoptaient et qu'ils admiraient. En dépit de sa
rigueur systématique, la méthode russe ressemblait singulièrement à la méthode française de la rue Tournefort.

2. La « MANUAL TRAINING HIGH SCHOOL ».

En 1880, un progrès fut proposé par Woodward, le directeur
des ateliers à l'Université de Saint-Louis. A la méthode, il ajouta
l'école.

L'école nouvelle était encore d'un type particulier. Il fallait un
essai loyal et prudent pour expérimenter la justesse de la nouvelle idée, et pour faire réussir l'introduction du travail manuel
dans l'école. Aussi Woodward laissa-t-il de côté provisoirement
les classes élémentaires et primaires, où des enfants trop jeunes
n'auraient pas eu les forces physiques nécessaires au maniement
des outils. Les élèves de 14 à 18 ans qui se trouvent dans la *high
school* étaient seuls capables des travaux et des réflexions nécessaires. De même Woodward n'essaya pas l'addition d'une section
manuelle à une high school régulière. « Les traditions et les
maîtres n'étaient pas très favorables à l'enseignement manuel. Les
vieux programmes employaient tout le temps des élèves, leur

[1] Woodward, *Manual training*, 280-281.
[2] *Ibid.*, 282.

imposaient jusqu'à cinq récitations par jour, et rendaient toute addition impossible. Les élèves qui auraient choisi cette matière facultative auraient pu regretter la perte de temps et le surmenage. La réunion avec des élèves suivant des programmes différents pouvait être nuisible à leur entrain. Enfin, beaucoup de principaux auraient rejeté l'enseignement manuel sur un *superintendent*, il y aurait eu des discussions entre les professeurs, un surmenage pour les élèves, et il n'y aurait pas eu de connexion entre les études théoriques et pratiques [1]. » C'est pourquoi Woodward s'en tint prudemment à une *High School*, et même à une *Manual Training High School*.

Mais le but cessa d'être la technique pour devenir l'acquisition d'une connaissance scolaire utile à tous. Depuis longtemps Woodward pensait que la valeur de l'enseignement manuel n'était pas assez estimée, que tous les jeunes Américains devraient recevoir l'enseignement des outils, et qu'il faudrait par conséquent étendre le nouvel enseignement à toutes les écoles. C'était l'idée qu'il expliquait dans une conférence de 1873; et l'habitude de l'enseignement manuel ne diminua pas sa conviction. Il fallait introduire le travail manuel dans l'école générale pour obtenir le respect du travail et des ouvriers : « Un grand objet de l'école est de donner une plus haute appréciation à la valeur et à la dignité du labeur intelligent, à la dignité et à la respectabilité des travailleurs. Un garçon qui ne voit dans le travail manuel que la force brutale méprise à la fois travail et travailleur. Avec l'acquisition de l'habileté pour soi-même, viennent la capacité et le désir d'apprécier aussi l'habileté chez autrui. Désormais l'enfant regardera l'ouvrier habile avec sympathie et respect [2]. » De plus, l'éducation manuelle sera utile à tous, quand il faudra choisir une carrière. « On n'attend pas que les élèves deviendront tous des ouvriers, disait Woodward dans le prospectus pour sa nouvelle école, en 1880, mais nous avons des raisons de croire que l'expérience d'un enfant à l'école indiquera nettement s'il peut devenir un ouvrier ou non [3]. » C'est enfin le seul moyen de sauver un certain nombre d'élèves, menacés par le désespoir et l'hébètement : « Il est bien entendu que beaucoup d'écoliers ne

---

[1] Woodward, *Rise*, lu à Bethléem, juillet 1891.
[2] Woodward, *Manual training*, 6.
[3] *Ibid.*, 6.

peuvent pas entreprendre le cours complet d'études intellectuelles que nous avons dressé pour les classes régulières. Une aptitude décidée pour le travail manuel est assez souvent accouplée avec une profonde aversion pour les investigations abstraites et théoriques. Alors◆ sans aucun doute, ils doivent employer plus de temps à l'atelier, et moins dans la salle de récitation [1]. » Donc l'enseignement manuel devait pénétrer dans toutes les écoles.

Ensuite, le programme combina et proportionna les études académiques et les innovations, de façon que l'enseignement manuel fût introduit sans ôter à l'école son caractère général. Woodward organisa un cours de trois années, avec 6 classes de trois quarts d'heure par jour. Pour employer ce temps, il conserva d'abord trois études académiques, qui obtenaient chacune une classe par jour :

1. Les mathématiques pures (arithmétique, algèbre, géométrie, un peu de trigonométrie);

2. Les sciences et les mathématiques appliquées (zoologie, botanique, chimie, physique, mesure);

3. La littérature (grammaire anglaise, orthographe, rhétorique, composition, histoire littéraire, histoire, éléments d'économie civique et politique);

Il y ajouta deux études pratiques :

1. Le dessin à la main et aux instruments, qui obtenait une classe par jour;

2. L'enseignement des outils, qui en obtenait deux.

L'enseignement des outils était réparti entre les trois années, de façon à graduer les exercices et à les enseigner le plus complètement possible :

1re année. — Menuiserie, 10 heures par semaine pendant 14 semaines. Usage des différents outils à main, et fabrication des assemblages simples.

Sculpture sur bois, pendant 5 semaines. Usage des outils de sculpture dans le travail des lignes ornementales, et sculpture de motifs simples en bas-relief.

Tour au bois, pendant 19 semaines. Tournage, polissage, et motifs simples.

[1] Woodward, *Manual training*, 186.

2ᵉ année. — Modelage et moulage, pendant 10 semaines. Faire des modèles, mouler, et couler en plâtre. Faire des empreintes et les cuire. Les principes de la soudure sont aussi étudiés, et des travaux en tôle exécutés.

Forge, pendant 30 semaines. Tous les exercices élémentaires de la forge sont appris, y compris la soudure du fer, la forge et la trempe d'un jeu d'outils en acier pour chaque élève. Motifs ornementaux en fer ou en acier.

3ᵉ année. — Ajustage, pendant 40 semaines. Travail du métal avec les machines-outils et à la main; nature et usages de tous les outils de l'atelier, exercices pour se servir de ces outils. Chaque élève s'essaie à la construction d'un projet ou d'une machine définie, arrangée pour comprendre la plus grande quantité possible de pratique manuelle et d'habileté constructive [1].

Woodward s'occupa enfin de préciser les détails de l'enseignement. Il examina beaucoup les meilleurs plans d'ateliers. Son atelier était un vaste bâtiment à plusieurs étages, à la mode américaine. Il chercha à en faire un type, sans en cacher d'ailleurs les défauts irréparables, car la forge bruyante était trop près des salles de classe, et la transmission de la force motrice entre les divers étages était difficile. Il s'occupa encore des frais, une question très pressante en Amérique, à une époque où l'enseignement manuel ne pouvait compter que sur les subsides des particuliers, et avec la méthode russe qui réclamait une coûteuse installation. Il s'occupa encore de la discipline, qu'il voulait libre, américaine. En arrivant, les élèves se hâtent d'ôter cols et manchettes, de retrousser leurs manches et d'endosser un grand tablier, pour donner le moins de prise possible aux souillures inévitables. Un coup de sonnette, et la classe commence. Ce sont d'abord les explications de l'instructeur, puis c'est le travail. Le bruit ne pouvant être proscrit, mieux vaut que les élèves puissent se déplacer, se conseiller, et s'exciter entre voisins, en se montrant leurs travaux. A la fin, quand l'envie de discuter et de discourir sur le travail achevé les domine, qu'ils causent sans gêne et sans fanfaronnade pendant quelques minutes. Alors un nouveau coup de sonnette indique la fin de la classe. Chacun se

[1] Boykin, Saint-Louis.

hâte de remettre les outils dans son tiroir, de brosser les établis. Un bon lavage à l'eau chaude, avec beaucoup de savon, suivi par l'emploi d'une serviette propre et sèche, permet de ne rien emporter hors de l'atelier. Woodward s'occupa même de la préparation des maîtres, mais ses idées là-dessus restèrent un peu confuses, et sans comparaison avec les innovations slöjdiennes [1].

Ainsi, avec Woodward, l'enseignement manuel avait quitté l'école spéciale pour entrer dans une école presque ordinaire. L'idée, le programme, les détails d'organisation avaient été fixés. Le travail manuel devenait une branche d'enseignement, comme l'écriture ou l'arithmétique. Il n'y avait d'ailleurs là rien encore de nouveau. Woodward, faisant un voyage en Europe, en 1885, reconnut que l'école de la rue Tournefort, et même certaines écoles industrielles en Bohême, ressemblaient singulièrement à ses *Manual training high schools*.

3. LA « NEW EDUCATION ».

Mais il fallait maintenant chercher à la méthode russe et aux écoles de Woodward un but précis. En effet, on aperçut bien vite que l'utilité économique n'était pas suffisante pour les faire vivre. Les industriels refusaient leur appui : « Vous ne pouvez pas faire un ouvrier, disait l'un d'eux à Woodward; car pour cela il faut l'envoyer dans un atelier, au milieu d'ouvriers, et le faire travailler dix heures par jour. » Les *Trades and Labor Unions* faisaient une vive opposition, croyant qu'on voulait élever des ateliers nouveaux. Enfin les directeurs d'écoles repoussaient l'adjonction d'un nouvel enseignement utilitaire à leurs programmes surchargés. Alors les partisans de l'enseignement manuel lui trouvèrent des buts éducationnels; et pour la première fois depuis Fröbel, ils en firent le champion d'une nouvelle éducation en face des trois R's. Un très grand nombre d'arguments furent entassés en sa faveur dans les congrès de la *National Educational Association* et dans les brochures de Woodward.

Par exemple, l'enseignement manuel doit préparer des hommes pratiques. C'est pourquoi le superintendent James Mac Alister, de Milwaukee, l'opposait en 1882 à la vieille éducation purement

[1] Woodward. *Manual training*, 335-349.

spirituelle : « Pourquoi la main ne serait-elle pas entraînée aussi bien que la tête ? L'homme parfaitement éduqué est celui dont la main suit facilement les inspirations nettes d'un cerveau bien développé. La main est le plus merveilleux instrument du monde; elle est le complément nécessaire de l'esprit pour agir sur la matière. C'est la main qui a arrondi la coupole de Saint-Pierre; c'est la main qui a sculpté ces statues en marbre et en bronze, qui a peint ces tableaux des palais et des églises pour lesquels nous traversons tant de pays; c'est la main qui a construit les vaisseaux qui naviguent sur l'océan, chargés du commerce du monde; c'est la main qui construit la machinerie qui meut les industries de cet âge de vapeur; c'est la main qui rend l'esprit capable de réaliser de mille manières ses hautes imaginations, ses plus profonds raisonnements et ses plus pratiques inventions. » Il y eut de violents contradicteurs, qui se voilèrent la face à la pensée que des maîtres chrétiens et américains mettaient au-dessus du Christ un fabricant de machines à coudre. Mais il y eut aussi des partisans pour répondre que le Christ n'en était pas déshonoré, car il avait dû lui aussi apprendre le maniement des outils [1].

L'enseignement manuel doit encore préparer des hommes intelligents beaucoup mieux que la vieille éducation, car il substitue les choses aux mots. Woodward a particulièrement soutenu cette thèse devant la *Social Science Association* de Philadelphie, en décembre 1885. «Je ne suis pas loin de dire : Honte à la mémoire de Sam Johnson ! Car depuis qu'il a lancé la mode des dictionnaires, les élèves ont été condamnés à apprendre les substances, les produits et les opérations dans les livres beaucoup plus que dans les choses elles-mêmes. Le premier pas de la nouvelle éducation fut l'introduction d'images et de diagrammes explicatifs dans les livres de texte. Ce fut un grand gain, et beaucoup de nos manuels illustrés sont aujourd'hui des merveilles. Comme livres, ils ne laissent rien à désirer. Mais, pas même avec l'aide des images, les mots ne peuvent suppléer à l'absence des choses [2]. »

L'enseignement manuel est encore nécessaire pour préparer des hommes complets. C'est sur ce point que Woodward insista le plus. Dès 1882, au meeting de la *National Educational Association*, il avait suggéré qu'il y a trois expressions, par la parole,

[1] Woodward, *Rise*, Saratoga, 1882.
[2] Woodward, *Manual training*, 214.

par le dessin et par le travail, et qu'il n'y a aucune raison pour préparer un homme incomplet, en négligeant une ou deux de ces trois expressions. En 1885, devant la *Social Science Association*, il ne put retenir toute sa pitié pour les enfants mutilés des vieilles écoles. « Vous savez comment les éducateurs d'oiseaux apprennent à un canari un air particulier. Le pauvre oiseau est placé dans un lieu tout noir, où il ne peut rien voir d'intéressant; puis on le condamne à entendre perpétuellement le même air, et rien d'autre. Même un oiseau est contraint de dépenser une certaine activité intellectuelle, et en désespéré le canari chante la seule chose qu'il puisse penser. N'avons-nous pas élevé nos enfants trop souvent avec la méthode des oiseleurs ? Dans notre désir de supprimer tout ce qui est bas et sordide, nous avons supprimé l'influence du monde du travail autant que possible. Nous avons lutté pour faire des artistes plutôt que des artisans, des fonctionnaires plutôt que des citoyens, des essayistes plutôt que des travailleurs. Au lieu d'enseigner comment obtenir de bons moyens de vivre, le *sine qua non* du citoyen utile et indépendant, nous avons supposé les moyens de vivre et nous avons parlé du superflu. Nous avons mis un mur devant la vue de nos élèves, de façon qu'ils ne puissent voir que dans certaines directions, et n'étudier que certaines formes de la vie mentale. La moitié des occupations des hommes, la moitié des connaissances, la plupart des moyens et des fins de la culture intellectuelle sont au delà de leur horizon [1]. »

Enfin l'enseignement manuel doit préparer des hommes modernes. « Cet âge demande une nouvelle école, disait Woodward en 1887. Ni Babylone, ni Athènes, ni Rome, avec leurs pinacles de culture reposant sur le soubassement barbare de l'esclavage humain, ni les aristocraties des temps modernes ne peuvent nous apprendre la manière d'élever, de construire, d'orner un citoyen américain. Il ne faut plus l'étroit amour-propre, le préjugé de caste, la fausse gloire de haute culture. Donnons à tous nos enfants un généreux enseignement symétrique; ouvrons largement les avenues du succès, de l'utilité, du bonheur, du pouvoir; et cet âge de progrès scientifique sera aussi un âge de haute culture intellectuelle et morale [2]. »

[1] Woodward, *Manual training*, 214-215.
[2] Woodward, *Rise*.

Sans doute les vieux maîtres de la *tool instruction* n'arrivèrent pas tous à concevoir et surtout à appliquer sans cesse les nouvelles idées. En 1893, on eut la curiosité de faire une enquête sur l'état de l'enseignement manuel en Amérique, et en particulier sur le caractère des divers établissements où il était pratiqué. Les réponses des *manual training schools* montrèrent une certaine désorientation. Woodward lui-même, le champion de la nouvelle éducation, n'avait plus que trois préoccupations, sensiblement industrielles :

« 1° Fournir une fondation plus large et plus appropriée pour la haute éducation technique;

« 2° Permettre aux élèves de découvrir leurs aptitudes innées, soit dans la direction de la littérature, soit en science, art d'ingénieur, arts pratiques, tout en leur assurant un enseignement libéral élémentaire;

« 3° Fournir à ceux qui songent à la vie industrielle le moyen de se familiariser avec les outils, les matières, les méthodes[1].»

Cependant une première branche de la nouvelle éducation était créée. Si les méthodes et les écoles de l'éducation industrielle restaient les mêmes en apparence, s'il y avait parfois des défaillances, il y avait aussi chez les maîtres un esprit nouveau; et grâce à lui, les ateliers et les exercices se transfiguraient et s'évertuaient pour donner aux élèves non plus une simple habileté manuelle, mais la culture nécessaire à des hommes pratiques, intelligents et modernes. Le travail manuel devenait enfin un enseignement et une éducation, comme les études académiques. Cet idéal était peut-être la seule différence entre le système de Woodward et le système français de travail manuel. Cette différence est-elle étrangère à l'insuccès complet du travail manuel français et à l'expansion continue des *Manual training high schools?*

4. Les constatations expérimentales.

Les Américains songèrent enfin à étudier les résultats expérimentaux de ce premier système. Plus que personne ils se mirent à dresser des statistiques. Woodward leur en donnait l'exemple

[1] Boykin, Saint-Louis.

dans son livre sur le *Manual training* en 1887, et bientôt le Commissioner of Education mettait ses enquêteurs à la même recherche. On compta tout, les écoles, les opinions des maîtres, les carrières des élèves gradués. La statistique des écoles encombre encore aujourd'hui de nombreuses pages dans l'*Annual report* du Commissioner; mais elle n'est pas très probante, car le primitif enseignement des outils y est mélangé avec les innombrables formes de travaux manuels qui ont été inventées depuis en Amérique. Tout au plus peut-on en retenir l'immense essor de l'enseignement manuel, et une lente expansion des *Manual training high schools* en particulier. La deuxième statistique, celle des maîtres, fut faite surtout par le Commissioner en 1893. Elle n'est pas non plus très probante, car si les maîtres de travail manuel admirent les résultats de leur enseignement sur l'intelligence et le caractère des élèves, il faudrait leur opposer les dénégations non moins vives qui furent plus d'une fois produites dans les meetings de la *National Educational Association*. Tout au plus peut-on constater que le nombre des maîtres opposants ou indifférents s'est réduit. Les statistiques de gradués, recueillies dans toutes les écoles, en particulier par Woodward en 1887, sont au contraire très intéressantes.

Voici d'abord un résultat d'ensemble. C'est la statistique des élèves sortis de Saint-Louis jusqu'en 1893.

Architectes		12
Artistes		3
Banquiers		5
Comptables		10
Charpentier		1
Employé (caissier ou sténographe)		1
Employés	de quincaillerie et de manufactures	35
	de chemins de fer	28
	de commerce	31
Voyageurs de commerce		8
Entrepreneurs		5
Dentistes		2
Dessinateurs	pour architectes	11
	pour usines ou chemins de fer	42
Électriciens		18
Ingénieurs	civils	11
	mécaniciens	16
	électriciens	2

Ingénieurs...	des mines..........................	9
	adjoints..........................	27
Ingénieur pour machines à vapeur...............		1
Fermiers et ranchmen......................		8
Contremaîtres.........................		4
Chefs de bureau dans une usine................		4
Assurances..........................		4
Librairies...........................		2
Lois.............................		8
Directeurs ou sous-directeurs d'usines.............		23
Manufacturiers........................		23
Marchands..........................		21
Machinistes.........................		8
Autre ouvrier.........................		1
Maître-ouvrier de chemins de fer...............		1
Médecins...........................		12
Affaires d'hypothèques et de prêts..............		14
Étudiants...........................		91
Professeurs..........................		30
Inconnus ou non employés...................		29
Morts.............................		14
Comptés deux fois......................		14

$$\text{TOTAL}^{(1)} .... 561$$

Voici maintenant trois lettres qui donnent des résultats détaillés, et qui furent envoyées à Woodward en 1887.

La première, envoyée par un employé de fonderie, est enthousiaste : « La partie principale de mon travail, c'est la confection de modèles et de moules, et leur entretien. J'ai aussi la plus grande partie du dessin pour l'atelier. Mais je ne suis nullement limité à ces occupations, et les 3 ou 4 derniers jours du mois je suis appelé pour aider les comptes de M. Jones. J'ai fait aussi un peu de travail avec les outils, tels que tourner, façonner, durcir et tremper des robinets, etc. J'ai fait aussi quelques gouges pour un tour. J'ai à faire d'habitude le travail extraordinaire... J'ai demandé à mon patron son opinion. Sa réponse est presque semblable à la mienne, avec l'addition que l'instruction de la *Manual training high school* élargit l'esprit de telle sorte que le choix d'une carrière peut être intelligent. Il dit que s'il avait besoin d'un adjoint,

____

(1) Woodward, *Rise*, appendice 4.

d'un dessinateur ou d'un apprenti, il choisirait de préférence un élève de la *training school*[1]. »

La deuxième lettre est d'un ouvrier. Il n'est pas mécontent, mais il ajoute : « L'élève ordinaire sortant de la *Manual* a une beaucoup trop bonne opinion de ses aptitudes. Le public aussi estime trop la somme d'enseignement qu'il a obtenue là. On pense qu'il est un ouvrier accompli[2]. »

La troisième est d'un étudiant en droit, qui avoue des lacunes dans sa préparation générale : « Je me trouve grandement retardé par mon ignorance des classiques, surtout des Latins, qui n'étaient pas encore enseignés à l'école quand ma classe fut graduée... Quand j'entrai à l'école, j'étais plutôt faible, et ma tête était en avance sur mon corps. Le travail à l'école développa mon corps, et donna à mon esprit une plus claire et plus pratique vue des choses. Aux futurs ingénieurs, je conseillerais de passer par la *Manual training school* à tout prix. Pour les hommes d'affaires, je pense que l'enseignement fondé sur la combinaison du travail mental et du travail manuel est inappréciable. J'ai un frère qui veut entrer dans les affaires, et je compte qu'il demandera d'entrer à l'école[3]. »

Ces résultats font supposer :

1° Que l'*industrial education* peut former des hommes modernes, capables de s'assimiler rapidement tous les métiers, capables de devenir hommes d'affaires, médecins, fermiers et libraires aussi bien qu'ingénieurs ou dessinateurs. C'est donc une éducation pratique et générale qui peut convenir à beaucoup d'enfants. C'est un véritable enseignement moderne.

2° L'*industrial education* ne ressemble pas du tout à un apprentissage. En dix ans, l'école de Saint-Louis a produit 10 ouvriers sur 561 gradués; et encore ils sont mécontents de leur préparation.

3° L'*industrial education* n'est pas parfaite. Même en adoptant le latin et le grec, elle fait une part trop petite aux études littéraires. La littérature, l'histoire, la philosophie, les langues vivantes, les langues anciennes, l'écriture, l'orthographe, la grammaire et la composition n'ont que trois quarts d'heure par jour. L'étudiant en droit a pu en sentir l'insuffisance.

[1] Woodward, *Manual training*, 161.
[2] *Ibid.*, 162.
[3] *Ibid.*, 162.

On en a conclu aussi que, malgré ses défauts, cette innovation avait réussi ; et la nouvelle éducation s'est trouvée confirmée par l'expérience.

LE DESSIN [1].

La nouvelle éducation a attaqué le domaine de l'ancienne, et lui a enlevé le dessin. La réforme du dessin en Amérique peut être reportée jusqu'en 1870, date à laquelle Prang édita ses premiers essais. Mais c'est surtout à partir de 1889 que le mouvement se généralisa, quand la question de l'enseignement manuel et de la nouvelle éducation eut été posée devant toute l'Amérique par les partisans de l'instruction industrielle.

1. ORIGINES DU MOUVEMENT.

Les origines de ce mouvement sont tout à fait nouvelles dans l'histoire de l'enseignement manuel, et caractéristiques. La réforme fut amorcée par des professeurs qui cherchaient les meilleures méthodes d'enseignement, et qui arrivèrent à des conclusions analogues, quoiqu'ils fussent partis de trois spécialités différentes, la philosophie, le dessin, et le travail manuel.

Les méditations des philosophes ont été résumées en 1889 par Nicholas Murray Butler, professeur à la Columbia University, de New-York, dans un opuscule intitulé : *The manual training movement*. A cette époque on se passionnait pour les idées fröbeliennes. Le Kindergarten envahissait toute l'Amérique. Butler écrivait :

[1] A consulter :
Prang's Normal Drawing Classes for Teachers in Public Schools (avec la liste des manuels publiés alors). Boston, 1887.

J. H. French, *Form study and drawing in the common schools* (Educational monographs published by the New York College for the training of Teachers). New York, 1889.

Prang, *The Prang Elementary Course in Art Instruction*. Boston, New York, Chicago, s. d.

J. Liberty Tadd, *New Methods in Education. Art, real manual training, nature study*. New York, 1899.

H. Thiselton Mark, *Education and Industry in the United States* (Great Britain, Board of Education, Special Reports, vol. 11). London, 1902.

Prang, *Text Books of Art Education* (The Prang Educational Company). New-York, Boston, Chicago, 8 vol. s. d. (1904-1905).

«Toutes les générations ni tous les États ne peuvent posséder un homme comme Fröbel, mais l'œuvre de ce grand homme peut servir à tous [1]. » Or les moyens de cultiver l'activité étaient bien restreints dans la pratique. Sans doute on la cultivait au Kindergarten, et encore à l'autre bout des études, dans d'excellentes *Manual training high schools*. Mais n'était-il pas indispensable de s'occuper des classes intermédiaires? «On ne sait pas généralement, ou, si on le sait, on ne prend pas assez en considération que sur 20 élèves qui entrent à l'école primaire, un tout au plus atteint la *high school*. En vérité, une grande proportion des enfants ne fréquentent plus aucune école d'aucune sorte après l'âge de 12 ans. Alors c'est dans cette courte période, entre 6 et 12 ans, qu'il faut comprimer une instruction suffisante pour les préparer à remplir leurs devoirs civiques et leurs métiers. Si toutes les vies ne peuvent pas être cultivées, elles doivent du moins être sauvées d'une totale inertie intellectuelle [2]. » Alors on fit des expériences pour trouver une méthode qui étendrait l'éducation fröbelienne dans les classes élémentaires et dans les classes de grammaire. Le superintendent Dutton, de New Haven, le superintendent Powell, de Washington, le colonel Francis W. Parker, de la *Cook County Normal School*, se distinguèrent. Des essais furent encore tentés à Philadelphie, Springfield, Minneapolis. Le plus considérable fut sans doute celui de l'*Industrial Education Association*, dans l'État de New-York, sous la direction de Butler. Cette association publia quantité de manuels et d'informations. Surtout elle fonda une importante école d'expériences, le *Teachers' College*, où on forma pratiquement des maîtres pour l'enseignement, et où on leur inculqua en première ligne l'importance de l'éducation manuelle dans les classes élémentaires et dans les classes de grammaire.

Pendant ce temps, les professeurs de dessin cherchaient à perfectionner leurs méthodes. A mesure que le dessin prenait plus d'importance dans l'industrie et dans la vie américaines, l'insuffisance du vieil enseignement ressortait davantage. Ce fut Prang, éditeur à Boston, qui donna l'alarme. Quand le dessin avait été introduit dans les écoles du Massachusetts, Prang s'était intéressé beaucoup à cet enseignement. Il avait soutenu le pro-

---

[1] Butler, 214.
[2] *Ib.*, 166.

fesseur Smith qui avait été appelé d'Angleterre pour fonder une école normale de dessin, la *Massachusetts Normal Art School for the training of teachers of drawing;* et il avait entrepris de publier les nouveaux manuels. Mais bientôt on se demanda si le système de Smith n'avait pas deux gros défauts : était-il assez artistique, assez pédagogique ? « Si éminentes que fussent les capacités de M. Walter Smith dans beaucoup de directions, il n'avait qu'une petite connaissance de la pédagogie, et ne savait pas apprécier l'importance des méthodes éducatives dans son arrangement de l'instruction pour les écoles; il ne savait pas non plus présenter les diverses phases du travail dans leur propre relation avec les arts industriels et les beaux-arts [1]. » Aussi Prang se décida-t-il à diriger personnellement la recherche d'une nouvelle méthode. Autour de Prang se groupèrent bientôt un grand nombre de professeurs : par exemple, John S. Clark, qui collaborait depuis dix ans à la publication des cours de Smith; Mrs. Mary Dana Hicks, qui avait pendant plusieurs années enseigné et inspecté le dessin dans les écoles de Syracuse, N. Y., etc. Tous ces maîtres se mirent à l'étude des méthodes. Quelques-uns remontèrent jusqu'à Fröbel, et se demandèrent si ses travaux et son dessin libre ne donneraient pas la base de la méthode future.

Enfin quelques professeurs de travail manuel cherchaient le moyen de donner à leur enseignement une valeur intellectuelle et éducative, par exemple Liberty Tadd, *chief instructor*, puis directeur à la *Public School of Industrial Art* de Philadelphie. Vers 1880, il avait simplement enseigné la charpente, la décoration, la peinture, la poterie, la mosaïque, la ciselure du métal et le travail à l'aiguille. Bientôt ces travaux manuels lui déplurent. « Trois ou quatre ans de charpente, excepté dans les opérations strictes du métier, ne développaient pas l'œil et la main et ne servaient manifestement à rien pour le développement de l'esprit et du jugement. Les opérations étant surtout mécaniques, et étant faites par des instruments de précision, il fallait sans cesse marquer et mesurer, sans cesse manier le calibre, le té et la règle. Le sentiment de Michel-Ange graduellement entra dans mon esprit : Nous devons avoir nos

---

[1] Prang, dans Dodel, *Instruction in Drawing in primary and intermediate schools in Europe and America.*

instruments de précision dans l'œil, non à la main [1]. » Aussi abandonna-t-il les premiers travaux manuels pour se tourner vers les travaux artistiques et le dessin.

Ainsi la philosophie, le dessin et le travail manuel se rapprochaient les uns des autres, dans la recherche d'une nouvelle éducation.

2. L'ÉTUDE DE LA FORME.

On essaya d'abord de satisfaire toutes ces aspirations par l'étude de la forme. Vers 1889, elle fut mise à la mode partout. A Boston, par exemple, elle était prônée par la compagnie Prang. Au *Teachers' College* elle était expérimentée sous la direction de John H. French.

Le principe, c'était l'introduction du travail fröbelien dans le dessin. Tandis qu'autrefois les élèves copiaient et recopiaient des lignes et des images, on proclamait maintenant la nécessité d'enseigner le dessin par la réalité et par l'action. On donnait aux élèves un objet; on le leur faisait toucher et manipuler; ils en décrivaient les formes dans l'air avec leurs doigts, ils apprenaient à les observer, à les distinguer les unes des autres et à les nommer. Puis on leur donnait de l'argile, et ils essayaient de modeler le corps étudié. On leur donnait encore des planchettes et des bâtonnets, qu'ils assemblaient pour représenter les surfaces et les contours de l'objet; des papiers de couleur, qu'ils pliaient et découpaient pour arriver au même résultat. Alors seulement, ils prenaient le crayon et ils dessinaient. Mais ils dessinaient librement, comme l'avait voulu Fröbel, sans se soucier des conventions, ni même de la perfection et de la régularité. Mieux valaient l'activité et la réalité pour donner une âme au dessin.

Les détails étaient fortement inspirés par Fröbel. Voici par exemple le syllabus proposé par French en 1889, pour la 1re et la 2e année.

I. SOLIDES-TYPES.

Première année. — Sphère, cube, cylindre, hémisphère, prisme carré, prisme triangulaire rectangle.

[1] Tadd, 9.

Deuxième année. — Ellipsoïde, ovoïde, prisme triangulaire, équilatéral, cône, pyramide carrée, forme de vase.

Méthode d'étude. — 1. Par la vue, en observant les apparences des modèles dans différentes positions.

2. Par le toucher, en saisissant, maniant, remuant, plaçant les modèles.

3. Par la disposition agréable des modèles, en rangées, ou en constructions.

Ordre général d'étude d'un solide-type. — 1. Le tout; comme on le sent, le meut, le voit, le nomme.

2. Les faces; ronde, arrondie, plane, courbe.

3. Les lignes; droite, courbe.

4. Les angles; droit, aigu, obtus.

La surface est l'extérieur tout entier d'un objet. Une face est une partie limitée de la surface.

Une sphère a une face ronde; un cylindre a une face courbe et deux planes. Un cube a six faces plates. Un hémisphère a une face arrondie et une plane. Un ellipsoïde a une surface arrondie.

Moyens d'expression. — 1. La construction, modelage en argile, découpage du papier et collage.

2. Le dessin, avec un mouvement libre du bras.

3. Le langage, employant les termes propres dans des phrases complètes.

Termes à apprendre par l'usage des solides. — 1. Termes de location, à apprendre en plaçant les modèles à droite, à gauche, en haut, en bas, près, loin, sur, sous, entre, de face.

3. Termes de direction, à apprendre par le mouvement dans l'air, sur la surface du modèle, sur le tableau noir et sur le pupitre; en rond, de gauche à droite, de haut en bas, d'angle en angle.

3. Termes de position, à apprendre en plaçant les modèles *upright, standing, vertical; level, lying, horizontal; standing, leaning, oblique.*

II. FIGURES PLANES.

Les figures planes sont dérivées des formes-types, et sont à étudier d'après les faces des solides et objets et d'après les planchettes.

Première année. — Cercle, carré, rectangle, demi-cercle, triangle rectangle.

Deuxième année. — Ellipse, oval, triangle équilatéral, triangle isocèle.

Méthode d'étude des figures planes. — 1. La vue, en observant et comparant.

2. Le toucher, en maniant et plaçant.

3. L'usage, en arrangeant les figures pour représenter des objets, des bordures et des rosaces.

Ordre d'étude. — 1. Forme et nom.

2. Lignes ou côtés; nombre; qualité, relation.

3. Coins ou angles; nombre, espèce.

Moyens d'expression. — 1. Par le pliage, découpage, montage de figures, bordures et rosaces, avec du papier coloré; ou par les bâtonnets.

2. Par le dessin. Bien tenir le crayon, mouvement libre, lignes amples.

3. Par le langage.

Termes à apprendre. — 1. Direction; droit, courbe.

2. Location des faces, bords, coins, figures, angles et lignes; plus haut, plus bas, à gauche, à droite, derrière, devant.

3. Position des faces, bords et lignes; vertical, horizontal, oblique.

3. Relation des faces, bords et lignes; comme parallèle, perpendiculaire, convergent, divergent.

5. Angles; droit, aigu, obtus.

6. Détails des faces; diamètre d'un cercle; diamètre diagonal d'un carré; sommet, base, hauteur d'un triangle.

« Il faut apprendre ces termes en employant des planchettes, des bâtonnets et autres matériaux, en examinant les faces, bords, coins, figures, angles et lignes [1]. »

(1) French, 28-30.

3. L'ÉDUCATION ARTISTIQUE DE PRANG.

Plus tard, l'éducation artistique de Prang se dégagea, se compléta et devint nettement prépondérante dans les pays anglais. Nous ne pouvons exposer ici entièrement ce système de dessin, les divisions méthodiques, les études d'après nature, le soin des couleurs, la perfection des manuels, qui le rendent si attrayant. Mais il faut noter que si cette réforme a enlevé aux occupations fröbeliennes leur rôle prépondérant, elle a introduit dans l'enseignement du dessin le travail manuel.

D'abord l'importance du travail manuel est restée un des principes de Prang, depuis ses premières publications personnelles jusqu'aux derniers *Text books of art education.*

Ensuite Prang a transformé les procédés enfantins et ennuyeux de Fröbel et de la *form study* en véritables travaux manuels. Les travaux fröbeliens sacrifiaient trop l'étude des choses naturelles aux catégories géométriques. La sphère, le cube et le cylindre cachaient aux enfants la campagne, la prairie, les nuages, les arbres, les fleurs, les formes usuelles, les gestes des animaux et des hommes. Les travaux fröbeliens sacrifiaient trop aussi aux études mathématiques les enseignements littéraires, l'histoire par exemple. Ne peut-on pas proposer comme modèles des vases indiens, des couvertures indiennes, des plaids écossais, des wigwams, etc. ? Et puis les travaux fröbeliens, avec leurs papiers de couleur, déformaient plus qu'ils ne développaient le sens de la couleur. La peinture et le choix personnel des couleurs valaient mieux pour l'étude des tons et des nuances. Peut-être enfin les travaux fröbeliens, avec leurs occupations puériles, étaient-ils faits pour faire perdre aux élèves le goût du travail manuel. Ce qui est sûr, c'est que par degrés Prang les a abandonnés.

Les petits enfants sont forcés de s'adonner encore aux occupations qu'ils avaient commencées dans le Kindergarten américain; mais le pliage, le modelage, le tissage sont devenus vraiment pratiques, en même temps qu'intellectuels et artistiques.

« Vous pouvez faire des couvertures pour vos livres, leur dit Prang, comme celle qui est représentée dans cette image. Placez des feuilles, des fleurs, des bâtonnets ou des planchettes en belles rangées. Pliez une couverture de livre. Peignez ensuite tout le long de la couverture la rangée d'ornements que vous préférez [1]. »

« Maintenant, faisons une boite pour le bureau de notre père. Pliez seize petits carrés, comme l'indique l'image. Coupez le carton aux lignes qui ont été marquées d'un gros trait noir. Pliez. Collez. Faites une autre boite exactement semblable, qui servira de couvercle. Peignez là-dessus ce que vous voulez. Le père sera bien content de cette boite [2] ! »

En modelage, on fait un vase indien : « Les Indiens font leurs plats en argile commune. Nous allons supposer que voici le vase que Nokomis fit pour Hiawatha. Vous pouvez le faire avec un morceau d'argile douce et humide. Pressez un trou dans le milieu avec vos pouces. Élargissez et élevez la panse du vase. S'il vous faut encore de l'argile, ajoutez-la par petits morceaux. Travaillez le vase avec les pouces. Voyez-le grandir et prendre forme [3] ! »

Plus tard, quand les véritables travaux manuels commencent à s'individualiser, l'enseignement du dessin les adopte aussitôt et les emploie de son mieux. Par exemple, en troisième année la couture commence. Alors Prang donne à faire des sachets à aiguilles, des essuie-plumes, des hamacs de poupée. « Le sachet à aiguilles est fait avec de la grosse toile. Il doit avoir au moins huit pouces carrés quand il est fini. Coupez deux morceaux de toile, à la même dimension. Exécutez la décoration avec de la grosse laine. Tournez en dedans les bords des deux pièces et cousez-les ensemble. Tressez des brins de laine en cordons. Passez-les en haut pour compléter le sachet [4]. »

Plus tard enfin, quand commencent le cartonnage ou le travail du bois, la méthode de dessin se hâte d'entrer en relations avec le travail des outils. Les illustrations des *Text books* rappellent le plus souvent possible les travaux des élèves à l'établi. La mesure et le développement des surfaces sont étudiés soigneusement, pour former la base du dessin géométrique nécessaire à l'atelier. Exemple, le rectangle : « Toute surface ayant quatre angles droits est un rectangle. Un rectangle peut être carré ou oblong. On doit prendre des mesures soignées quand on dessine des rectangles, car les côtés opposés doivent toujours con-

---

[1] Prang, *Text books*, I, 58.
[2] *Ibid.*, I, 59.
[3] *Ibid.*, I, 64.
[4] *Ibid.*, III, 75.

server la même distance, ou les angles ne seront pas exactement
droits. Mesurez avec votre règle les rectangles en haut de cette
page, et dessinez-en d'autres ayant les mêmes dimensions. Dans
la deuxième esquisse, vous voyez six rectangles, trouvés en me-
surant toutes les faces d'un prisme rectangulaire. Si vous les
découpez, vous aurez les faces nécessaires pour faire un prisme
creux. La troisième esquisse vous montre comment il faut dispo-
ser les rectangles pour que vous puissiez plier le modèle [1].»
Un peu plus tard, les élèves mesurent et dessinent eux-mêmes
les rectangles qu'il faut préparer pour construire un plumier.

Si donc le travail manuel n'est pas la seule caractéristique de
la nouvelle méthode, Prang ne mentait pas, cependant, en assurant dans un prospectus que « le cours prépare directement pour
l'éducation manuelle, et que beaucoup d'exercices sont en eux-
mêmes des exercices manuels élémentaires ».

4. Nouvelles méthodes de Tadd.

En 1893, à l'Exposition universelle de Chicago, on pouvait
examiner un nouveau système d'éducation artistique, exposé par
un professeur de Philadelphie, J. Liberty Tadd. C'étaient des
tableaux noirs couverts d'arabesques blanches, des plâtres, des
bois sculptés, des constructions. Les éducateurs américains remar-
quèrent beaucoup ce système, les jurys de deux sections le mé-
daillèrent, et il devint le rival du cours de Prang. Aussi Tadd
dut-il l'expliquer; il le fit dans un livre gros et confus, *New Methods in Education* (1899).

Ce qui frappe d'abord dans le nouveau système, c'est qu'il
est souvent en contradiction avec le slöjd et les systèmes
antérieurs.

L'enseignement manuel doit s'efforcer d'être esthétique « Je
considère l'esthétique, la science de la beauté dans la nature et
dans l'art, spécialement celle qui traite de l'expression et de la
compréhension de la beauté dans l'art, comme une des choses les
plus importantes dans l'éducation. L'enfant, dans toutes les circonstances de sa vie, a droit à la joie qui vient de la connaissance et de la perception de la beauté dans la nature et dans les

[1] Prang, *Text books*, V, 66.

formes d'art. Si nous voulons planter quelque chose dans l'enfant, ou lui donner une capacité, que ce soit d'abord la faculté de percevoir autour de lui le bien, le vrai et le beau... Donc enseigner seulement un métier à l'enfant, le préparer seulement pour les affaires ou le commerce, faire des pieux carrés pour des trous ronds, selon le proverbe, c'est une méprise [1]. »

L'enseignement manuel doit créer la mémoire des formes, c'est-à-dire emmagasiner dans la tête des élèves un certain nombre de formes qui seront les mots du dessin, et qui permettront aux élèves de s'exprimer par le dessin aussi couramment que par la parole. Cette augmentation des pouvoirs intellectuels est même une excuse nécessaire pour l'introduction du travail manuel dans l'enseignement. « Agiter un grelot vide, et pousser un rabot ou une scie, produisent des muscles, mais ne requièrent pas plus l'un que l'autre le constant usage de l'intelligence : les pouvoirs pensants ne sont pas augmentés en proportion [2]. »

L'enseignement manuel ne doit pas négliger l'ambidextrie. L'exercice de la main gauche ne pourrait pas nuire à la vie pratique. Le peintre Meissonier disait même : « Ce serait un grand avantage que d'être ambidextre, les enfants devraient apprendre cette habitude [3]. » D'ailleurs à l'utilité pratique s'ajouterait l'harmonie physiologique. Nous employons les deux pieds, les deux yeux, les deux oreilles. Pourquoi non les deux mains [4] ?

L'enseignement manuel doit atteindre l'automatisme, sans craindre la répétition rapide et fréquente des mêmes mouvements, car l'automatisme est indispensable à un dessinateur et à un homme. « L'élève doit apprendre à dessiner aussi automatiquement qu'il apprend à écrire. Quelques-unes des lettres de l'alphabet sont excessivement complexes, comprennent des courbes composées et difficiles... Cependant, le plus obtus des élèves, par la pratique constante, arrive à exécuter ces caractères complexes inconsciemment. Les mouvements de la main en écrivant sont automatiques. Il doit en être de même dans l'enseignement du dessin, » et dans celui du travail manuel, que Tadd ne sépare jamais du dessin [5].

[1] Tadd, 3.
[2] *Ibid.*, 31.
[3] *Ibid.*, 51.
[4] *Ibid.*, 48.
[5] *Ibid.*, 76-77.

L'enseignement manuel doit enfin adopter une rotation des travaux, c'est-à-dire qu'il doit faire répéter les exercices à plusieurs reprises et dans des matières diverses, et qu'il ne doit pas viser du premier coup à une perfection impossible. Ce n'est que la répétition et l'habitude qui peuvent produire la perfection. L'exiger dès le début, ce serait risquer de surmener et de dégoûter les élèves.

Mais ce qui frappe surtout dans le nouveau système, c'est l'invasion du dessin, et même de l'école, par le travail manuel.

Le *leitmotiv*, qui revient sans cesse au milieu de l'introduction, c'est que si on avait bien compris l'enseignement manuel, on aurait pu lui confier toutes les réformes éducationnelles, et surtout celle du dessin.

C'est le dessin manuel seul qui peut développer la culture physique. Dans les anciens systèmes d'éducation «la vision était employée beaucoup trop, l'élève lisant et écrivant aux dépens de la vue. La distance focale était fréquemment diminuée, et l'usage trop fréquent des délicats mouvements que l'écriture demande aux doigts, dans beaucoup de cas, énervait et irritait. Une partie du temps donné à l'écriture doit être reportée à de plus amples mouvements, à des mouvements de la main et du bras, les coordinations des doigts venant à la fin[1]».

Le dessin manuel est plus capable que toutes les autres méthodes d'enseignement de donner des connaissances et de l'intelligence. L'enseignement par l'aspect lui-même ne sert guère qu'à endormir l'esprit. «Un catalogue récent d'une école d'été montrait dans une image un professeur de botanique disséquant une plante, tandis que la classe regardait. Il apprenait quelque chose, lui, et recevait une impression actuelle, à travers le toucher et le sens musculaire, aussi bien que par la vision; mais les élèves n'obtenaient qu'une image visuelle et une impression auditive (car je suppose que le professeur parlait) et on a dû bientôt l'oublier. » Il eût fallu employer un enseignement manuel bien dirigé. «Si chacun dans la classe avait disséqué la plante, s'il avait ajouté à l'impression visuelle et auditive celle du sens musculaire et du toucher, s'il avait renforcé ces sensations par des diagrammes et des dessins, attachant leurs noms respectifs à toutes les parties,

(1) Tadd, 21.

d'abord d'après la plante et ensuite de mémoire, une impression plus durable eût été faite [1]. »

Le dessin manuel est même la seule méthode capable de donner vraiment le sens esthétique. Pour reproduire les formes artistiques avec des outils divers et dans des matières diverses, on est forcé de les étudier minutieusement, de les comprendre, de les goûter. Sans ces exercices pénibles, l'impression des plus belles choses glisse sur la conscience. «Sans l'exercice et l'étude, les formes belles seules sont aussi impuissantes à élever l'esprit que le sont les cordons de souliers à nous élever en l'air [2]. »

Aussi le dessin de Tadd ne comprend-il que des exercices manuels : dessin, modelage, sculpture sur bois, construction.

Le dessin vient en tête; il est tout particulièrement étudié. Mais le dessin, chez Tadd, devient un exercice manuel, destiné aussi bien que les autres à former l'action, l'automatisme et l'ambidextrie. Voyez, par exemple, le premier exercice de dessin, le cercle : « Il doit d'abord être dessiné avec la main droite, directement de front. Donnez au cercle environ six pouces de diamètre. Ne faites pas les cercles trop larges en commençant, mais plus tard vous pourrez les faire de toutes les dimensions, aussi larges que le bras et le tableau le permettront. Cette série graduée d'exercices, résultat de vingt années d'expériences, m'a permis de décider sur certaines dispositions qui sont plus convenables et plus adaptées aux propos scolaires que les autres. Le cercle doit être dessiné au niveau du menton. Tous les enfants montrent une tendance à le faire au-dessus de leur tête, à atteindre en haut, fait intéressant pour les psychologues et les physiologues. Les adultes sans entraînement font d'ordinaire leurs cercles trop bas sur le tableau, et les gens âgés les font tout à fait bas, — autre fait intéressant. Pour notre utilité, il faut faire le cercle directement en face, juste un peu au-dessous de l'œil. Voyez que le corps soit bien droit, que la tête se rejette en arrière, et que les mains se meuvent librement autour du cercle. Alors, avec la main gauche, dessinez un cercle à côté du premier. Faites mouvoir la main en rond, jusqu'à ce que la ligne s'enroule librement. Ne permettez pas au corps de vaciller ou de plier, en faisant cela, mais cherchez à mouvoir le bras sans le

[1] Tadd, 63.
[2] Ibid., 385.

corps. Le cercle est essentiellement un mouvement du bras. Donnez un mouvement aisé du bras autour de l'épaule en gardant
le reste du corps dans une position aisée, confortable, et en évitant
soigneusement la rigidité des muscles. Ne tenez pas la craie trop
serrée. Chaque mouvement doit être aussi aisé, libre et gracieux
que possible. D'abord il y a une tendance à placer la face sur le
tableau et à tourner la tête de côté. Résistez à ces désirs et con-
tinuez l'exercice jusqu'à ce que le mouvement soit libre et aisé.
A la fin, tous ces mouvements doivent devenir automatiques,
être faits sans attention consciente, sans exercice de l'esprit. On
ne peut l'obtenir immédiatement [1]. »

Le modelage doit accompagner le dessin dès le début. Au commencement, on ne se montre pas trop difficile. Une tortue est
bientôt faite, et la simplicité de l'exécution ne l'empêche pas
d'être utile : « Ne vous étonnez pas si quelques-uns des enfants
n'ont jamais vu une tortue, ou s'ils ne peuvent se rappeler le
nombre de ses pieds. Faites le corps à peu près de la grosseur
d'un œuf, aplatissez, tracez la division entre les deux carapaces
avec l'outil, faites les cavités pour les quatre pattes, une cavité
pour la tête et une autre pour la queue. Faites une queue poin-
tue, une tête semblable un peu à celle des serpents, un peu
aplatie, et les quatre pattes. D'ailleurs le maître doit pouvoir
faire chacune de ces choses rapidement, comme une suggestion
pour la classe, tout en donnant quelque idée de la grandeur et
des détails [2]. » Plus tard, les travaux deviennent plus délicats,
et à la fin des classes de grammaire, les élèves de Tadd s'exercent
au modelage difficile de la cire ou à la reproduction des animaux
de Barye.

La sculpture sur bois est non moins importante que le modelage. Il faut la commencer, elle aussi, dès le début, ou au moins
dès 9 ans; et, s'il en est besoin, la rendre obligatoire. « Elle
est un des arts les plus beaux. Elle requiert une réelle connaissance de la forme; donc sa valeur éducative est de donner aux
élèves des impressions fixes ou permanentes. De même que les
élèves acquièrent la dextérité et l'adresse pour le dessin et pour
le travail de l'argile plastique, de même je désire qu'ils obtien-

<hr>

[1] Tadd, 78.
[2] Ibid., 199.

nent de la dextérité dans le travail du bois dur [1]. » La technique de Tadd mériterait une étude détaillée. Le nombre des outils a été restreint le plus possible; le bois tendre est supprimé dès le début. A vrai dire, les élèves ne sculptent guère que des éléments isolés, des feuilles, des spirales, des mauresques. Ils dessinent les contours à main libre avec la craie, puis avec le crayon; ils découpent le dessin sur le fond; ils commencent à en esquisser les grands reliefs à la gouge; puis ils finissent les courbes et les nervures. Le travail est pénible, le maître doit y faire une attention constante, encourager ceux qui défaillent, et imposer l'obligation aux mauvaises volontés. Plus tard, la sculpture deviendra un agrément pour l'homme, et Tadd a pu exposer un grand nombre de chaises, de bancs et de pupitres, que des maîtres avaient sculptés pour leur plaisir.

Enfin, dans les hautes classes, à partir de 14 ans, commence le travail des outils, la construction. Tadd ne pouvait pas ne pas tenir compte du système de Woodward, mais il l'a bien changé. Parmi tous les travaux de la *Manual training high school*, Tadd ne conserve guère que la menuiserie. « Les méthodes de machinerie n'ont jamais produit et ne produiront jamais des artisans qui soient mécaniquement et artistiquement égaux à ceux des meilleures périodes de l'histoire. Certes nous sommes dans un âge industriel, et nos progrès matériels ont largement dépendu de la vapeur et de l'électricité, mais, dans une certaine mesure, ce fut aux dépens de l'individu [2]. » En échange, Tadd s'efforce de relier davantage ce travail avec le dessin géométrique, avec la mémoire des formes et avec les autres études.

5. L'EXPANSION DU DESSIN MANUEL.

Les systèmes américains de dessin ont exercé de l'influence non seulement en Amérique, mais aussi à l'étranger.

Aux États-Unis, les adversaires de Woodward se sont faits eux-mêmes les champions du dessin manuel. Prang pouvait affirmer, dès 1889, que plus de deux millions d'élèves avaient été instruits selon sa méthode. Lors de la grande enquête sur l'enseignement

[1] Tadd, 263.
[2] *Ibid.*, 306.

manuel, en 1893, un très grand nombre d'écoles publiques et privées affirmèrent leur satisfaction des résultats obtenus par l'étude de la forme et le dessin. En 1901, quand un délégué anglais, M. Thiselton Mark, vint à son tour faire une enquête sur l'enseignement manuel, le rôle du dessin dans les écoles américaines le frappa plus que toutes les autres formes de travail manuel. La preuve, c'est le nombre de pages qu'il a consacrées à l'enseignement du dessin à Minneapolis, Washington, Boston, Brooklyn, Peoria, etc. Certes les méthodes varient à l'infini, chaque école garde son originalité. Cependant le dessin manuel fait partie maintenant de presque tous les programmes américains.

Le dessin à l'américaine s'est déjà répandu hors des États-Unis, dans les pays anglais. La méthode Prang est suivie par les écoles protestantes du Canada. Elle est allée jusqu'en Angleterre; et les cahiers des élèves anglais, à l'Exposition de 1900, ne le cédaient en rien à ceux des Américains. La méthode Tadd elle-même a franchi l'Atlantique. Dès 1896, Tadd fut invité à expliquer ses méthodes à la *British Association for the Advancement of Science*, et une institution pour les enseigner fut inaugurée avec succès à Liverpool.

Ce n'est pas tout. Prang a pu citer dans ses réclames de nombreux articles admiratifs écrits dans tous les pays, en France, en Suisse, en Allemagne, en Autriche, en Italie. «Il est à souhaiter, dit un de ces articles, que cette méthode puisse être essayée en France, car elle l'emporterait aussitôt sur les trop nombreuses méthodes employées maintenant, et elle rendrait un réel service aux maîtres, qui ne manquent pas de zèle certainement, mais qui n'ont à leur disposition que des moyens imparfaits.» Tadd, de son côté, déclare avoir reçu des demandes de renseignements envoyées par les autorités de Norvège, de Suède, de Suisse, de Belgique, de France, d'Allemagne. Il est certain qu'en France son ouvrage fut analysé longuement dans deux articles de la *Revue pédagogique*[1]. En Allemagne, il fut traduit par les soins des écoles de Hambourg, qui avaient compté parmi les plus violents adversaires de l'enseignement manuel. Conversion difficile, mais complète. «Si l'Association introduit ce livre dans ses publications, explique la préface, c'est que les innovations, éprouvées par une longue expérience, qui rendent Liberty Tadd si original, peuvent

____
[1] *Revue pédagogique*, 1903, p. 120-132 et 347-367.

exercer nettement leur influence sur la propagation de l'éducation artistique et des questions annexes, c'est-à-dire la réforme du dessin, l'introduction de l'enseignement manuel et l'étude de la nature, questions qui sont examinées passionnément, même en dehors des cercles pédagogiques[1]. »

L'ENSEIGNEMENT EXPÉRIMENTAL[2].

La conquête suivante de la nouvelle éducation, ce fut l'enseignement scientifique. A une éducation par les choses, à une étude du réel, les sciences physiques, chimiques et naturelles bien comprises devaient apporter une précieuse contribution. Les partisans plus ou moins conscients de la réforme pédagogique s'attachèrent dans tous les pays à en montrer l'importance. Dans les pays anglais, les partisans de la nouvelle éducation s'efforcèrent de les faire entrer dans leur système. Mais, dans ce domaine, ce n'est pas aux États-Unis qu'eurent lieu les batailles les plus importantes ; c'est, par exception, en Angleterre.

1. La crise éducationnelle.

Les origines de l'enseignement expérimental remontent jusqu'en 1825 ; mais c'est surtout après 1880 que le monde professoral dans tous les pays fut agité par la recherche d'une méthode d'enseignement scientifique.

L'enseignement par les leçons était alors en vogue. Tout au plus l'illustrait-on de temps en temps par quelques expériences, dont le professeur écartait prudemment les élèves. C'était le cas

[1] Tadd, *Neue Wege zur künstlerischen Erziehung der Jugend.* Préface.

[2] A consulter :

H. E. Armstrong, *The heuristic method of teaching*, or the art of making children discover things for themselves (avec des documents importants). [Great Britain, Board of Education, Special Reports, vol. 2.] London, 1898.

K. Fischer, *Der naturwissenschaftliche Unterricht in England,* insbesondere in Physik und Chemie. Leipzig, 1901.

Smith and Hall, *The teaching of Chemistry and Physics in the secondary school.* London, 1902.

H. E. Armstrong, *The teaching of Scientific Method* and other papers on Education. London, 1903.

dans les écoles du *London School Board*. «Le vieux système d'enseignement scientifique dans ces écoles était un cours de trois ans. On l'appelait *mechanics*, mais il couvrait un champ extrêmement large, car il comprenait la physique et la chimie élémentaire dans la première année, les lois du mouvement et de la chute des corps dans la seconde, et les pouvoirs mécaniques dans la troisième.» C'est dire qu'il y avait beaucoup trop de leçons théoriques. «Le travail de première année aurait été utile et intéressant s'il s'était étendu sur trois ans, s'il avait été dans un ordre logique, et si des expériences exactes avaient été introduites ; comme on le faisait, c'était un vulgaire cours illustré de leçons populaires sans grande valeur éducative. Le cours de deuxième année était tout à fait incompréhensible pour des enfants de 12 ans ; et le travail de troisième année exigeait des connaissances mathématiques bien supérieures à celles des élèves qui avaient à l'exécuter.» Mais, par compensation, les expériences étaient réduites au minimum. «A l'exception du levier et de la poulie, aucune preuve expérimentale n'était donnée pour les lois comprises dans le travail des deux dernières années. Il y avait bien un *science demonstrator*, et il allait d'école en école avec un paquet de modèles. Mais ces modèles servaient plutôt à aider l'imagination qu'à faire découvrir des connaissances exactes[1].» Il en était de même partout. Des leçons, des récitations interminables occupaient toutes les heures de classe et préservaient les élèves de tout travail manuel aussi bien que de tout travail intellectuel.

Contre cette méthode s'élevaient pourtant quelques professeurs de physique.

Dès 1825, ce fut Liebig en Allemagne. Il créa un laboratoire à Giessen, où il fit préparer les gaz les plus importants et où il exerça ses élèves à l'analyse qualitative. La publication d'une esquisse de son cours d'analyse qualitative, par le professeur Will, fut remarquée ; le livre fut traduit en anglais ; et cette analyse passa longtemps pour l'essentiel de tout travail expérimental.

L'enseignement expérimental apparut ensuite en Angleterre. Il fut cantonné d'abord dans les Universités qui cultivaient seules les sciences naturelles. En 1868, il s'introduisit dans une école secondaire, la *Manchester Grammar School*. En 1873, l'Institut

[1] Heller, dans Armstrong, *Special Reports*, 429.

de South Kensington organisa des cours normaux. Bientôt le professeur Worthington entreprit de consolider la réforme. En 1880 il institua aux Salt Schools, à Bristol, un laboratoire pour enseigner la physique à 12 élèves. Les élèves y travaillaient deux par deux, deux fois par semaine, une heure chaque fois. Malgré la simplicité des appareils, ils obtinrent dans les calculs de densité une approximation de 1 p. 100, dans les chaleurs spécifiques 5 à 10 p. 100, dans la vérification de la loi de Boyle 1/4 p. 100. Les expériences furent si encourageantes que Worthington introduisit bientôt les exercices pratiques pour 30 élèves de 14 à 17 ans au Clifton College, à Bristol. Les enfants apprenaient, en faisant les mesures les plus simples possible, combien la mesure et l'exactitude ont d'importance. Ils passaient ensuite à des appareils plus compliqués, auxquels il fallait travailler avec l'exactitude la plus grande. «Sur la valeur éducative de l'enseignement pratique, tous les visiteurs de Clifton furent d'accord[1].»

En Amérique, enfin, on protesta aussi contre les livres de texte trop dogmatiques; et vers 1882 apparurent des manuels expérimentaux. Un des premiers fut le livre de A.-P. Gage, de la Boston English High School, *Elements of Physics*. Gage avait pris comme épigraphe : *Read Nature in the language of Experiments*, et il décrivait en effet beaucoup d'expériences à faire par les élèves. La préface indiquait bien l'idée nouvelle : «C'est un principe cardinal de la pédagogie moderne, que l'esprit ne gagne une réelle et adéquate connaissance des choses qu'en présence des choses elles-mêmes. Par suite, le premier pas dans tout bon enseignement est un appel aux pouvoirs d'observation.»

Les recherches des physiciens étaient appuyées par certains professeurs de travail manuel, mécontents de leurs premiers essais et en quête de résultats intellectuels.

Cette inquiétude était surtout notable en France. En 1881, les manipulations étaient rendues obligatoires dans les écoles normales. En 1882, Salicis faisait faire des manipulations dans son école de la rue Louis-Thuillier. En 1883, un de ses principaux disciples, le professeur René Leblanc, publiait dans les *Mémoires et Documents scolaires* une instruction sur l'enseigne-

---

[1] Worthington, *An elementary Course in Practical Physics*, 1881. — Cf. Fischer, 71-72.

ment expérimental des sciences à l'école normale et à l'école primaire. La nouvelle méthode, assurait-il, était nécessaire. «On trouvera peut-être qu'il est excessif de dire que si l'enseignement élémentaire des sciences physiques est seulement verbal, le temps qu'on lui consacre est entièrement perdu; c'est la vérité cependant, car la leçon équivaut, dans ce cas, à une série de définitions dont l'enfant se chargerait momentanément la mémoire sans en comprendre le sens. » La nouvelle méthode était d'ailleurs des plus faciles, même à l'école primaire et avec des enfants de 11 ans : «L'instituteur n'oubliera pas que les enfants, sauf d'assez rares exceptions, s'entendent ordinairement fort bien à l'exécution des expériences ; il en est parfois de très ingénieux, quand il s'agit de tourner une difficulté résultant de l'emploi d'un matériel restreint. Ce sera pour la plupart d'entre eux une récompense enviée que d'être chargés de rassembler d'avance, de construire au besoin les objets nécessaires à une expérience[1]. »

Ainsi, en 1884 la question était posée; mais la masse restait indifférente, en dépit de tous les conseils, et même des exhortations ministérielles. «Souvent, raconte un inspecteur primaire français, les maîtres à qui nous demandons s'ils font des leçons de choses nous répondent : «Mais oui, j'en fais! J'en fais à propos de tout, d'une lecture, d'une dictée, etc. » Et si, poussant plus loin la curiosité, nous demandons comment sont enseignées les sciences expérimentales, la réponse est presque invariable. On lit, on commente une page de manuel; d'expériences, il n'en est pas question[2]. »

2. LA MÉTHODE HEURISTIQUE.

En 1884, l'*International Conference on Education*, réunie à Londres, assista à une sorte de révolution. Le professeur Meiklejohn attaqua violemment la vieille éducation dogmatique et célébra les mérites d'une méthode heuristique, qui ne donnerait pas à l'élève des vérités toutes préparées, mais qui le forcerait à résoudre des problèmes. Le professeur Armstrong l'appuya et lut un mémoire où il organisait selon cette méthode l'ensei-

[1] *Mémoires et documents scolaires,* 1ᵉ série, 4, p. 20.
[2] *Enseignement manuel et expérimental,* 1888, p. 20.

gnement de la chimie : *On the Teaching of Natural science as a part of the Ordinary School Course.* Depuis cette déclaration de guerre, Armstrong s'acharna, avec une ténacité anglaise, contre la vieille éducation. Chaque année, il lut de nouveaux mémoires dans les congrès. En 1903 il a formé avec ces articles un gros volume : *The Teaching of Scientific Method and other papers on Education.* Bon gré mal gré, la méthode heuristique fut imposée à l'attention de tous les pédagogues.

Armstrong y fait avec une vigoureuse rancune le procès des vieilles méthodes.

Dès l'enfance, il avait quelque chose de commun avec les chercheurs qui essayaient obscurément l'enseignement expérimental : il était dégoûté par les méthodes dogmatiques. Il avait dû comme les autres apprendre sans protestation quantité de livres. Un seul l'intéressa, parce que l'auteur y faisait appel à la sagacité et à l'esprit d'invention du lecteur. C'était un ouvrage littéraire, *Trench's Study of Words.* « Il m'apprit même à apprécier Euclide, dont la tristesse mortelle m'avait longtemps oppressé, car il n'y avait pas trace de réflexion ni de réalité dans la façon dont il était présenté. Après la lecture de Trench, les voiles tombèrent brusquement de devant mes yeux ; le caractère logique d'Euclide m'apparut enfin avec évidence ; je n'eus plus autant de difficulté à le comprendre et à le posséder. Je ne peux pas dire d'ailleurs qu'Euclide soit jamais devenu intéressant pour moi, ni visible l'usage qu'on en peut faire [1]. »

Comme étudiant, Armstrong avait éprouvé de même une profonde irritation. « Les faits racontés dans la salle de conférences, surtout quand ils étaient accompagnés par des illustrations expérimentales, apparaissaient souvent comme des révélations, mais, en général, l'audition des conférences produisait peu d'effet persistant, une image suivant l'autre trop rapidement. Les livres de texte, je les trouvais toujours ennuyeux et insuffisants, souvent nauséabonds ; car je sentais que je désirais devenir un cuisinier chimiste moi-même au lieu de savoir seulement comment les plats étaient faits et comment ils apparaissaient sur la table [2]. »

Quand il fut lui-même professeur de sciences, Armstrong

[1] Armstrong, *Special Reports*, 391.
[2] *Ibid.*, 391.

hésita un instant sur le bord de la routine, dont il ne pouvait se dégager tout de suite, malgré ses inquiétudes; mais peu à peu sa haine se raviva, au point de lui faire préférer à l'école dogmatique l'école buissonnière. Il ne peut se promener à Trafalgar Square ou à Waterloo Place sans contempler les statues des deux Napier, et sans se rappeler leur éducation. «A 10 heures, chaque matin, les petits Napier traversaient le village pour monter à l'école, et à 3 heures, ils redescendaient l'unique rue pour rentrer à la maison. Grande était l'émotion quand cette heure de sortie arrivait; c'était l'événement de la journée pour les villageois; et ce n'est pas merveille, car ils pouvaient voir un spectacle étrange. Il y avait des porcs à Celbridge à cette époque, de grands animaux maigres, avec de vastes oreilles battantes qui pendaient sur leurs yeux, et de longues pattes qui pouvaient galoper sur le sol; et on dit que les petits Napier avaient coutume de monter sur le dos de ces porcs maigres et agiles pour revenir à la maison, avec les autres élèves et les propriétaires des porcs, dans une poursuite sauvage. Quelle terrible éducation! s'exclamera quelque digne parent ou quelque digne pédagogue, en entendant ce déplorable incident. Moi, toutes les fois que je compare l'enseignement que Charles et William Napier reçurent de M. Bagnel avec notre système moderne de compétition et de gavage, je suis forcé de conclure que ces deux brillants soldats auraient été honteusement *collés* pour l'examen de Sandhurst ou de Woolwich; et pourtant l'éducation extérieure, hasardée, qu'ils ont reçue ne s'est pas montrée avec le moindre désavantage à côté de notre système moderne [1].»

Alors Armstrong rendit à l'enseignement expérimental un deuxième service, celui de lui proposer des principes.

Naturellement, l'enseignement expérimental doit être heuristique, c'est-à-dire qu'au lieu de leçons on doit proposer des problèmes, et qu'au lieu de connaissances, on doit donner l'intelligence de la méthode scientifique. Cette attitude de découvreur est nécessaire au bon développement des enfants. «Le pieux Pestalozzi est poursuivi par un remords sans limites, quand il trouve qu'il a donné une conception à un petit enfant au lieu de l'amener à la trouver lui-même. Ainsi doit être tout maître, et quand ce sentiment sera dans l'esprit de tout maître, l'œuvre

[1] Armstrong, *Special Reports*, 391.

sera achevée. Les écoles deviendront des établissements d'éducation ; l'instruction didactique, qui empoisonne notre existence à présent, sera reconnue comme un danger [1]. » Cette attitude est d'ailleurs facile, quand on veut l'essayer loyalement. « Les jeunes enfants sont joyeux d'être transformés en découvreurs, d'entendre dire qu'ils agissent comme une bande de jeunes détectives. Par exemple, en étudiant la rouille du fer, ils se mettent à l'œuvre avec l'idée qu'un crime est vraiment commis, lorsque le fer utile et vigoureux est changé en rouille inutile et fragile ; ils recherchent avec le plus vif intérêt si c'est un cas d'assassinat ou de suicide, c'est-à-dire si quelque corps étranger est intervenu dans le changement, ou si le fer a changé spontanément. Une maîtresse qui avait ainsi présenté le cas à une classe de petites filles me disait récemment qu'elle avait été grandement amusée et réjouie, en voyant une des fillettes, qui était assise à la balance, et qui pesait le fer rouillé, se lever soudain en s'écriant : « A l'assassin [2] ! »

L'enseignement doit être quantitatif. Si Liebig a rendu un grand service à l'éducation en popularisant l'enseignement expérimental, il l'a aussi faussée pour longtemps ; en la détournant vers l'analyse qualitative. D'abord cette analyse est trop mécanique et ne développe pas assez la faculté de raisonner d'après l'observation. Ensuite elle fait négliger et rejeter beaucoup trop loin la véritable méthode scientifique, la seule qui permette d'obtenir des résultats : la mesure. Au contraire, le travail quantitatif est un exercice que rien ne peut remplacer pour l'esprit. « Les élèves apprennent à employer une balance, à peser et à mesurer non seulement les choses, mais les actions et les mots aussi... Mesurer et peser, en fait, sont pratiqués si constamment que ces deux actions deviennent des habitudes instinctives [3]. »

Enfin l'enseignement doit être usuel. Au lieu de gaz et de sels qui n'ont jamais d'emploi dans la vie, et qui laissent les enfants dans un monde sans réalité, il faut étudier les corps dont nous approchons sans cesse, l'air, la terre, le feu, les aliments. « Les enfants sont ainsi encouragés à regarder autour d'eux, à être proprement des enquêteurs et des chercheurs [4]. » « Les oxydes

[1] Armstrong, *Special Reports*, 400.
[2] *Ibid.*, 400.
[3] *Ibid.*, 402.
[4] *Ibid.*, 402.

d'azote et autres objets de luxe, qui ne concernent en rien nôtre vie journalière, méritent d'être relégués au répertoire du chimiste professionnel[1] ».

Cependant, Armstrong ne s'est pas contenté d'émettre des réflexions pédagogiques. « Il est aisé de prêcher ou de professer une doctrine en apparence saine dans des périodes vagues et flottantes; et d'être pleinement satisfait avec ce que le Prof. Meiklejohn appelait humoristiquement le souffle d'une lubie; mais quand la pratique remplace l'affirmation, les imperfections deviennent souvent évidentes[2]. » Dans son article de 1884, Armstrong n'avait indiqué qu'un schéma très succinct. Il travailla beaucoup pour le perfectionner, au Finsbury College, et il réussit à présenter à l'enseignement expérimental sinon un programme, du moins un syllabus suggestif. Ce fut d'abord un article lu en 1889 devant la British Association for the Advancement of Science : *Suggestions for a Course of Elementary Instruction in Physical Science*. Cet article fut complété par un deuxième en 1890 : *Exercises illustrative of an Elementary Course of Instruction in Experimental Science*.

Selon ses principes, dans la direction générale des classes, Armstrong supprime physique, chimie et histoire naturelle; et il les remplace par une étude progressive de la méthode scientifique.

1. *Leçons sur des objets communs et familiers.* — On étudie l'eau, l'air, le feu. On les étudie sous leurs formes les plus usuelles, par exemple la pluie, la manière de la mesurer, les cartes de répartition, l'évaporation, l'ébullition.

2. *Leçons de mesure.* — Mesurer des longueurs, des surfaces, des volumes, des masses, des densités, la poussée, la pression, l'étirage, la tension, la température, etc. Armstrong y insiste.

3. *Étude des effets de la chaleur sur les choses.* — On passe ainsi en revue des substances inorganiques; on va jusqu'aux substances organiques, jusqu'au sucre par exemple; on le fait chauffer, et on observe la fonte, le caramel, la combustion finale.

---

[1] Armstrong, *Special Reports*, 393.
[2] *Ibid.*, 394.

4. *Stage du problème.* — C'est là que l'heuristique se développe à son aise. Armstrong indique une série de problèmes qu'on peut donner à résoudre expérimentalement aux élèves : déterminer ce qui arrive quand le fer rouille; déterminer la nature des changements qui se produisent quand on brûle des corps dans l'air; séparer le constituant actif et le constituant inactif de l'air, etc.

5. *Stage quantitatif.* — C'est la période des véritables études scientifiques. On n'a jamais négligé l'occasion de faire des mesures exactes; mais ici surtout l'œil est sans cesse fixé sur la balance et les autres instruments de précision.

6. *Étude des propriétés physiques des gaz en comparaison avec celles des liquides et des solides. Les théories moléculaire et atomique, et leur application.* — Ici seulement on arrive à des théories et à des notions toutes prêtes. Mais elles sont indispensables aux recherches scientifiques d'aujourd'hui, et on n'altère pas trop l'enseignement heuristique en les lui ajoutant.

Dans le détail, les leçons sont supprimées. C'est par l'expérience seule, et par le travail manuel réel que ces questions sont résolues. Voici par exemple la solution du troisième problème : isoler le constituant actif de l'air. On vient de prouver l'existence dans l'air d'un constituant actif, à côté d'un autre qui est passif. « Il devient maintenant important de l'obtenir, et la question se pose de savoir si on ne pourrait pas le séparer d'un des métaux ou des métalloïdes avec lesquels on l'a vu se combiner précédemment. L'élève est donc invité à recueillir une liste des différentes substances obtenues en brûlant les métaux, etc., et à chercher si on peut s'en procurer en quantité suffisante pour les travailler. La rouille et les battitures de fer se trouvent aisément, de même que les écailles de cuivre; on brûle industriellement du zinc pour obtenir du blanc de zinc, qui est employé dans la peinture; on brûle aussi du plomb sur une large échelle, et dans ce cas on obtient deux substances, tantôt de la litharge à une haute température, et tantôt du minium à une température moins élevée. Cette particularité du plomb suggère l'étude des deux produits, dans l'espoir de trouver l'issue vers une méthode. Des quantités pesées de litharge et de minium sont chauffées; on observe que seul le dernier change d'aspect, et qu'il perd du

poids. Mais que perd-il ? On l'avait obtenu simplement en grillant
du plomb à l'air, et le corps qu'il perd doit donc avoir été tiré
de l'air. Chauffons donc le minium dans un tube; on obtient un
gaz qui peut être recueilli et éprouvé, — comment ? Avec un
tison ou une allumette incandescente, car on peut supposer que
le gaz entretiendra la combustion, s'il est bien, comme on l'attend, le principe actif de l'air. Ainsi la découverte du principe
actif de l'air est faite ! Si l'air se compose de ce gaz et de celui
qui reste après qu'on a exposé du phosphore ou du fer dans l'air,
alors en additionnant à ce résidu le gaz tiré du minium, en quantité égale à celle qui a été perdue, on obtiendra de nouveau de
l'air; et l'expérience montre que tel est le cas. » Ce n'est qu'après
toutes ces expériences qu'on dogmatise. « Les noms des deux gaz
sont alors donnés pour la première fois, et une méthode simple
de préparer l'oxygène est montrée, par exemple en chauffant du
chlorate, mais sans entrer dans des explications. » On revient
d'ailleurs tout de suite aux expériences. « L'hypothèse faite précédemment, que dans toutes les transformations produites par
l'air l'oxygène est le corps actif, peut maintenant être vérifiée,
en brûlant ou en chauffant dans l'oxygène les substances qui
avaient été brûlées dans l'air. La comparaison des densités des
deux gaz avec celle de l'air doit aussi être faite [1]. »

Enfin, tout en poursuivant la réalisation de sa méthode heuristique, Armstrong a rendu un dernier service à l'enseignement
expérimental, quand il en a étudié les conditions matérielles.
Peu satisfait de la désinvolture avec laquelle les architectes préparent les salles de travail, il a donné beaucoup de conseils
précis, appuyés sur son expérience. Ils sont résumés dans le dernier chapitre de son livre *The teaching of scientific method.*

Sans entrer dans les détails techniques qui intéresseraient le
professeur, notons d'abord qu'Armstrong remplace la salle de
classe par un atelier. Il n'y a pas de salle de conférences dans
les laboratoires qu'il a fait préparer à la *Christ's Hospital School.*
« L'omission a été faite à dessein, pour décourager l'enseignement. Le but de la science expérimentale, c'est de donner aux
garçons et aux filles une occasion d'apprendre à faire les choses
par eux-mêmes [2]. » Armstrong ne veut même pas du mot labora-

<hr>

[1] Armstrong, *Teaching,* 313-314.
[2] *Ibid.,* 456.

toire, qui ne signifie rien en anglais, et qui n'indique pas assez le travail manuel attendu. Il n'emploie que l'expression *workshop*.

Dans cet atelier, des établis minutieusement préparés remplacent les tables à écrire. Au centre de la salle, et en travers, c'est d'abord la table aux balances, longue et étroite, couverte par une vitrine pour la protection des balances. Des trous sont faits dans la table, sous les plateaux des balances, pour qu'on puisse y suspendre les objets qu'on veut peser dans un seau d'eau, sous la table. De chaque côté de cette table, trois établis s'en approchent perpendiculairement. Les deux extérieurs sont destinés au travail ordinaire. Ils sont tout en bois; ils sont munis de tiroirs pour les élèves; ils sont munis aussi de plusieurs brûleurs Bunsen, de façon que chaque élève en ait un. L'établi central est réservé aux manipulations qui exigent l'emploi de l'eau. Il est recouvert de plomb, et percé par cinq cuvettes, en bois goudronné. Armstrong tient à ce qu'on ne multiplie pas le nombre des cuvettes et à ce qu'on ne gaspille pas l'eau. Les enfants n'ont qu'à se retourner, pour travailler, selon leurs recherches, à l'établi ordinaire ou à l'établi des cuves.

Armstrong voudrait ajouter à l'atelier des outils de travail manuel. Il y a dans l'atelier même un établi de charpentier, avec quatre presses, et des tiroirs pleins d'outils. Il y a aussi une table recouverte de zinc pour couper le carton. Dans une petite salle annexe, on a mis deux tours, un pour le bois et un pour le métal, une machine à percer et une scie circulaire, qui sont mûs par un moteur électrique. « Comme l'homme qui a la charge des ateliers est un ouvrier habile, il sera possible d'avoir une grande quantité d'appareils simples faits sur place par les élèves, de sorte que le travail manuel sera en quelque sorte coordonné avec le travail expérimental [1] ». N'oublions pas une chambre noire pour les expériences optiques et pour la photographie.

Le *note book* est destiné à remplacer les manuels. « On n'emploie pas de manuel. La classe écrit peu à peu son propre livre et arrive ainsi à comprendre comment les livres sont écrits. Toutes les fois qu'une question aura été bien étudiée, le maître s'adressera à toute la classe et on cherchera ensemble à décrire le travail exécuté. Le plus simplement possible, on écrira au tableau

[1] Armstrong, *Teaching*, 465.

noir cette description, point par point. A la fin de la leçon, un
élève âgé la polycopiera et chaque élève en recevra une feuille.
Il réunira toutes ses feuilles en un livre, à garder pour les
références et pour la lecture[1]. » D'ailleurs, dans chacune de
leurs expériences les élèves s'exercent personnellement à rédiger
de semblables explications.

Enfin l'expérience pédagogique a prouvé à Armstrong la nécessité d'un enseignement manuel préalable : « J'ai plus de trente
ans d'expérience professorale, j'ai enseigné les sciences à des
élèves de tous les âges. Ce qui m'étonne, c'est l'absolue incapacité de la plupart des élèves que je rencontre à s'aider eux-mêmes.
Je pense donc que nos écoles doivent prendre en considération
sérieuse la question de l'éducation de l'œil et de la main[2]. »

Ainsi le mouvement heuristique a eu pour principal résultat
de donner à l'enseignement expérimental des arguments, des principes, des programmes et des ateliers, c'est-à-dire l'existence.

3. L'ENSEIGNEMENT EXPÉRIMENTAL EN ANGLETERRE.

En 1890, le système d'Armstrong était suffisamment développé. Restait à l'expérimenter. Armstrong réussit à en faire
faire de nombreux essais en Angleterre.

En 1891, le nouvel enseignement fut introduit dans les écoles
élémentaires, à Londres, par le *Science demonstrator*, M. Gordon.
M. Gordon et son successeur, M. Heller, se heurtèrent aux obstacles matériels, à l'ignorance des maîtres, au grand nombre des
élèves, au besoin d'argent. Ils se heurtèrent encore plus à la
mauvaise volonté des maîtres et surtout des maîtresses. « Il y
avait chez elles, au début, un dégoût décidé contre le maniement des appareils, elles voulaient qu'on leur montrât comment
il fallait faire plutôt que de faire elles-mêmes, et par-dessus tout
elles étaient ennuyées par le soin et la minutie que requiert le
travail expérimental[3]. » Il a fallu faire quelques concessions.
Quand le *Science demonstrator* vient dans la classe, une fois tous
les quinze jours, et quand il interroge les élèves pour fixer la

<hr>

[1] Armstrong, *Special Reports*, 407.
[2] Armstrong, *Teaching*, 437.
[3] Heller, dans Armstrong, *Special Reports*, 431.

nouvelle question à résoudre, il est souvent forcé de la déterminer lui-même, les élèves étant incapables de la trouver. Mais l'enseignement expérimental proprement dit ne s'en est pas moins fortifié. Quand le problème a été résolu par trois ou quatre élèves, et quand le *Science demonstrator* est parti, les élèves s'en vont à tour de rôle dans le coin de la classe où l'on manipule, pour répéter et confirmer les opérations. M. Heller juge que la science expérimentale devient ainsi plus importante pour former les élèves à l'action que le travail à l'aiguille ou le dessin.

En 1896, le Syllabus publié par le *Committee of the Incorporated Association of Headmasters* consacra l'introduction du nouvel enseignement dans les écoles secondaires. Ici encore les idées heuristiques n'étaient pas adoptées toutes. Le Syllabus s'écarte du plan proposé par Armstrong, pour reprendre la vieille division en physique, chimie et histoire naturelle. En revanche, l'enseignement expérimental obtenait l'adhésion complète des headmasters. Plus un seul cours, plus un seul manuel. Les élèves ne travaillent qu'expérimentalement. On n'hésite même pas à les mettre en face d'expériences difficiles, si on en juge par ces extraits :

«Résultante et composantes : parallélogramme des forces. Des expériences doivent être exécutées avec l'aide d'une planche munie de poulies, où passent des cordes nouées à un bout et portant des poids à l'autre. La direction des cordes est marquée sur du papier à dessin placé derrière elles.

«Triangle des forces. Des expériences doivent être exécutées avec la même planche, en employant trois poids et des cordes. La grandeur des poids peut être donnée, ou bien la direction des cordes [1].»

Le nouvel enseignement a ensuite été examiné par les autorités officielles, le *Department of Science and Art of the Committee of the Council of Education*. Le rapport de 1899 se prononce pour la propagation de l'enseignement expérimental. Tout au plus met-on les maîtres en garde encore une fois contre les exagérations du principe heuristique : «Il n'est peut-être pas inutile de déclarer que les découvertes scientifiques ont été obtenues rarement par la pure induction. Les grands inventeurs... avaient presque toujours une hypothèse qu'ils cher-

____

[1] Syllabus, dans Armstrong, *Special Reports*, 417.

chaient à prouver par la méthode déductive. Il est par suite à conseiller d'avoir aussi dans l'enseignement des sciences naturelles des hypothèses, qui doivent servir de fondement aux recherches. On ne doit pas non plus oublier que les découvreurs ont été aidés dans leurs recherches par les observations et les idées de leurs prédécesseurs. Il est très juste que les élèves trouvent une aide semblable, sans quoi leurs observations s'en vont facilement au hasard, pour tomber finalement dans l'erreur [1]. »

4. L'ENSEIGNEMENT EXPÉRIMENTAL EN AMÉRIQUE.

Le mouvement ne pouvait manquer de gagner l'Amérique. Le livre de Smith et Hall, *The Teaching of Chemistry and Physics in the secondary school*, fait connaître les premiers résultats de son introduction dans ce pays.

Il faut noter que l'attitude heuristique a rencontré en Amérique aussi des objections . On admet qu'il faut cultiver l'initiative de l'élève, qu'il faut le plus possible le laisser chercher par lui-même. Mais, d'abord, la méthode inductive n'est pas toujours possible. Il faut l'abandonner de temps en temps, et descendre à la simple vérification, pour ne pas omettre des lois essentielles à une bonne culture scientifique [1]. Puis il faut l'abandonner parfois pour ne pas devenir ridicule, affirme Hall. «Si ma mémoire ne me trompe pas, je vis une fois des directions pour une expérience dans laquelle l'élève avait à regarder attentivement pendant un certain temps un morceau de bois gisant sur une table ; et alors, après réflexion, on comptait qu'il écrirait sur son cahier l'inférence suivante : la matière ne peut pas se mettre elle-même en mouvement. Cette expérience était immédiatement suivie par une autre, dans laquelle l'élève, après avoir donné une chiquenaude à l'objet, et dûment réfléchi, devait écrire, comptait-on, l'inférence : la matière peut être mise en mouvement par une force [3]. »

Il faut noter ensuite que l'enseignement expérimental ne réus-

[1] Cf. Fischer, 73.
[2] Smith, 106.
[3] Hall, 275.

sit pas à faire disparaître les cours. En Angleterre, on a de plus en plus renoncé à toute leçon théorique, du moins pour les débuts. Les Américains ont tenu à conserver les lectures et les récitations. Voici les raisons qu'en donne Hall : « Le travail au laboratoire n'a pas de caractère plus frappant que les pauvres résultats qu'il obtient dans les examens écrits, quand ils contiennent des problèmes et des exemples qui n'ont pas été explicitement rencontrés au laboratoire. L'élève, quand il est hébété ou lassé par les mathématiques, est très porté à croire que la pure exécution mécanique des expériences placées devant lui sera suffisante pour le sauver, si on mesure et si on apprécie justement son effort. Il a été présent, il a même peut-être manipulé pour obtenir tous les résultats, bien ou mal. N'est-ce pas alors une cruelle injustice que de trouver qu'il est insuffisant à la fin, simplement parce qu'il ne peut pas se rappeler toutes ces formules et ces vagues choses, relatives au poids spécifique, à la pression des liquides, aux leviers, au parallélogramme des forces, etc. ? Le fait est que la plupart des enfants sont plus inclinés à travailler péniblement avec leurs mains qu'avec leurs têtes, plus désireux de manier des appareils que de tirer les résultats mentaux de leur activité. Même des personnes plus âgées ont été connues, qui manquaient de la résolution et de l'intelligence nécessaires pour exprimer les leçons que leur propre expérience avait démontrées. La méthode de laboratoire est une bonne méthode, autant que l'excellence est possible. Pour beaucoup d'élèves elle est essentielle, car elle leur donne une ferme compréhension, une claire vision, une juste perspective. L'expérience des sens est le fondement solide dont les plus hauts combats de la spéculation et de la théorie scientifique proviennent. Mais apprendre par l'expérience est une méthode laborieuse, et l'élève qui aspire à une grande hauteur ou largeur d'horizon intellectuel ne peut se confiner dans cette étude [1]. » C'est-à-dire que les lectures théoriques sont nécessaires, premièrement pour le succès des examens, deuxièmement pour l'abondance des connaissances, et surtout, quoi qu'en aient dit les partisans trop acharnés du travail manuel, pour l'activité intellectuelle même.

Il faut noter, cependant, que l'enseignement expérimental s'installe de plus en plus en Amérique. Dès 1888, l'University Har-

[1] Hall, 304-305.

vard daignait prendre la direction du mouvement en donnant une *descriptive list* d'expériences qu'on réclamerait aux examens d'entrée. En 1899, la *National Educational Association* adoptait un *Outline of laboratory work in physics for secondary schools* qu'avait préparé le professeur Hall, de Harvard. En 1902, Smith et Hall se prononcent nettement tous les deux pour l'enseignement expérimental. Les petits Américains semblent d'ailleurs prendre goût aux expériences, si on en croit un exploit cité dans le *School World* et répété par Smith. «Quatre garçons, après un travail de deux trimestres dans un laboratoire de physique, cherchèrent le calcul de la dilatation de l'eau, quand elle est chauffée à partir de 0 degré. Il employèrent deux méthodes et obtinrent de bonnes courbes pour la dilatation apparente. Cependant, ils virent clairement que ce n'était pas la dilatation réelle, comme elle eût été en l'absence du verre. Ils essayèrent d'abord de mesurer la dilatation du verre avec des compas d'épaisseur entre 0 et 60 degrés ; mais ils ne trouvèrent pas les résultats exacts, et furent fort embarrassés. Quand il leur fut suggéré qu'un Français avait déterminé la dilatation du mercure indépendamment du vase le contenant, les enfants se précipitèrent dans la bibliothèque et y trouvèrent une description des appareils et des résultats de Regnault. On dut les dissuader de répéter les expériences, mais ils corrigèrent leurs propres mesures par l'emploi de sa table.» Le professeur concluait que le temps n'avait pas été perdu. « L'esprit de l'élève gagne ainsi une liberté, un pouvoir de voir les choses par lui-même, une rapidité et une aptitude à se tourner vers l'inconnu...[1].»

Aujourd'hui l'enseignement expérimental commence à toucher les pays étrangers. L'Allemagne, qui avait déjà inspiré Armstrong, s'est mise dans ces dernières années à réformer sérieusement le vieil enseignement de Liebig[2]. En France, on s'est ému, on a fait des instructions, des conférences, des inspections. Les manipulations reléguées autrefois dans l'enseignement moderne ont été partout, depuis 1902, l'objet d'une attention spéciale.

---

[1] Smith, 108.

[2] Cf. F. Marotte, *L'enseignement des sciences mathématiques et physiques dans l'enseignement secondaire des garçons en Allemagne.* Paris, 1905.

LE TRAVAIL SOCIAL ET INDUSTRIEL[1].

Il ne restait plus à conquérir que les études littéraires. Jusqu'ici la nouvelle éducation les avait méprisées et combattues ; Woodward, par exemple, les avait toutes refoulées dans une seule période de trois quarts d'heure par jour. On vit à la fin que ces études pouvaient s'appliquer aux choses et former les esprits autant que les autres, qu'il fallait les transformer et non les supprimer. Parmi les essais, nul ne mérite plus l'attention que l'*Elementary School of the University of Chicago*, et la façon dont on y a appliqué l'activité manuelle à l'enseignement de l'histoire. Cette école a été fondée en 1899.

1. LES PRINCIPES DU PROFESSEUR DEWEY.

Le fondateur de cette école d'expériences fut le Dr John Dewey, professeur de pédagogie à l'Université de Chicago[2]. Il a exposé dans son livre, *School and Society*, les raisons qui ont déterminé son œuvre. Deux sont à retenir.

D'une part, le but essentiel de l'éducation doit être celui que poursuivent les novateurs, c'est-à-dire la culture des facultés, et particulièrement de l'activité. La psychologie montre le rôle primordial de l'activité dans la nature de l'enfant. L'histoire lui reconnaît un rôle plus important encore dans l'évolution de l'humanité moderne. « Pendant les trois derniers siècles, les conditions de vie ont éprouvé des changements si profonds que la méthode d'éducation est forcée de s'y conformer. Les peuples sont entrés en relations prochaines les uns avec les autres. Par la vapeur et l'électricité, le commerce a pu prendre une extension colossale ; l'échange croissant des marchandises avec l'étranger a

[1] A consulter :
J. Dewey, *School and Society*. Chicago.
Miss Althea Harmer, *Textiles* (Elementary School Record, third issue). April 1900.
H. Thiselton Mark, *Education and industry in the United States* (Great Britain, Board of Education, Special Reports, vol. 11). London, 1902.
Martha Warrant Beckwith, *The elementary school of Chicago*, dans die *Lehrerin in Schule und Haus*, 1904).
[2] Maintenant à Columbia, New-York.

augmenté la production; l'ouverture de nouveaux territoires a inondé le marché de matériaux bruts et a fait développer à l'extrême les fabriques qui en entreprirent la manipulation; la découverte et l'amélioration des instruments mécaniques ont supprimé une grande partie du travail corporel et facilité la transformation de la matière brute. Bref, l'activité industrielle commence à être considérée comme un principe de vie et de civilisation. Donc, si on doit donner à l'enfant des clartés sur les efforts compliqués du monde moderne, on ne le peut qu'en lui faisant connaître d'abord les commencements des opérations manuelles.» Aussi, le Dr Dewey résume-t-il ainsi ses idées sur l'éducation : «Le point principal de l'éducation des enfants, c'est la direction de l'activité. Chercher soi-même et creuser vers la vérité et la réalité, dans le terrain de ses intérêts et de ses impressions, voilà en première ligne ce qu'on doit faire faire à l'enfant; voilà comment on doit l'introduire dans les branches multiples du programme scolaire, les sciences naturelles, l'histoire, les mathématiques et les arts. Toutes ces études se tiennent en relation avec l'activité constructive [1].»

D'autre part, l'activité ne doit pas s'exercer dans un domaine restreint. A côté du travail manuel, du dessin et des sciences, les études littéraires, et l'histoire en particulier peuvent lui apporter un utile concours. L'enfant doit comprendre la société dans laquelle il vit, pour devenir vraiment un homme moderne; et il ne le peut qu'après avoir passé lui-même par les stages de civilisation qui ont préparé et qui expliquent la société moderne. Il faut qu'il suive la même évolution que l'humanité, qu'il voie le monde se compliquer autour de lui en avançant en âge, les hommes primitifs d'abord, puis les Indiens, puis les colons français et anglais, puis la Révolution et l'expansion du machinisme. Fröbel en avait déjà dit quelque chose de vague; mais il avait oublié d'appliquer ce rêve dans son système.

2. L'*ELEMENTARY SCHOOL* DE CHICAGO.

Ayant réussi, en 1899, à fonder une école pour exercer ses étudiants et pour expérimenter les innovations, le professeur

[1] Cf. Beckwith, 129.

Dewey y a immédiatement organisé l'enseignement le plus complet possible de l'« activité ».

Les classes sont divisées en trois catégories. Pendant la première période, de 4 à 8 ans, l'élève entre en contact avec le monde extérieur et social, il agit, il forme des représentations; et le maître se contente de diriger cette expérience. De 9 à 11 ans, c'est le stage des habiletés techniques; les efforts de l'élève se spécialisent, et une attention de plus en plus consciente est donnée aux moyens d'agir, aux méthodes qui font atteindre des résultats; la lecture, l'écriture, le calcul, le laboratoire, le maniement des outils sont alors enseignés. A partir de 12 ans seulement, l'élève entre dans le stage de la réflexion abstraite, apprend l'art de construire des théories et d'ordonner les faits logiquement.

Le programme de chaque classe, même après le premier stage, donne une large place aux occupations manuelles. Voici, par exemple, le programme de la 4e année (9 ans) :

Histoire et géographie américaines. — On s'appuie sur les découvertes et les explorations étudiées l'année précédente; mais on s'attache surtout à la vie coloniale, considérée comme une adaptation des habitudes sociales et des ressources techniques à des conditions nouvelles. Une série d'établissements coloniaux typiques sont étudiés, la vallée du Mississipi et Chicago depuis les premiers explorateurs français de 1660; les puritains de la Nouvelle Angleterre; les Hollandais de New-York; les Cavaliers de Virginie jusqu'en 1775.

Science et géographie. — On les étudie en connexion avec le travail historique. On étudie la nature physique, les plantes, les animaux autour de chaque colonie, autant que ces facteurs ont déterminé les occupations et les ressources de la colonie. La géographie physique générale, la géologie et la météorologie locales servent de base pour la physiographie des colonies sur la côte de l'Atlantique. On y ajoute, comme travail expérimental, de simples industries exercées au temps des pionniers, et des études sur des problèmes généraux comme la relation des plantes au sol et des animaux aux plantes.

Nombre. — Le travail de l'année précédente continue, mais la division est introduite, en connexion avec le dessin des cartes.

On mesure la surface des parallélogrammes et des triangles, on
tient les comptes de l'école.

Lecture et écriture. — Lectures de référence dans *Colonial
Children* (Pratt), *Colonial Pioneers* (Parton), *Story of the Thirteen
colonies* (Guerber, etc.), *Elements of Physical Geography* (Tarr).
Une importance générale est attachée à la facilité de l'écriture,
sur du papier non réglé. On fait attention à la forme et à la
rapidité.

Couture. —Ouvrage textile; examen de la laine; industries du
lin et de la laine dans les temps coloniaux; méthode de manufacture, étude du costume de chaque colonie. — Ouvrage technique : articles pour l'usage de la maison, sacs à linge, tabliers
de laboratoire, etc.

Arts. — Construction : plan et superstructure des anciennes
huttes de pionniers, chez les Puritains et les Hollandais. — Représentation : bâtiments, figures, formes de terrains. — Matières :
craie de couleur, fusain, argile. — But : éducation visuelle.

Atelier. — On insiste désormais sur la nécessité de bien finir
le travail; on enseigne les premiers principes de construction des
maisons : pignon, toit, simples problèmes sur la résistance des
matériaux (bois). Le travail est mené en connexion avec l'histoire,
et on exécute un métier de tisserand, une barque, une maison de
pionnier [1].

Toutes les études théoriques, les branches littéraires elles-
mêmes sont enseignées en faisant appel à l'activité. Dans l'étude
du langage, par exemple, on cherche un enseignement qui soit
une quintessence de la méthode directe et de l'enseignement
par l'aspect. On montre les objets aux jeunes enfants, on les
leur fait manipuler, on éveille leur intérêt pour les formes et
pour les choses, on les fait causer en travaillant, et ils apprennent
ainsi à connaître et à employer les mots. Ou bien ils jouent de
petites scènes, ils racontent des histoires; ils font des rapports
sur les expériences; toujours ils agissent personnellement. Le
seul regret éprouvé, c'est qu'on n'ait pas encore trouvé un moyen
satisfaisant pour enseigner la grammaire en action.

[1] Thiselton Mark, 122-123.

Enfin la discipline laisse l'activité se développer librement, comme l'ont souvent réclamé les partisans de l'enseignement manuel. Les enfants n'ont pas besoin de lever la main avant de parler. Partout où l'activité est nécessaire, ils peuvent librement remuer dans la salle de classe, et on ne les rappelle à l'ordre qu'en cas d'abus. Un professeur n'a pas plus de dix élèves, et il ne les garde pas plus d'une demi-heure, car il faut que le travail soit le plus individuel et le plus intense possible.

3. LE TRAVAIL TEXTILE.

Cependant le trait le plus particulier de cette école, c'est l'importance qu'y gardent les études littéraires et surtout la création d'une histoire expérimentale.

L'histoire s'appuie désormais sur les travaux manuels les plus divers. Au laboratoire, l'enfant fabrique un four de potier à la manière indienne, un moule de fonderie comme ceux dont on se servait aux premiers temps du charbon, un compas comme ceux qu'employaient les navigateurs du xv⁰ siècle, etc. A l'atelier, il construit un rouet, un métier à tisser, un wagon de prairie, comme les employaient les premiers pionniers en Amérique. Dans la salle de dessin, on dessine, on modèle, on peint toutes les circonstances qui se trouvent en rapport avec la période historique dont les enfants entendent parler.

L'histoire expérimentale s'appuie surtout sur le tissage, dont l'enseignement a été exposé dans le livre de Miss Althea Harmer, *Textiles*. Le programme du tissage suit tous les développements de la civilisation. D'abord c'est le stage primitif. Les enfants apprennent à connaître les matériaux bruts; ils les manient, ils voient la valeur des outils, et ils inventent des moyens mécaniques pour convertir les matériaux bruts en étoffe, la quenouille, le fuseau, le métier à tisser. Alors vient le stage de l'industrie familiale et domestique, telle qu'elle existait à la période coloniale. L'influence des occupations sur la vie sociale, le développement de l'industrie et des centres industriels, l'influence de la région sur la concentration des industries, les pays producteurs des matières premières et les conditions de leur climat ou de leur sol, les routes de commerce et les moyens de transport sont étudiés à propos de ces nouveaux travaux. On finit par le stage manufacturier. L'attention est dirigée vers l'invention des machines qui utilisent les forces de la nature et qui accroissent la production. On étudie l'évolution des machines depuis leurs débuts jusqu'aujourd'hui. On calcule la somme de travail donnée par chacune. Sont ajoutées des observations sur les diverses sortes de fabrication, sur la texture, la nature hydroscopique, l'inflammabilité des fibres et les autres opérations chimiques que nécessite l'industrie moderne.

Voici par exemple le travail qu'avaient exécuté les débutants. Comme l'école n'était pas complète lors de la publication du livre, c'étaient des enfants de 7 ans.

Il faut d'abord trouver quelle est la matière qu'ont pu employer les hommes primitifs. Les enfants rassemblent donc tout ce que l'expérience peut leur apprendre sur les quatre espèces typiques d'étoffes : laine, soie, coton et toile. Ils examinent leurs vêtements; ils déchirent des échantillons pour examiner les fibres; ils cherchent les matières brutes, la soie dans le cocon, le coton en gousse, la laine tondue sur le mouton, le lin cueilli dans les champs. Quelle est la fibre qui requiert le moins de préparation? Les enfants dévident la soie du cocon; elle est belle, mais délicate et difficile à manier. Alors ils arrachent le coton de ses gousses et séparent les graines des fibres, une besogne bien fastidieuse. Le lin, tourné et retourné, montre le long processus de décomposition qui est nécessaire pour séparer les fibres de la tige. Au contraire, la laine peut aisément être tressée avec les doigts, et c'est elle qu'on choisit invariablement.

Maintenant il faut préparer la laine. Une toison est examinée et les diverses méthodes de tondre exposées. Si c'est possible, on fait une visite à un parc à moutons, sinon les enfants regardent des photographies. La toison n'est pas partout également bonne pour le tissage, et il faut la trier. Les bourres, les nœuds, les flétrissures, la laine des pattes ne peuvent donner qu'un fil grossier. Au contraire la laine longue et propre du cou, de la poitrine et des épaules peut donner du fil pour les plus belles étoffes. Puis les enfants ont naturellement l'idée de laver leur laine. Chaque enfant essaie donc de filer de la laine dégraissée et de la laine brute, pour les comparer. Les fibres grasses de la laine brute se détachent aisément; les fibres sèches de la laine dégraissée sont nattées et résistent à la manipulation. Ainsi les enfants apprennent par expérience qu'il faut employer la laine brute pour le filage à la main. Cependant, il faut faire tomber les bourres et les saletés de la laine brute. Un enfant suggère : « Si vous tendez les fils comme une toile d'araignée, la saleté tombera. » Ils se mettent donc à ce nettoyage primitif. De temps en temps ils se posent de nouvelles interrogations. Comment les fibres devront-elles être arrangées pour faire un fil? Comment les fibres en croix vont-elles s'entremêler et déparer la régularité du fil? A la fin de la leçon, cependant, le but et la méthode de l'étirage apparaissent à leur tour. La masse propre et floconneuse de la laine est étirée en un long ruban d'un pouce. Quand des points faibles se présentent, on les garnit avec des mèches lâches. Des outils sont exécutés. Un enfant désire apporter un peigne, un autre suggère d'attacher des bâtonnets en carton, ou de faire un peigne en bois avec plusieurs dents, pour remplacer les doigts. Un autre laissait vagabonder sa pensée et se demandait quelle était la différence entre les cheveux et la laine. On examine donc la laine et les cheveux au microscope, on esquisse les deux vues microscopiques, et on constate la surface rude, écailleuse de la laine.

Il faut maintenant filer. Les enfants se mettent à tresser le ruban de laine en le roulant entre les doigts et le genou. Quand le ruban est trop épais, il se forme un nœud et les enfants sont amenés à se demander combien de fibres doivent composer le fil, mais ils l'apprendront plus tard. Pour l'instant, la grosse question est d'enrouler le fil sur quelque chose. Les enfants prennent d'abord des baguettes, mais ils découvrent vite que si on laisse tomber la baguette, le tressage et l'enroulage sont perdus. Les élèves de Miss Althea Harmer raisonnèrent alors et songèrent qu'en tournant la baguette dans la direction opposée on pourrait faire à la fois l'enroulage et le tressage, sans avoir besoin de rouler le ruban sur le genou. Un enfant découvrit aussi que si la baguette est chargée de fil, elle tend la laine et aide au filage. On charge donc les baguettes artificiellement, avec de l'argile, une pierre, du bois, et le fuseau se construit peu à peu. L'avantage de lui donner la forme d'un disque est bien vite découvert. Les enfants filent donc avec la quenouille et le fuseau. Ils se plaisent à l'idée que la toupie dérive du fuseau, et qu'en jouant à la toupie ils font ce que faisait l'enfant des âges éloignés, quand il imitait le fuseau de sa mère.

Alors viennent le dévidage, le dégraissage, la teinture. Puis, quand le fil est prêt, on songe à tisser une étoffe. En réalité le tissage a précédé l'invention du filage. On examine le travail textile des peuples primitifs, et on constate qu'il se compose principalement d'herbes et d'autres matières semblables. On étudie l'écorce battue ou *tapa* des Hawaïens, pour voir l'entrelacement des fibres. La maîtresse raconte la découverte probable du berger qui avait jeté une toison et qui la retrouva feutrée par l'action de la pluie et du soleil. Elle cite encore le tissage d'une natte de jonc qu'on voulait placer sur le sol d'argile d'une hutte primitive. Les enfants citent le cocon, le nid d'oiseau, la toile d'araignée comme exemples de tissage. Cependant ils trouvent que l'étoffe se compose régulièrement de deux séries de fils, la chaîne et la trame. Ils trouvent aussi qu'il faut un métier à tisser, et ils construisent un cadre avec deux tringles pour tenir la chaîne en position, et deux supports pour la tenir tendue. Ils prennent une aiguille à tisser pour insérer la trame, et ils arrivent bientôt à confectionner des couvertures comme celles que faisaient les Indiens.

Ainsi les enfants unissent l'apprentissage technique et l'expérience vivante de l'histoire sociale.

L'école annexe de l'Université de Chicago est encore trop récente pour qu'on puisse être fixé sur la valeur de ses expériences. Il n'y en a pas moins là une expérience intéressante, qui marque le point suprême atteint par la nouvelle éducation en Amérique. La nouvelle éducation, et l'enseignement manuel avec elle, s'étendent désormais sur l'école presque tout entière.

LA MÉTHODE DE PARIS [1].

Quoique essentiellement anglo-américain, le mouvement de la nouvelle éducation s'est étendu sur quelques pays étrangers. Il faut citer ici la méthode des écoles de la Ville de Paris.

[1] A consulter :
L'enseignement manuel et expérimental dans les écoles primaires de tous degrés. Périodique, dirigé par Réné Leblanc. Paris, juillet 1888-septembre 1890.
Réné Leblanc, *L'enseignement manuel dans les écoles du degré primaire.* Paris, 1895.
Jully et Rocheron, *Le travail manuel à l'atelier scolaire et le dessin géométrique.* Paris, 1900.
Exposition universelle de 1900. *Rapport du Jury international.* Classe 1 Enseignement primaire. Rapport de Réné Leblanc. Paris, 1902.

Comme en Amérique, on a su à Paris transformer le travail manuel primitif en un moyen d'éducation et d'instruction. Mieux peut-être qu'en Amérique, on a su le faire servir à l'enseignement des mathématiques. On n'a d'ailleurs pas eu besoin de rompre avec les traditions françaises et d'imiter l'étranger; on est arrivé à des résultats analogues par un développement original.

1. Origines.

La méthode de Paris est issue d'une double crise.

D'abord c'est la crise de la méthode française de travail manuel; elle était en décadence. En vain inventait-on sans cesse de nouveaux exercices plus faciles que les anciens; en vain Salicis se vantait-il d'enregistrer les succès les plus extraordinaires; on avait partout la sensation d'un échec. Alors on avait cherché, dans les pays étrangers, un appui. On avait d'abord levé les yeux vers la Suède, et une commission officielle en avait rapporté l'exposé complet du système Salomon, ainsi que l'idée que le salut était dans l'emploi des modèles utiles; c'est ce qu'une circulaire de 1886 avait recommandé, c'est ce que Schmidt soutenait en 1887 dans son livre sur *La pédagogie du travail manuel*. Puis on se tourna vers le Danemark, après l'Exposition de 1889, et on admira la précision du système Mikkelsen. Tout cela resta inutile.

Ensuite, c'est la crise de l'enseignement spécial. Cet enseignement avait été créé par Duruy pour être pratique, pour préparer les jeunes gens des lycées à l'agriculture, au commerce, à l'industrie, c'est-à-dire à la vie moderne. Au début, on s'était appliqué sérieusement à l'œuvre. Le premier directeur de l'École normale spéciale de Cluny, M. Roux, avait même songé au travail manuel. Dans un discours que rapporte M. R. Leblanc, il essayait de démontrer que le travail manuel doit prendre dans l'enseignement spécial le rôle des langues anciennes dans l'enseignement classique. C'est le travail manuel qui donnera aux élèves l'habileté de l'œil et de la main, la connaissance des outils; mais c'est lui encore qui les forcera à réfléchir, à préciser leur pensée, à la traduire en action, bref qui leur donnera l'éducation intellectuelle.

« Si jusqu'à présent en France on ne s'est adressé qu'à deux organes, l'œil et l'oreille, pour faire parvenir le savoir à l'esprit des élèves, pourquoi ne pas essayer le concours d'un troisième organe, la main, cet auxiliaire si puissant, qui, tout docile qu'il est, ne devient vraiment habile que par le travail et l'exercice? La géométrie, la mécanique se prêtent si facilement à cette application du travail manuel! Ainsi, pour la géométrie, si nous prenons notre premier modèle du travail sur bois, qui consiste à scier une planche suivant une ligne droite, l'esprit de l'élève acquiert l'idée d'une ligne droite, la manière de la tracer à l'aide d'une règle ou d'un crayon, ou d'une corde tendue à ses deux extrémités, blanchie avec de la craie, et qui, après avoir été pincée, laisse la trace blanche de cette ligne droite. Le second modèle consiste à dégauchir la surface, ou plutôt une face d'un morceau de bois, de manière à la rendre plane. Voilà donc l'idée d'une surface plane qui croît dans l'esprit de l'élève, et comme on lui a dit, en géométrie, qu'une surface plane ou un plan est une surface sur laquelle une ligne droite peut être appliquée exactement et dans tous les sens, il fait, pendant son travail, l'application de cette définition, en plaçant sur la face travaillée, et dans tous les sens, l'arête de son rabot ou une règle, et en regardant si la coïncidence est exacte partout. Le modèle n° 3 consiste à mettre une face d'équerre, par rapport à une autre. De là l'idée de l'angle droit, de l'équerre, des perpendiculaires, etc. Le modèle n° 4 a pour but de tirer un morceau de bois d'épaisseur et de largeur. L'usage qu'on fait ici du trusquin donne l'idée des parallèles et de quelques-unes de leurs propriétés. Et ainsi de suite.

« Dans les travaux sur le plâtre, en faisant exécuter toutes les figures géométriques, les élèves construisent en réalité toutes les démonstrations, tous les problèmes qu'on ne fait ordinairement que dessiner; comme par les coupes des pierres, des voussoirs, par les assemblages d'après les modèles et les dimensions données, par la réalisation matérielle des plans, sections, projections, etc., le cours de géométrie descriptive leur devient beaucoup plus accessible.

« De même, pour que la mécanique, qui est peut-être de toutes les sciences la plus nécessaire aux industriels, ne reste pas lettre close pour eux, on peut leur faire, non seulement dessiner en croquis cotés, en plans, coupes et projections, mais encore exécuter matériellement les sujets des leçons, avec le bois, qui

est une matière plus tendre que le métal, et qui, par conséquent, peut être travaillé dans un temps bien plus court.

« Dans ces conditions, il est facile de voir que le travail manuel doit servir à faire bien comprendre aux élèves la géométrie,
les lois de la mécanique, puisqu'il sert à *illustrer*, si on peut s'exprimer ainsi, les formules qu'ils mettent en pratique ; et c'est en
veillant à ce que l'enseignement géométrique et mécanique concorde, autant que possible, avec les travaux graphiques et les travaux d'atelier, que la théorie côtoiera sans cesse la pratique, et
que l'application suivra la démonstration [1]. »

L'enseignement spécial cherchait donc dès 1867 à former des
hommes d'action, à côté des hommes de lettres que formait l'enseignement classique. Peut-être Roux se trompait-il en voyant
l'acquisition de notions là où il n'y en avait que l'utilisation ;
peut-être ses modèles étaient-ils trop primitifs ; cependant, toute la
voie de la nouvelle éducation s'ouvrait devant l'enseignement
spécial. Plus tard cet enseignement abandonna sa tradition com-
mençante pour se concentrer dans la haine et l'imitation de l'enseignement rival ; les langues modernes furent opposées aux
langues anciennes ; on se tourna de nouveau vers le vieil idéal
philologique ; et l'enseignement spécial fit place en 1890 à l'enseignement classique moderne. Mais il restait des professeurs qui
avaient rêvé autrefois à Cluny de la nouvelle éducation par les
choses et par l'action. Parmi eux M. R. Leblanc, qui s'est toujours
occupé d'enseignement expérimental et de travail manuel.

2. LES SUGGESTIONS DE RÉNÉ LEBLANC.

Après avoir suivi les efforts de Salicis pour créer en France le
travail manuel, Réné Leblanc comprit un des premiers la nécessité d'une réforme. En 1890, son journal, l'*Enseignement manuel
et expérimental*, définit le but et l'organisation d'une nouvelle
méthode, avec des exemples.

Le but, c'est l'éducation scolaire. Réné Leblanc, sans
renoncer à l'espoir de préparer le futur apprentissage, affirma
qu'avant tout le travail manuel était un moyen d'enseignement.
« Tout exercice manuel destiné à l'école doit satisfaire d'abord

____

[1] *Enseignement manuel et expérimental*, II, 147.

aux conditions suivantes : il doit exercer l'œil et la main de l'enfant, en même temps que son attention, son intelligence, son goût et son adresse; il faut en outre qu'il soit peu coûteux, en rapport avec les forces physiques de l'élève et l'installation matérielle de l'école. Mais cela ne suffit pas. Des travaux manuels qui seraient indépendants des exercices scolaires ordinaires, qui constitueraient une branche nouvelle d'enseignement simplement juxtaposée aux autres, seraient difficilement acceptés par la grande majorité des maîtres; ceux-ci craindraient, non sans quelque raison, qu'un préjudice fût porté aux parties fondamentales de leur enseignement par l'introduction d'une matière nouvelle dont l'importance et les qualités pédagogiques ne leur sont pas encore démontrées. Il faut donc non seulement que le travail manuel de l'école contribue à l'éducation physique, mais il faut encore qu'il prête son concours à l'éducation intellectuelle en apportant à la partie scientifique (dessin, formes géométriques, calcul) le concours qui lui fait si souvent défaut dans l'enseignement ordinaire. En remplissant cette dernière condition, les travaux manuels scolaires ne pourront plus être accusés d'augmenter encore la surcharge des programmes[1]. » Et Réné Leblanc répète que, si on fait un essai loyal, trois heures d'enseignement théorique appuyées par une heure de travail manuel forment mieux les élèves que quatre heures de classe.

L'organisation, c'était l'école sans atelier : « L'enseignement manuel doit être éducatif; il ne peut prétendre, on ne saurait trop le redire, à préparer, même de loin, de futurs ouvriers pour le bois ou le fer; le pourrait-il, qu'il ne servirait en tout cas que le petit nombre. Ces vérités ne sont pas encore admises par tout le monde, et l'on rencontre encore de bons esprits qui sont convaincus que l'enseignement manuel doit débuter à l'atelier; ils prétendent qu'on ne saurait mettre trop tôt les outils du métier entre les mains du futur ouvrier. C'est là une erreur... D'abord l'outillage doit être en rapport avec les forces physiques de l'enfant; sans quoi on s'exposerait à faire contracter de mauvaises habitudes au petit ouvrier et, dans bien des cas, à altérer un organisme en voie de formation. Il y a d'autres raisons encore qui condamnent le début par l'atelier; j'indiquerai seulement la suivante, que sont forcés d'admettre les partisans mêmes de cet

[1] *Enseignement manuel et expérimental,* II, 179.

apprentissage prématuré qu'ils désireraient voir commencer avant 10 ans. Dans les ateliers, on admet que tout travail bien tracé est à moitié fait. La conséquence, c'est qu'on devra s'occuper d'abord et surtout de la rigueur du tracé. Et comme l'expérience a surabondamment démontré que les enfants qui tracent exactement leurs petits travaux de découpage, cartonnage, coupe de plâtre, etc., passent sans difficulté au travail du bois; qu'ils font, à l'atelier, des progrès beaucoup plus rapides que leurs camarades étrangers à tout travail manuel avant leur arrivée à l'atelier, il sera donc logique de commencer *toujours* par les petits travaux élémentaires qui peuvent s'exécuter dans la classe même [1]. » Ainsi ces travaux, qui n'étaient guère qu'un accessoire sacrifié dans les écoles Salicis, passent au premier rang.

Les exemples enfin sont destinés surtout à enseigner les mathématiques, tels des travaux fröbeliens perfectionnés. En voici quelques-uns :

Exercice 1. — Tracer, sur papier fort, des rectangles de 0 m. 06 de long et 0 m. 05 de large.

Diviser l'un, ABCD, en centimètres carrés; on divise AB en 6 parties égales, et par chaque point de division on mène des parallèles à AC; on partage ensuite AC en cinq parties égales, etc.

Diviser l'autre, EFGH, par une diagonale. Détacher les deux rectangles en coupant au canif suivant les côtés, vérifier l'égalité en les superposant.

Couper le second en deux, suivant la diagonale : on obtient deux triangles rectangles égaux; vérifier par superposition. Ces exercices peuvent se faire par pliage.

Questions : Combien y a-t-il de centimètres carrés dans la surface du rectangle ABCD ?

Exprimer en centimètres carrés la surface de l'un des triangles rectangles.

Exercice 2. — Tracer, sur papier blanc, un rectangle de 0 m. 09 de long et de 0 m. 06 de large; le diviser par des parallèles aux petits côtés en 9 rectangles de 0 m. 01 de large.

Tracer, sur papier bleu, un rectangle égal au précédent, le diviser en 6 par des parallèles aux grands côtés, et le détacher,

---

[1] *Enseignement manuel et expérimental,* II; 180.

en le tranchant au canif suivant les quatre côtés; vérifier, par superposition, son égalité avec le rectangle blanc.

Sans détacher le rectangle blanc de la feuille sur laquelle il est tracé, le découper au canif, suivant les petits côtés et leurs parallèles.

Découper le rectangle bleu en six bandes égales.

Les 9 bandes du rectangle blanc étant prises comme chaîne, les six bandes bleues comme trame, exécuter un tissage simple produisant un damier.

Applications numériques : Évaluer la surface du rectangle blanc (9 bandes de chacune 6 cmq.) =

Évaluer la surface du rectangle bleu (6 bandes de chacune 9 cmq.) =

Conclusion : $6 \times 9 = 9 \times 6$.

Dans le damier obtenu, combien y a-t-il de carrés bleus?

Combien y a-t-il de carrés blancs?

Total?

Calculer la surface de l'équerre employée par l'élève [1].

Ainsi le travail manuel, dégagé de toute visée industrielle, devenait un simple enseignement de la géométrie. Mais tout l'enseignement théorique était pénétré par l'esprit de réalité et d'action. C'était bien le principe de la « nouvelle éducation ».

3. Le programme des écoles de la Ville de Paris.

La Ville de Paris dépensait par an un demi-million de francs en faveur de l'ancien système de travail manuel. De si grands sacrifices étaient-ils compensés par les résultats? Non, répétait-on de plus en plus fort. Une commission fut nommée. Elle ne détruisit pas la tradition de Salicis, mais elle finit par la réformer selon les suggestions de René Leblanc; et ce fut un enseignement nouveau que le Conseil municipal adopta en 1891.

Le but était précisé. On abandonnait sans trop de regrets la préparation des apprentis. M. Blondel, dans son rapport au Conseil municipal, insista sur ce point : « Les élèves sont enfin affranchis d'une besogne monotone et fastidieuse, à laquelle ils ne pouvaient

[1] *Enseignement manuel et expérimental*, 101 et 102.

prendre aucun goût, puisqu'elle ne donnait guère comme résultat apparent que des copeaux de bois et de la limaille de fer. »
Mais, en compensation, « il est bon que dans un pays où le fonctionnarisme est devenu une plaie, où chacun place au bas de
l'échelle de ses ambitions le désir d'être au moins employé de
bureau, il est bon, dis-je, que les métiers manuels soient remis
en honneur. Rien n'est plus sain, plus favorable à l'émancipation
de l'esprit français que de faire comprendre aux enfants que
l'outil, pas plus que la plume d'ailleurs, ne déshonore; que seul
le désœuvrement traine après lui l'infamie... En fait de leçons
de choses, en voilà une, et des meilleures »[1]. C'était reconnaître à demi que l'enseignement manuel devait être seulement
éducatif.

L'organisation devenait vraiment scolaire. On conserva les
ateliers qui existaient. Mais les instituteurs furent installés plus
qu'autrefois à côté des maîtres-ouvriers. « Les ouvrages à exécuter
seront tout d'abord l'objet d'une étude en classe, portant sur les
propriétés des figures géométriques réalisées, les constatations
qui se présentent au cours des manipulations, le tracé de ces
figures et la représentation de l'objet par le dessin géométrique.
Cette partie de la leçon qui relie le travail manuel à l'enseignement général et l'en fait profiter incombe à l'instituteur.
Lui seul peut utilement mettre en rapport les explications
qu'il convient de donner avec le niveau intellectuel des élèves et
la marche des études en classe [2]. » De plus, le chef d'atelier dut
désormais se transformer, autant que possible, en pédagogue. S'il
est seul capable de diriger le maniement des outils, il doit pourtant le diriger réellement, comme ferait un instituteur, et comme
ne faisaient pas les maîtres-ouvriers d'autrefois. « Toute manipulation nouvelle, où toute manipulation avec laquelle les enfants
ne sont pas familiarisés, doit être exécutée par le chef d'atelier,
les élèves étant réunis en cercle autour de lui. Il aura soin d'en
expliquer le but, d'en indiquer l'usage, et il insistera particulièrement sur le maniement de l'outil employé. Il décomposera tous
les mouvements et représentera, quand cela sera nécessaire, les
différentes phases de l'opération par des croquis schématiques
ayant l'avantage de fixer nettement dans la mémoire de l'enfant

[1] *Exposition de 1900, Rapport*, Paris, Travail manuel.
[2] Jully, 7.

les procédés un peu délicats[1].» De plus, on modifia les travaux trop techniques ou trop difficiles. Les cages et les ouvrages en ficelle ont disparu. Dans le travail du fer, le maniement de la lime, qui avait désespéré tant d'élèves, est précédé par le travail du fil demi-cylindrique et de la tôle douce. Enfin, comme le demandait particulièrement M. R. Leblanc, on développa le travail sans atelier, que l'instituteur pouvait lui-même expliquer aux enfants sans quitter la classe. Le pliage et le cartonnage prirent une place d'honneur et furent exécutés, non seulement par les enfants au-dessous de 10 ans, mais même par ceux du cours supérieur et du cours complémentaire.

La réforme du programme fut plus nette encore que celle de l'organisation.

Voici d'abord le programme du pliage et du cartonnage. Ne dirait-on pas un cours de dessin géométrique et de mathématiques?

COURS ÉLÉMENTAIRE (*1re ANNÉE*).

Nature des exercices. — Exercices de pliage, suivis d'un dessin en vraie grandeur, exécuté à main levée, et d'un dessin d'application.

Programme. — Droites et angles : horizontale, verticale, oblique, perpendiculaires, parallèles; angles droit, aigu, obtus. — Réalisation des principales surfaces : rectangle, carré, triangle, parallélogramme, trapèze, et de quelques combinaisons.

COURS ÉLÉMENTAIRE (*2e ANNÉE*).

Nature des exercices. — Exercices de pliage suivis d'un dessin en vraie grandeur exécuté à main levée. A partir de janvier, le pliage sera suivi d'un croquis coté à main levée et d'un dessin à la règle. — Dessin d'application à chaque leçon.

Programme. — Droites et angles : horizontale, verticale, oblique, perpendiculaires, parallèles; angles droit, aigu, obtus. — Réalisation des principales surfaces. — Comparaison de quel-

[1] Jully, 8.

ques-unes de ces surfaces entre elles : égalité, équivalence, moitié, quart, etc. — Évaluation des angles : divisions de l'angle droit. — Polygones réguliers, triangle équilatéral, hexagone, octogone, cercle. — Idée des volumes.

COURS MOYEN.

Nature des exercices. — Pendant un trimestre, pliage, suivi d'un croquis coté à main levée et d'un dessin à la règle. Ensuite, découpage et cartonnage (confection de solides), d'après un croquis coté à main levée et suivi d'un dessin géométrique. Toute leçon donne lieu à un dessin d'application.

Programme. — Pendant un trimestre, revision du cours élémentaire : droites, angles, surfaces, polygones réguliers. — Puis découpage des surfaces et constatations takymétriques : carré, rectangle, parallélogramme, triangle, losange, trapèze, polygone irrégulier, polygones réguliers, cercle. — Polygones étoilés, cercles concentriques. — Principaux solides géométriques : cube, parallélipipède, prismes, cylindre et pyramide.

COURS SUPÉRIEUR B.

Nature des exercices. — Découpage et cartonnage, d'après un croquis coté, et suivi d'un dessin géométrique. (Projections pour les solides.)

Programme. — Surfaces : quadrilatères, triangles, polygones réguliers; cercle; figures équivalentes, constatations takymétriques. — Raccords de courbes. — Figures symétriques à un, deux ou quatre axes. — Solides : cube, parallélipipède, prismes, cylindre, pyramides, cône, tronc de pyramide, tronc de cône.

COURS SUPÉRIEUR A.

Nature des exercices. — Découpage des surfaces d'après un texte dicté. Les données de ce texte obligent l'élève à faire l'application de certaines vérités géométriques pour arriver au tracé et à l'exécution de la figure. — Cartonnage d'après un croquis coté; projections du solide réalisé.

Programme. — Exécution des surfaces dont on ne connaît que certains éléments. — Équivalence. — Polygones réguliers, cercle, courbes à plusieurs centres. — Symétrie à un ou plusieurs axes. — Solides géométriques : cube, prisme droit et incliné, cylindre, pyramide tiers d'un cube, cône, polyèdres réguliers, tétraèdre, octaèdre.

COURS COMPLÉMENTAIRE.

Nature des exercices. — Découpage et cartonnage d'après un texte dicté ou d'après un croquis coté. — Projections.

Programme. — Surfaces équivalentes, moyenne proportionnelle, tracés pratiques des polygones réguliers. — Carré ou cube construit sur la somme de deux quantités. — Solides : prismes, cylindre, pyramides, cône. — Solides tronqués par un plan parallèle ou oblique à la base. — Intersection de deux prismes de même base, ou de deux cylindres de même diamètre [1].

La réforme des travaux en bois et en fer était particulièrement importante, car ces travaux n'étaient pas une continuation des exercices fröbeliens. Ils ont été décrits mois par mois, opération par opération, dans le livre de MM. Jully et Rocheron, *Le travail manuel à l'atelier scolaire et le dessin géométrique.* La liaison avec le dessin géométrique et les mathématiques y est presque aussi intime que dans les travaux de cartonnage. La seule différence, c'est que la part de l'activité manuelle y est plus grande. Voici le premier modèle du travail du bois, l'exécution d'un panneau.

D'abord, selon les principes du slöjd, on fixe bien tous les détails. Outils : la râpe plate, l'équerre et le trusquin. Bois : feuillet de sapin de 13, tiré d'épaisseur à 10, de largeur à 100. Planchette de 115 de longueur, hors d'équerre en bout.

Puis on insiste quelque temps sur le maniement des outils. C'est la tâche du chef d'atelier. Il faut d'abord, explique-t-il,

[1] R. Leblanc, *Exposition de 1900,* Paris.

tracer l'un des côtés du carré à o m. oo5 de l'extrémité, et atteindre ce trait à la râpe plate.

« Maniement de l'équerre. — Poser la planchette à plat sur l'établi, saisir le chapeau de l'équerre de la main gauche, et le faire coïncider avec le champ gauche. Placer la pointe traçante (pointe à tracer ou crayon) sur le point par lequel on veut mener une perpendiculaire, et faire glisser l'équerre, jusqu'à ce que la lame vienne toucher la pointe. Incliner la pointe à tracer en dehors, de façon que son extrémité seule soit en contact avec l'arête inférieure de la lame de l'équerre.

« Maniement de la râpe. — Saisir le manche de la râpe avec la main droite, son extrémité venant poser sur la paume de la main : rabattre le pouce sur l'axe du manche, les quatre doigts l'entourant en dessous. Éviter d'allonger l'index le long du manche. La paume de la main gauche vient poser sur l'extrémité de l'outil. La râpe, par suite de la forme de la piqûre, use la matière lorsqu'on la pousse en avant, et frotte sans mordre lorsqu'on la ramène en arrière. Le mouvement qui lui est imprimé sera toujours horizontal. L'impulsion lui est communiquée par la paume de la main, il n'est donc pas nécessaire de serrer le manche, mais seulement de le maintenir. L'avant-bras droit et la râpe doivent être suivant une seule et même ligne droite. Les deux mains impriment à la lime un mouvement rectiligne, . . . » etc.

L'instructeur continue d'expliquer minutieusement tous les outils et toutes les opérations, tandis que les élèves prennent des notes sur leur carnet. Puis les élèves se mettent à l'ouvrage matériel.

Mais ce n'est pas tout. L'instituteur, en classe, s'occupe lui aussi du panneau. Pour en tracer les contours compliqués, pour employer l'équerre et le trusquin, il faut en effet faire du dessin et de la géométrie.

« *Remarques géométriques.* — Deux droites AB et CD qui se coupent en formant 4 angles égaux sont dites perpendiculaires : elles forment 4 angles droits. L'angle droit est donné pratiquement par l'équerre...

« Deux droites parallèles AB et CD ont tous leurs points à égale distance. La pointe du trusquin étant toujours à une distance fixe du plateau, cet instrument permet de tracer facilement et avec rapidité une parallèle à une rive dressée.

«Les diagonales d'un carré se coupent à angle droit et en parties égales. Sur une droite quelconque EF, passant par le point de concours O des diagonales, le périmètre du carré limite deux segments égaux; le point O est un centre de figure. — Les parallèles aux côtés du carré passant par le centre O partagent le carré primitif en 4 carrés égaux; le côté de chaque carré est moitié du précédent, la surface en est le quart.... » etc. [1].

Ainsi les mathématiques deviennent nécessaires au travail, tandis que le travail les fait entrer dans la vie concrète et pratique. On espère que les élèves les retiendront mieux, et surtout qu'ils s'en serviront.

4. Les résultats.

La méthode de la Ville de Paris n'ayant pas été imitée dans le reste de la France, il y a là une rare occasion de comparer les nouvelles méthodes avec les anciennes, et d'apprécier l'importance des réformes. Or des statistiques ont été faites à propos de l'Exposition de 1900, et la conclusion en est très nette.

L'enseignement manuel persiste et se propage à Paris. Il y avait, en 1900, 202 écoles primaires de garçons à Paris. Toutes appliquaient le travail sans atelier, 138 avaient un atelier pour le bois, 48 avaient aussi un atelier pour le fer.

Quant à la province, voici la triste conclusion de M. R. Leblanc: « L'enseignement manuel éducatif, organisé avec un zèle d'apôtre par Salicis, et qui figurait si brillamment en 1889, est resté stationnaire, sauf à Paris où la méthode a pris corps. Il a même décliné dans beaucoup d'écoles élémentaires;... les maîtres ont trouvé plus facile de le tourner en ridicule que d'en faire un essai loyal; certains chefs de service ont supprimé de leur programme départemental cet enseignement légalement obligatoire [2]. » Même parmi les écoles primaires supérieures, spécialement soutenues par les subsides des communes, des départements et de l'État, la majorité n'ont qu'un atelier insuffisant, souvent embryonnaire [3].

[1] Jully, 12.
[2] R. Leblanc, *Exposition de 1900*. Conclusion.
[3] Enseignement primaire supérieur.

La mauvaise volonté a été aussi grande parmi les instituteurs de Paris que parmi ceux de province[1]. Le contraste des résultats ne peut guère être attribué qu'à la réforme.

En résumé, la nouvelle éducation a fait perdre au travail manuel presque tout son caractère ouvrier. Ce n'est plus l'enseignement manuel, mais l'enseignement par l'action.

Mais elle lui a donné la valeur éducative qu'on avait rêvée jadis. Elle l'a fait entrer à l'école, au milieu des anciennes et orgueilleuses études classiques, et elle lui a trouvé un rôle, le plus vaste et le plus important de tous. Grâce à elle, l'enseignement manuel aspire à devenir une véritable discipline d'enseignement, qui exerce les enfants à l'action. Il aspire même à devenir un unive l moyen d'enseignement, puisque le dessin, les mathématique les sciences physiques, les lettres elles-mêmes se sont vu tour tour imposer son aide.

[1] Cf. Ries, *Gegen den Knaben-Handarbeits-Unterricht*, p. 3o-33.

CINQUIÈME PARTIE.
LES ADVERSAIRES.

Dès le temps de Fröbel, l'enseignement manuel s'est heurté à un grand nombre d'adversaires. Ce nombre n'a fait que croître à mesure que l'innovation s'étendait, qu'elle affirmait de nouvelles prétentions et qu'elle menaçait d'autres intérêts. La nouvelle éducation réclamant non seulement la tolérance, mais l'école tout entière, devait exciter à un dernier effort les *beati possidentes* qu'elle voulait déposséder.

Il y a un pays dont les conditions locales ont favorisé particulièrement ces adversaires. C'est l'Allemagne, où ils peuvent s'appuyer sur une longue tradition et sur les succès que l'école classique a remportés. C'est en effet en Allemagne que la cause de l'enseignement nouveau a rencontré le plus d'opposition. Le congrès bisannuel de la *Deutsche Lehrerversammlung* à Cologne, en 1900, a condamné une fois de plus, solennellement, l'enseignement manuel pour les garçons, et le congrès de 1902 a fait subir le même sort à l'enseignement ménager.

La discussion au congrès de Cologne résume tous les arguments qui subsistent contre l'enseignement manuel.

LE CONGRÈS DE COLOGNE [1].

1. LES ADVERSAIRES.

Depuis la chute de Clauson-Kaas, le parti de l'enseignement manuel s'est reconstitué en Allemagne.

D'abord la tâche a été reprise par le *Deutscher Verein für erzie-*

---

[1] A consulter :

Blätter für Knabenhandarbeit (périodique). Leipzig, depuis 1887.

Wiessner, *Geschichte des Handfertigkeits-Unterrichts für Knaben*, dans Kehr, *Geschichte der Methodik des deutschen Volksschulunterrichts*, 2. Aufl., Band IV. Gotha, 1889.

Ries, *Gegen den Knaben-Handarbeits-Unterricht*. Leipzig und Frankfurt a. M., 1898.

Manual training in Germany (United States, Report of the Commissioner of

hende Knabenhandarbeit, que M. de Schenckendorff fonda en 1886. L'Association tint des congrès annuels. Elle distribua des subsides aux écoles. Elle publia un périodique, les *Blätter für Knabenhandarbeit*, qui persistent depuis 1887, et qui fournissent de nombreux renseignements sur les travaux pratiques, les livres récents, les théories pédagogiques et les nouveaux membres de l'Association. Enfin elle créa un séminaire à Leipzig, où le Dr Götze, puis le Dr Pabst ont dirigé des cours de vacances. Peu à peu on y expérimenta un programme. Les travaux de Leipzig comprennent d'abord un cours préparatoire, c'est-à-dire des exercices faciles en argile, en papier, en carton, en bois, pour les élèves de 8 à 12 ans. Les outils y sont réduits à cinq : les mains, un couteau, des ciseaux, un marteau et une pince. Puis vient le cartonnage, pour les élèves de 9 à 12 ans. On leur apprend à plier le carton, à construire et à décorer des corps géométriques ou toutes sortes d'objets usuels, quelquefois à faire des reliures. Après 12 ans, les élèves abordent divers travaux sur bois, en particulier la charpente et la sculpture. A côté de ces travaux fondamentaux, d'autres sont essayés au séminaire. C'est le travail du fil métallique et la soudure. C'est encore le soufflage du verre, pour les instruments de physique. C'est le jardinage, ou encore le modelage d'après nature, qui semble réussir particulièrement.

Ensuite un certain nombre d'associations enseignantes se sont ralliées au *Deutscher Verein*. Parmi elles, il faut citer l'Association des instituteurs Berlinois, qui n'hésita pas, en novembre 1897, à donner une approbation publique et officielle au nouvel enseignement :

« 1. Quoique nous considérions que la critique sérieuse des arguments en faveur du travail manuel soit justifiée en tout temps et désirable dans son intérêt même, cependant nous regrettons grandement que de récentes publications sur le sujet, en particulier dans la *Schulzeitung* de Francfort, négligent la compréhension des arguments avancés en faveur du travail manuel, et trahissent le manque de connaissance du sujet et de la méthode aussi bien que de l'expérience pratique.

Education for the year 1898-1899, vol.1)[avec bibliographie].Washington, 1901.

Stenographischer Bericht über die Verhandlungen der Deutschen Lehrerversammlung, 1900, in Köln, dans la *Pädagoyische Zeitung*. 1900.

Rissmann, *Handarbeitsunterricht der Knaben*, dans Rein, *Encyklopädisches Handbuch*, II. Aufl., 1905.

« 2. Nous repoussons les attaques faites contre d'honnêtes amis
de cet enseignement, quand ils sont accusés d'être les défenseurs
d'un « sport » ou d'une « escroquerie ». Nous repoussons particulièrement l'insinuation que la participation du maître au travail
manuel est un danger pour sa profession et un amoindrissement
de sa condition sociale.... » etc.[1]

Même quelques États ont consenti à prendre la question en
considération. La législature de Bade a rendu le travail manuel
officiel. En Prusse, la basse Chambre du Landtag a étudié la
question à partir de 1893, et en 1895 elle a pris la résolution
suivante :

« Le Landtag reconnaît le soin apporté jusqu'ici par les autorités éducationnelles à l'éducation physique et au travail manuel
de la jeunesse, et exprime le vœu :

« 1° Qu'elles continuent à travailler au développement de la
gymnastique et des jeux enfantins en plein air;

« 2° Que le travail manuel pour les garçons et la science
domestique pour les filles, aux endroits où les besoins locaux ont
amené leur introduction, puissent être aidés libéralement sur
les fonds que l'État consacre aux élèves, et spécialement dans les
cas où les communes trouvent le maintien desdites branches trop
onéreux[2]. »

Cependant, à la vue du mouvement grandissant, l'opposition finit par s'émouvoir. A la tête furent les instituteurs de
Francfort-sur-le-Mein, et en particulier M. Ries, adversaire
perpétuel de toutes les innovations dans tous les congrès des
instituteurs allemands. La *Frankfurter Schulzeitung* publia une
série d'articles très violents, qui furent réunis en brochure
en 1898, pour bien montrer qu'il existait une littérature d'opposition. On y annonçait la guerre à outrance. « Que le nouveau dada poursuive son existence dans les établissements fer-
més qui tiennent auprès des enfants la place des parents. Nous
estimons que le travail manuel éducatif est un moyen innocent
de remplir le temps inutile... Mais en compensation à notre tolérance, nous devons d'autant plus exiger que le domaine de l'école
véritable soit respecté. Aussitôt que la convoitise s'en approche,
il y a une résistance énergique, et c'est notre ferme espoir que

[1] *Manual training in Germany*, 183.
[2] *Ibid.*, 185.

les maîtres allemands, fidèles à leur devoir de gardiens de l'école, sont toujours prêts à la défendre en écrasante majorité [1]. »

C'est au congrès de Cologne, le 6 juin 1900, que la question fut définitivement débattue par la *Deutsche Lehrerversammlung*. Depuis deux ans, la question avait été mise à l'ordre du jour, sur les instances du *Deutscher Verein für Knabenhandarbeitsunterricht*. «Quelle position prendrons-nous, pour ou contre l'introduction du travail manuel et de l'économie domestique dans le programme de l'école primaire?» La commission exécutive de la *Lehrerversammlung* avait ensuite publié un résumé des résolutions prises par les différents corps de maîtres pendant les dernières années et une bibliographie de la littérature allemande sur le sujet.

2. LE RAPPORT DE RIES.

Le président Clausnitzer donna la parole à M. le Lehrer Ries, de Francfort-sur-le-Mein, qui prononça un réquisitoire contre le travail manuel, au milieu des applaudissements.

L'école intellectuelle allemande, dit-il, a pour elle le passé. «Car on peut chercher les premiers commencements de notre école dès l'âge de Charlemagne, on peut les apercevoir au temps de la Réforme, on peut estimer enfin que notre école primaire est le plus beau fruit de l'État absolu : toujours c'est la formation des esprits et des cœurs qui apparaît comme sa grande tâche, tantôt en habit religieux, visant un but ecclésiastique, tantôt dans le monde ordinaire avec la proclamation de fins mondaines et civiques. La théorie de l'éducation s'est placée sur le même terrain. A peine si dans des digressions occasionnelles on a pensé à l'importance éducative de l'activité manuelle et technique. Et la pratique a suivi dans notre siècle la même voie. Les essais de l'école piétiste aussi bien que ceux des philanthropes pour introduire immédiatement les devoirs pratiques de la vie dans l'école furent mis de côté finalement comme des erreurs pédagogiques; les séminaires abandonnèrent peu à peu agriculture, arboriculture, horticulture, apiculture et consorts, qu'on avait essayés à plusieurs reprises en théorie et en pratique [2]. »

[1] Ries, *Gegen den K.-H.-U.*, 31-32.
[2] *Pädagogische Zeitung*, 481.

L'école allemande a encore pour elle son organisation, incomparablement supérieure aux ébauches de l'étranger. « Si encore une fois l'étranger doit être invoqué contre l'Allemagne, je dis : Il n'y a aucun pays de la terre qui ait pu introduire dans la masse la fréquentation scolaire universelle comme l'Allemagne, là même où, comme en France, en Autriche et en Suisse, elle est prescrite par la loi. Il n'y a aucun pays de la terre qui ait déjà vu passer une suite de générations par l'école primaire obligatoire universelle. Il n'y a aucun pays de la terre qui possède déjà depuis des générations un corps d'instituteurs formé pédagogiquement et conscient de ses devoirs. Il n'y a par suite aucun pays de la terre qui possède dans ses basses classes une telle somme de culture intellectuelle, et dans ses hautes classes une aussi pure idée des écoles comme lieu de culture intellectuelle [1]. »

L'école intellectuelle s'appuie sur ses succès. N'a-t-elle pas créé la grandeur présente, et même la puissance économique de l'Allemagne ? On lui reproche toujours l'échec à l'Exposition de Philadelphie en 1876. « Mais quel essor inattendu notre commerce et notre industrie ont pris depuis ce temps ! Et sans travail manuel certainement ! Oui, je le soutiens, c'est parce que les écoles allemandes, et surtout les écoles primaires, avaient depuis des siècles soigné et cultivé la formation intellectuelle. Car l'histoire des puissants peuples modernes s'est ainsi passée : l'Angleterre et la France jouirent d'une unité nationale tôt conquise et jetèrent leur puissance dans la balance pour acquérir des colonies lointaines. Elles portèrent leur commerce et leur industrie à une haute floraison et acquirent une puissante richesse nationale. Mais, aveuglées par ces succès matériels, elles négligèrent la formation de leurs basses classes. Elles se contentèrent d'y trouver des artisans habiles. Or l'Allemagne, dans sa faiblesse politique et son morcellement national, ne pouvait pas prendre part au partage des richesses de la terre. Mais derrière le rideau de l'histoire, si j'ose dire, elle travaillait, silencieuse, intelligente et patiente, à la culture du peuple... Et quand l'unité et la puissance nationales furent acquises, alors il se trouva pour les utiliser non pas un peuple à moitié barbare, mais un peuple d'une haute culture, un peuple qui put entrer tout entier dans sa nouvelle situation avec une vue nette, une volonté ferme et un

[1] *P. Z.*, 482.

riche pouvoir. Bientôt l'habileté technique des Anglais, des Français et des Américains fut égalée. Et aujourd'hui ces peuples sont
précisément les panégyristes convaincus de notre organisation
scolaire ; ils en parlent toujours comme d'une source intarissable
de force nationale et de progrès domestique [1]. »

L'école intellectuelle peut enfin compter sur ses instituteurs,
solidement groupés, rompus à leur enseignement, prêts à défendre tous leurs priviléges et leurs travaux. « Nous, instituteurs,
nous n'avons pas du tout besoin de nous faire décerner un témoignage d'amour pour le peuple, en prenant part à tous les essais
possibles pour améliorer le bien-être du peuple, de même que
nous n'avons pas besoin de nous mêler aux luttes des partis poli-
tiques pour obtenir une attestation de sentiment civique et pa-
triotique... Ce n'est pas une idée hasardée seulement, c'est même
une idée déraisonnable qu'a eue un honorable conseiller scolaire
prussien [2], quand il a dit que la considération de l'école et de
l'instituteur serait relevée par quelque travail manuel... Même
au temps où l'instituteur, le maître d'école, était un ouvrier en
même temps, on ne lui donnait pas sa fonction pour qu'il exerçât
un métier manuel avec ses élèves, mais pour qu'il fît leur instruction et leur éducation. Et maintenant l'instituteur, qui pourtant
n'est pas un ouvrier, doit augmenter sa considération, en exécutant avec ses élèves des travaux manuels [3]. »

En face de cette éducation, puissante par son passé, par son
organisation, par ses succès, par ses maîtres, qu'est-ce que l'adversaire ? Qu'a-t-il obtenu ? Rien. Et Ries, rappelant en désordre
toutes les prétentions qu'avait énoncées le travail manuel autrefois et aujourd'hui, en montra l'inanité.

Par exemple, le travail manuel doit rendre particulièrement
habile pour la vie pratique.

« Il est effrayant, l'amas de philosophie qu'on a entassé derrière cette proposition. Et cependant la chose est si simple et si
claire ! L'élève a un but, il a des devoirs fixés à remplir. C'est son
but d'écolier, ce sont ses devoirs scolaires. Par là tout son être,
interne et externe, sa pensée et son action sont pris dans l'éduca-
cation et la discipline. Tandis que d'année en année il s'astreint

[1] *P. Z.*, 483.
[2] M. de Schenckendorff.
[3] *P. Z.*. 483.

à travailler ainsi, il exerce les vertus d'application, d'ordre, de fidélité, de travail consciencieux, de maîtrise de soi-même. S'il sort de l'école, il entre dans une nouvelle carrière, et dans un nouveau cercle de devoirs, mais il emporte avec lui les vertus que je viens de nommer. C'est un autre domaine, sans doute. Mais est-ce que l'application ne reste pas application, l'amour de l'ordre amour de l'ordre, le travail consciencieux travail consciencieux, la maîtrise de soi-même maîtrise de soi-même? Et cette vieille éducation scolaire serait la science pure, sans aucune préparation pour la vie, sans aucune préparation pour l'action pratique? Je n'en connais pas de meilleure[1]. »

L'enseignement manuel doit cultiver l'activité.

«Ici gît, du moins en partie, une confusion entre l'activité et l'instinct du mouvement. Ce dernier est vif chez tous les jeunes individus, même chez les chiens et les chats... Mais précisément cet instinct de mouvement doit être discipliné et contenu, s'il doit devenir un véritable instinct d'activité, si la joie de jouer doit se transformer en joie de produire. Et que ce passage n'est pas facile, qu'il ne s'accomplit pas toujours, nous le savons ; car nous avons plus à nous plaindre de l'instinct de paresse et d'indolence que de celui d'activité débordante. Mais celui-ci, pour autant qu'il est un don de la nature, trouve précisément dans l'école une plénitude d'applications et de tâches. En vérité, l'instinct d'activité, ou pour mieux dire la joie d'un devoir fixé à soi-même et la persévérance à le résoudre, est à un haut degré un produit, un fruit de l'éducation. C'est exactement une parure et un ornement de l'homme. Malgré de nombreuses exceptions, on peut poser la règle : les hommes d'une haute culture intellectuelle sont aussi les plus actifs et les plus appliqués. Sans ces qualités, ils n'auraient pu acquérir leur haute culture intellectuelle. Plus sûre encore est cette formule : «L'instinct d'activité n'est pas émoussé dans nos écoles, mais il est augmenté et cultivé avec méthode et intelligence[2]. »

Le travail manuel doit augmenter la considération pour les métiers manuels, et produire ainsi la paix sociale, comme on l'a répété si souvent en France.

En vérité, il ne peut que diminuer la considération pour les

[1] *P. Z.*, 484.
[2] *Ibid.*

métiers manuels, car les basses classes ont aujourd'hui une trop grande habitude de traiter de paresseux les travailleurs intellectuels, et les hautes classes ont une trop grande tendance à croire que vraiment il pourrait y avoir dans les travaux manuels de l'intelligence, de l'activité ou de la dignité. Or « il ne peut échapper à personne que dans la suite de la vie ces prétendus arts n'ont d'importance que pour les conditions tout à fait subordonnées; que, dans la suite de la vie, celui-là seul ressort qui est bien placé par son origine sociale, et qui a une tête cultivée, voire une tête raffinée [1]. » Quant à la paix sociale, « un mot de Jules Ferry, l'ancien ministre français de l'Instruction publique, à l'inauguration de l'école de Vierzon, pourrait ici trouver place. Le haut fonctionnaire s'écriait pathétiquement : « Afin que « la noblesse du travail manuel soit reconnue non seulement par « ceux qui l'exercent, mais encore par la société tout entière, on a « choisi le moyen le plus sûr, le seul pratique, on a introduit le « travail manuel dans l'école même ! Croyez-le, lorsque le rabot « et la lime auront pris leur place à côté du cercle, de la carte « géographique et du livre d'histoire, lorsqu'ils auront une place « d'honneur, et lorsqu'ils seront l'objet d'un enseignement intel- « ligent, systématique, alors beaucoup de préjugés mourront, « beaucoup d'esprit de caste disparaîtra, la paix sociale sera pré- « parée sur les bancs de l'école primaire, et la concorde éclairera « de sa lumière rayonnante l'avenir de la société française ! » Messieurs, il y a près de dix-huit ans, depuis ce discours plein d'orgueil et d'espoir; la France a fait dans le domaine de l'enseignement manuel plus que n'importe quel pays de la terre : Où sont les fruits ? Où est la paix sociale, qui fut préparée sur les bancs de l'école primaire avec le rabot et la lime ? En dépit des principes égalitaires et des théories républicaines, il n'y a rien en France. Peut-être même n'est-il pas bon de parler et de rêver trop et trop souvent sur cette belle paix sociale; car on oublie trop facilement de lui faire chaque jour le sacrifice de son égoïsme et de son amour-propre et de lui préparer un terrain dans son propre cœur [2]. » Qu'on abandonne donc cette menuiserie ostentatoire à l'usage des classes aisées : « C'est une nouvelle espèce d'hypocrisie sociale; moralement, elle ne vaut pas mieux que ces

[1] *P. Z.*, 485
[2] *Ibid.*, 485.

séances où des protecteurs et des protectrices haut placés viennent *coram populo* manger une cuillerée de soupe d'hôpital pour mettre en appétit les pauvres malades. » Que l'on donne plus de culture au travailleur, qu'on élargisse son horizon intellectuel, afin qu'il puisse s'intéresser aux choses extérieures à l'atelier, « et on aura mille fois plus fait pour rehausser sa considération que si on faisait un peu cartonner, coller, raboter et limer toute la jeunesse allemande» [1].

Le travail manuel offre un enseignement intensif par l'intuition. Nous voilà entrés dans le strict domaine pédagogique.

Moyen insuffisant ! Même si l'intuition est la base de tout enseignement, comme a dit Pestalozzi, elle n'en est pas l'essentiel. On a beau accumuler dans les expositions les moyens d'enseignement par l'aspect, on ne pourrait à l'école tirer de tout ce matériel une seule idée. « Stupides et inertes deviendraient les enfants, et incapables de toute abstraction, seul acte qui conduise au plus haut degré de la culture [2]. » Un travail intellectuel méthodique, progressant vers le jugement et la réflexion, peut seul donner une véritable culture. D'ailleurs ce prétendu moyen d'enseignement est inutile : «Oui, je l'ai souvent vu, des élèves qui avaient compris très exactement des corps géométriques les représentaient défectueusement, parce que la représentation corporelle ne les intéressait plus après la compréhension intellectuelle. Et réciproquement on voit que de faibles écoliers les représentent tout à fait bien, parce qu'ils ont de l'habileté pratique, sans devenir pour cela de bons mathématiciens. Car il ne faut pas dire que dans l'enseignement manuel le griffonnage est inconnu. On y peut au contraire tout griffonner, c'est-à-dire tout faire sans goût et mécaniquement. C'est ce que prouve l'exposition complète des moyens de représentation par des gens qui ne se soucient pas du tout de leur signification éducative, mais qui les exécutent industriellement, d'après les indications et les plans qui leur ont été donnés. Combien est facile, par exemple, la construction des bâtonnets pour représenter la formule de la racine cubique ? Mais qui voudrait conclure de l'habileté pour juxtaposer ces bâtonnets à l'habileté pour extraire la racine ? Ces opérations n'ont en réalité rien à faire l'une avec l'autre. Jamais un mathé-

[1] *P. Z.*, 485.
[2] *Ibid.*, 486.

maticien ou un physicien pour son propre développement ne s'est amusé à semblables choses. Pour cela son temps était trop précieux, et je pense que le temps l'est aussi pour l'élève de nos écoles [1]. » Ne pourrait-on pas dire enfin, quand on examine les exercices proposés : moyen ridicule! Et Ries ridiculisa un programme ébauché par le Dr Götze pour aider l'enseignement des mathématiques, de la géographie et des sciences naturelles : « En fait, c'est de la fantaisie que de croire qu'on aura servi l'enseignement des sciences naturelles quand on lui aura fourni des boîtes à minéraux, un carton à herbier et des planchettes pour papillons. Je n'ai pas assez de fantaisie; je crois que l'exécution de telles choses pendant les loisirs de la maison est une occupation tout à fait louable; mais à l'école, présentée avec une mine pédagogique, pour aider l'enseignement, elle mérite la raillerie [2]. »

Les instituteurs doivent donc réunir leurs efforts contre cet estropié pédagogique. « Il ne peut ni se tenir ni marcher sur ses propres pieds; c'est pourquoi il cherche à se raccrocher et à s'appuyer partout [3]. »

3. LE RAPPORT DE SCHERER.

C'est à M. Scherer, inspecteur scolaire à Worms [4], que la défense du travail manuel avait été confiée. Il se garda bien de nier la prépondérance de l'école intellectuelle et de laisser percer les prétentions américaines à une éducation révolutionnaire. Il insinua seulement que l'éducation manuelle méritait une place.

À côté du monde intellectuel, il y a aussi un monde manuel, qu'il est impossible de proscrire. C'est ce que montre l'histoire de la civilisation, où l'intelligence a dû sans cesse faire appel au travail de la main. C'est ce que montre encore l'histoire de l'enfant, dont les facultés ne se développent qu'à l'aide de l'activité manuelle. « La main, avec ses 27 os et ses 40 muscles, réunit la solidité et la mobilité formative de la manière la plus aisée, et elle est par suite habile aussi bien pour les travaux grossiers que pour les délicats; grâce à son mécanisme bien réglé, elle donne à

[1] *P. Z.,* 487.
[2] *Ibid.,* 487.
[3] *Ibid.,* 487.
[4] Maintenant Kreisschulinspektor à Büdingen.

l'esprit la puissance nécessaire pour comprendre plus sûrement et plus exactement le monde extérieur et pour exécuter ses pensées dans la forme de la matière pour des milliers de buts utiles. Comme organe du sens du toucher, elle ne le cède qu'aux lèvres en finesse et elle obtient par l'exercice une perfection qui rend les perceptions du toucher les moins capables d'erreur parmi toutes les perceptions sensibles; elle approche des objets non seulement une surface sensible, mais cinq, pour saisir en même temps un grand nombre de points différents, qui peuvent être réunis dans les positions les plus variées. A cela s'ajoute encore que ce système admirable de surfaces sensibles peut être mû au moyen du bras dans toutes les directions de l'espace. A cette activité du sens du toucher s'ajoute encore la non moins importante activité du sens musculaire; car tous les mouvements musculaires sont accompagnés par des sensations qui composent le sens musculaire, et qui nous renseignent sur l'effort et la force nécessaires pour placer et tenir nos membres, ici la main avec les doigts, dans une certaine direction... Chez tous, la main est un organe essentiel pour l'intériorisation du monde extérieur et pour l'extériorisation du mond. intérieur [1]. »

L'enseignement manuel peut invoquer le témoignage d'une longue série de pédagogues et de pays qui l'ont cru utile et qui l'ont perfectionné. Peut-être les pédagogues au temps de Charlemagne ou même de Luther n'ont-ils pas pensé au travail manuel. C'est que la civilisation d'alors demandait d'abord un autre enseignement. Mais dans les temps modernes il n'en est plus de même. Après Comenius, Locke, Francke, Rousseau et les philanthropes, le grand Pestalozzi a proclamé l'importance du travail technique dans l'éducation. « Le devoir de l'éducation, d'après lui, c'est le développement de notre nature en partant de l'égoïsme de notre existence animale pour arriver aux bienfaits auxquels l'humanité peut s'élever par la formation harmonique du cœur, de l'esprit et de l'art; et comme la nature, dit-il, développe toutes les forces de l'humanité par l'exercice et fonde sa croissance sur l'usage, il admet la nécessité d'un A B C de l'art, à côté d'un A B C de l'aspect [2]. »

Plus tard, Scherer exposa la forme présente du travail et

<hr>

[1] *P. Z.*, 497-498.
[2] *Ibid.*, 500.

s'efforça de démontrer qu'elle n'était pas si ridicule pour ceux qui la connaissaient. A force d'expériences, en Allemagne et à l'étranger, on est arrivé à un système raisonnable. « Qu'au début il y ait eu des exagérations pédagogiques et des erreurs pratiques, c'est un phénomène que rencontrent tous les essais de réforme. Des partisans zélés de l'enseignement manuel virent en lui le remède pour tous les défauts de notre vie économique et sociale, comme aussi pour ceux de l'école; dans le choix et l'organisation de l'enseignement, on sortit peut-être au delà des devoirs de l'école, et on entama le domaine de l'apprentissage... Mais si on peut combattre ces défauts et ces fautes, ce n'est pas une raison pour combattre avec elles partout et toujours le principe de l'enseignement manuel [1] » Il est facile, mais il n'est pas juste de condamner un enseignement d'après des spécimens trop soigneusement choisis.

4. Le vote.

Les deux rapporteurs avaient déposé chacun des projets de résolution. Scherer demandait qu'on ne condamnât pas complètement l'enseignement manuel. Ries demandait, au contraire, un rejet motivé :

I. L'école primaire a besoin de tout son temps et de toute son énergie pour remplir la mission spéciale qui lui incombe, c'est-à-dire pour faire l'éducation intellectuelle et morale de la jeunesse. C'est en se bornant à accomplir cette tâche importante, et qui devient plus lourde de jour en jour, que l'école pourra conserver sa force intime et la considération dont elle jouit.

II. L'école primaire doit repousser énergiquement toute matière d'enseignement qui, comme le travail manuel, ne saurait fournir un appoint à la culture intellectuelle, et qui enlève fatalement aux autres branches du programme une partie du temps et des soins qui leur sont consacrés.

III. L'école primaire doit repousser l'introduction du travail manuel avec d'autant plus d'énergie que les classes ouvrières

[1] P. Z., 501.

elles-mêmes, celles qui sont les défenseurs naturels des exigences de la vie pratique, ont toujours observé vis-à-vis de lui, malgré l'introduction de cet enseignement, depuis vingt ans, dans toutes les parties de l'Allemagne, et malgré la propagande active et savante de ses partisans, une attitude absolument froide, parfois nettement hostile [1].

La très grande majorité des délégués levèrent la main pour ces thèses de Ries; à la contre-épreuve, une très faible minorité leva la main.

Alors un membre de la majorité, le Rektor Kuhlo, de Bielefeld, proposa de tirer la moralité du débat en ces termes : « L'assemblée accepte les raisons exposées par le premier rapporteur et se prononce nettement contre l'introduction de l'enseignement manuel des garçons dans le programme de l'école primaire. »

« Quand on s'est tenu tant d'années, dit-il à l'appui de cette motion, au service de l'école, on ne peut pas sans souci regarder les nombreux étrangers qui frappent aux portes de l'école primaire et y demandent entrée. Parmi eux, le plus obstiné, certes, c'est l'enseignement manuel des garçons, et je crois qu'il est grand temps que le corps des instituteurs allemands prenne position une fois pour toutes contre lui et qu'il déclare unanimement : Laissez-nous tranquilles avec ce nouvel objet d'enseignement !

« Messieurs, ma proposition est aussi tactique. Un de MM. les rapporteurs a laissé entendre en effet : « Décidez ce que vous voudrez, on ne s'en souciera pas. » Je suis de l'opinion contraire; je crois qu'on donnera une grande importance à nos décisions; mais une telle décision sera d'autant plus efficace qu'elle sera plus courte et plus frappante. On ne doit pas rester dans les « provisoirement » et les « pour le moment »; nous devons exprimer net et clair que nous sommes contre cet enseignement avec une décision complète. Messieurs, nous avons dit dans notre assemblée des maîtres westphaliens que nous voulions donner une réponse claire et westphalienne aux efforts de l'enseignement manuel. Ici, dans notre plus grande patrie, je vous demande de donner une réponse claire et allemande. Messieurs les délégués, qui êtes venus de tous les cantons allemands, dites dans tous les pays allemands

[1] *P. Z.*, 483 et 488.

en sortant d'ici : Nous nous prononçons avec une décision complète contre l'introduction obligatoire de l'enseignement manuel [1] ! (*Vifs applaudissements.*)

Ries dut s'associer lui-même à l'ordre du jour Kuhlo, et tout finit par le vote de l'ordre du jour Kuhlo-Ries.

[1] *P. Z.*, 529-530.

CONCLUSIONS.

1

ÉTAT PRÉSENT DE L'ENSEIGNEMENT MANUEL.

Aujourd'hui encore, l'enseignement manuel ne fait que débuter. En face de la longue expérience et de l'unanime extension de l'enseignement intellectuel, il se montre seulement dans quelques écoles; il se livre à des essais et à des tâtonnements; il offre des formes primitives plus ou moins bien réparées et des formes récentes plus ou moins bien préparées. Cependant, beaucoup de problèmes déjà ont été aperçus et discutés depuis plus de cinquante ans qu'il existe; bien des possibilités aussi, vers lesquelles on s'était d'abord élancé, ont paru irréalisables; peu à peu le temps a créé derrière le nouvel enseignement un passé qui détermine dans une certaine mesure son avenir. L'un après l'autre, les systèmes ont apporté leur œuvre à la construction : Fröbel a esquissé le plan général, si vaste qu'on ne l'a pas encore entièrement réalisé; les écoles de travaux manuels ont fourni les outils, les bois, les étoffes, et peut-être plus de matériaux bruts qu'il n'en était besoin; les directeurs scandinaves ont organisé ce chaos, mis en ordre les ateliers, taillé les matériaux en modèles, formé des artisans qui sauraient les employer; enfin sont venus les adeptes de la « nouvelle éducation ». Beaucoup reste à faire certainement, avant que l'édifice soit élevé jusqu'au faîte, ou que le chantier ait été déserté par ses derniers ouvriers. Cependant, dès aujourd'hui, un certain nombre de traditions sont amorcées, un certain nombre de règles générales sont fixées, un certain nombre de problèmes plus importants encore sont proposés.

Quatre pays ont aujourd'hui une véritable tradition d'enseignement manuel, qui s'est formée à une époque plus ou moins avancée dans l'évolution de cet enseignement.

L'Autriche. La tradition autrichienne, éminemment pratique, admet principalement deux formes de travail. Ce sont d'abord les jardins, qui ont été autrefois la contribution nationale à la théorie générale de l'enseignement manuel. Ils se sont implantés dans le pays; on en a annexé un à presque toutes les écoles, primaires ou secondaires, de villes ou de campagnes, de filles ou de garçons. On y enseigne encore aujourd'hui selon les principes de Schwab, sans avoir d'ailleurs fixé ni méthode ni programme. Ce sont ensuite les *Schulwerkstätten*, ou ateliers scolaires, des écoles spéciales annexées à l'école proprement dite, et où les enfants font un premier apprentissage, selon les idées qui ont été essayées autrefois en France avec trop de fougue dans les écoles ordinaires. Woodward admirait déjà ces ateliers en Bohême en 1885, et il les citait avec l'école de la rue Tournefort comme les seules écoles européennes qui se rapprochassent des *Manual Training High Schools*. En 1899, Rudolf Petzel, de Vienne, en comptait 195 [1].

En Belgique, la tradition est un peu plus récente qu'en Autriche. Le gouvernement belge s'intéresse à l'enseignement manuel pour la préparation à la vie pratique, comme le gouvernement autrichien; mais les maîtres y ont mélangé dans une certaine mesure des études postérieures faites au dehors, et surtout en Suède. Le système belge comprend trois sortes de travaux manuels. D'abord pour les tout petits enfants, les écoles gardiennes s'inspirent des principes et des travaux fröbeliens que Mme de Mahrenholz-Bülow introduisit en Belgique. Puis, pour les garçons de l'école primaire, on a adopté le cartonnage de Calozet, avec ses modèles utiles et ses exercices mathématiques. Enfin pour les filles, dans la dernière classe de l'école primaire, on a créé des classes ménagères, et après l'école primaire des écoles ménagères. L'enseignement qui naquit autrefois en Belgique a été réglementé et organisé selon les principes nouveaux, et une circulaire du 31 janvier 1899, qu'on trouvera en appendice, a résolu les principales difficultés qui en avaient arrêté le développement.

En Scandinavie, ou du moins en Finlande, en Suède et en Norvège, le slöjd, sous ses diverses formes nationales, est resté le travail manuel essentiel. On s'occupe beaucoup de préparer les maîtres, soit dans les séminaires, soit dans les cours spéciaux, soit au séminaire de Nääs qui a reçu, en 1899, un caractère officiel et qui est devenu l'Institut August Abrahamson. Le plus grand soin est attaché au choix et à la transformation des mo-

[1] *Zeitschrift für das österreichische Volksschulwesen*, Jahrg. 1898-99, II. und III. Heft, 48 ff.

dèles, comme le montre la nouvelle série de Nääs (1903). On commence à étudier comment on pourrait organiser selon les mêmes principes l'enseignement ménager, le jardinage, les jeux. D'ailleurs les principes du slöjd suffisent à la Scandinavie; elle n'a pas encore senti le besoin d'essayer les hardiesses de la « nouvelle éducation »; tout au plus a-t-on relié, après réflexion, l'enseignement manuel à celui du dessin.

Enfin les pays anglo-américains adoptent la forme la plus récente de l'enseignement manuel, la « nouvelle éducation ». C'est encore un mélange complexe et confus d'essais en tous sens. Rien n'est plus bigarré que le tableau de l'enseignement manuel aux États-Unis, présenté à la suite de la grande enquête de 1893 dans le *Re... of the Commissioner* pour 1896. Cependant, un programme général s'esquisse. A la base de l'enseignement se trouve très généralement le Kindergarten, où les petits enfants jouent, parfois avec les dons fröbeliens, et parfois avec les travaux récemment perfectionnés. Puis à l'école élémentaire, de 6 à 10 ans, et parfois à la *High school*, de 10 à 14 ans, l'usage du dessin manuel se généralise. Alors vient pour les garçons l'étude des outils, selon le système de Woodward. Quant aux filles, elles s'adonnent aux travaux de couture et de cuisine, conduits en relation étroite avec les autres enseignements et surtout avec les sciences naturelles. A vrai dire, la cuisine y est un laboratoire d'enseignement expérimental pour les filles. Au delà de ces travaux essentiels, la « nouvelle éducation » s'avance d'ailleurs sur bien d'autres terrains, dans l'enseignement des sciences et des lettres.

Au-dessus des traditions locales, un certain nombre de règles sont aujourd'hui généralement admises.

Le but de l'enseignement manuel doit être pédagogique et éducatif. C'est ce qui ressort de l'évolution entière de cet enseignement. Les systèmes purement économiques ont apparu au début, et ils ont presque tous échoué aussi longtemps qu'ils se sont acharnés à donner un apprentissage impossible à des élèves trop jeunes ou trop occupés. Les rares systèmes de travaux manuels proprement dits qui aient réussi, le jardin autrichien par exemple, ont dû en grande partie leur succès à l'idéalisme qui avait inspiré leurs fondateurs. Aujourd'hui Autrichiens, Belges, Scandinaves, Anglais, Américains, Français même sont d'accord pour renoncer de plus en plus à chercher un profit immédiat. Sans doute le travail manuel prépare des hommes actifs et habiles, qui pourront remporter la victoire sur les autres dans les batailles économiques. Mais ce n'est là qu'un but lointain; et le seul moyen de l'atteindre, c'est de n'y pas penser. Il s'ajoutera plus tard aux résultats du travail manuel scolaire, comme le fruit à la fleur.

Les maîtres doivent recevoir une préparation pédagogique. Il n'est pas nécessaire que les maîtres soient toujours les instituteurs eux-mêmes, comme l'ont voulu Cygnaeus et Salomon. Il est même difficile de demander aux instituteurs l'habileté technique qu'exige la démonstration des travaux avancés dans le système de la ville de Paris ou dans les *Manual Training High Schools*. Il faut d'ailleurs noter que dans l'enseignement secondaire les professeurs spéciaux sont de règle. Mais que le maître de travail manuel soit l'instituteur général, ou qu'il soit un professeur spécial, il doit toujours avoir reçu une préparation particulière. On n'est plus nulle part au temps des maîtres-ouvriers, qui venaient d'un atelier du voisinage ennuyer les élèves avec des travaux qu'ils ne savaient pas enseigner. Partout, même en France, on exige des diplômes spéciaux, et en certains pays on a créé des séminaires spéciaux pour donner aux instituteurs des connaissances techniques, comme à Nääs, ou pour donner aux maîtres spéciaux des connaissances pédagogiques, comme au Teachers' College.

Les travaux doivent être choisis et gradués selon un plan méthodique. Trop longtemps on a eu une tendance à laisser au hasard, au maître-ouvrier ou au caprice des élèves le choix des exercices. Depuis le slöjd, il est admis partout que les travaux doivent être longuement examinés et rangés d'avance, pour qu'ils soient proportionnés à la force et à l'âge des élèves, pour que les outils et les opérations s'y succèdent du facile au difficile, du simple au composé, et pour que les résultats physiques, moraux et intellectuels ne soient pas compromis.

Les travaux doivent aboutir à la fabrication d'objets utiles ou usuels autant que possible. C'est le moyen le plus efficace pour donner aux élèves le goût du travail et le sens de la réalité, deux espérances essentielles de l'enseignement manuel. Aussi la part des exercices qu'on pourrait appeler théoriques a-t-elle été réduite de plus en plus. En couture, on a remplacé les pièces de lingerie par des travaux usuels. Le slöjd n'admet guère que les objets utiles. Parmi les systèmes de dessin, Prang a renoncé aux travaux géométriques de Frœbel pour chercher des travaux pratiques. Dans l'enseignement expérimental même, Armstrong a insisté sur la nécessité de choisir des études usuelles à la place des expériences de luxe sur les composés oxygénés de l'azote et autres choses semblables.

La salle et les outils doivent être soigneusement choisis et disposés. Déjà Schwab a insisté sur le plan du jardin scolaire; Salomon et Kjennerud ont donné de longs détails sur l'équipement de l'atelier scolaire. Mikkelsen a spécialement étudié la forme des outils qu'on peut mettre aux mains des enfants. Armstrong a multiplié les expériences et les conseils sur l'équipement d'un laboratoire scientifique.

L'enseignement doit être, à la lettre, coopératif. Ce fut là un des problèmes les plus longtemps débattus. En Allemagne, Rosalie Schallenfeld, et Krause surtout, ont prôné avec énergie l'enseignement par classe, qui donne en même temps à tous les élèves les mêmes explications, les mêmes paroles et les mêmes gestes. Salomon, au contraire, s'est fait le champion de l'enseignement individuel, pour sauvegarder un des espoirs essentiels de l'enseignement manuel, le développement de l'activité personnelle. Entre ces deux adversaires convaincus la «nouvelle éducation» hésitait; Woodward se rangeait vers l'enseignement par classe, Armstrong revendiquait les droits imprescriptibles de l'individu et repoussait même toute sorte d'enseignement. Cependant, en beaucoup d'endroits, en Hollande, à Chicago, ailleurs, une conciliation semble avoir été trouvée. La classe s'occupe toute du même travail, mais le professeur n'enseigne pas doctoralement; il dirige des séries d'interrogations, de réflexions, de doutes, et les raisonnements, ou mieux les expériences pratiques qui peuvent les résoudre. Souvent d'ailleurs on réclame pour une telle méthode un petit nombre d'élèves.

Enfin, l'enseignement manuel doit être lié aux autres enseignements. C'est la conclusion de toute l'évolution accomplie jusqu'aujourd'hui. C'est l'affirmation que tous admettent, en Amérique, en Hollande, à Paris; et en Suède même on accepte la liaison avec le dessin. C'est d'abord un moyen d'insinuer le travail manuel dans l'école sans augmenter le surmenage. Ensuite et surtout, la «nouvelle éducation» prétend qu'il ne faut pas établir de cloisons étanches entre les facultés ni entre les enseignements. Ou l'enseignement manuel sera relégué dans une école spéciale, ou il se mêlera aux autres, recevant d'eux l'intelligence, leur donnant la réalité, et contribuant ainsi au développement harmonieux de l'enfant. L'avantage que trouve à ce système le travail manuel est certain; l'avantage des autres enseignements est possible.

Voici maintenant des problèmes. Ne nous étonnons pas si nous trouvons parmi eux les questions primordiales, comme l'utilité même du travail manuel. N'est-il pas nécessaire de résoudre beaucoup de détails, avant de pouvoir atteindre et apprécier le fond?

On discute pour le choix des travaux. Certains, comme Salomon, n'en veulent qu'un seul; d'autres, comme Prang et comme Tadd, en exigent plusieurs. Beaucoup mettent à une place d'honneur la menuiserie; d'autres lui préfèrent des travaux plus faciles, ou plus artistiques, comme le cartonnage et le modelage; d'autres abandonnent complètement les travaux d'atelier.

Des différences importantes doivent être signalées dans le nombre d'heures consacrés au travail manuel. Les écoles de travaux manuels lui donnaient une grande partie de la journée; le slöjd n'a besoin que de deux heures par semaine; et la « nouvelle éducation » tend au contraire à augmenter la durée de cet enseignement à mesure qu'elle en étend l'importance.

C'est encore une grave question que celle des frais. Faut-il dépenser de grosses sommes à l'organisation des ateliers? Alors on décourage les communes pauvres, on irrite les parents en leur demandant un supplément de sacrifices. Mais faut-il se restreindre aux systèmes sans atelier? Alors on supprime les véritables travaux manuels. Pas de slöjd, pas de tool-instruction, pas de sculpture, pas d'enseignement expérimental, pas de tissage, sans atelier.

L'obligation est, elle aussi, en suspens. Au début, elle était de règle. Puis Salomon et la plupart des Américains se sont prononcés contre elle. Woodward démontra le paradoxe qu'elle rendait impossible le succès de l'enseignement manuel, car elle l'exposait à des essais déloyaux. Mais à mesure que l'innovation se dégage des essais, l'idée de l'obligation reparaît. Enseigner le travail manuel facultatif, à côté d'autres branches qui ont pour elles la sanction des examens, n'est-ce pas dans beaucoup de pays faire un essai inégal, et partant déloyal aussi?

Doit-on mettre un terme aux exercices manuels quand l'élève en a compris le mécanisme, ou doivent-ils être répétés jusqu'à l'automatisme? Les vieux systèmes visaient l'automatisme; plus tard on a protesté au nom de la culture intellectuelle contre le travail machinal. Mais voici que Tadd célèbre l'automatisme comme le seul moyen de constituer les facultés d'expression manuelle et de réaliser ce développement harmonieux des facultés que vise la « nouvelle éducation ».

L'exactitude doit-elle être parfaite dès le début? Salomon l'a soutenu. Mais les Américains admettent presque tous que des exigences impossibles dégoûteront l'enfant du travail, que la liberté au début est une condition de l'activité, et que la perfection s'acquiert par des répétitions espacées.

On pourrait citer bien d'autres détails. Mais il y a un problème devant lequel tous les autres s'effacent : l'enseignement manuel est-il utile? Car il faut avouer que la question n'est pas encore résolue, malgré les nombreux arguments qui ont été produits de part et d'autre. Les partisans du travail manuel ont à peu près prouvé qu'il ne manquait pas de valeur. Une éducation du pouvoir ne peut qu'être désirée par tous ceux qui ont pu voir de près l'enserrement des meilleurs élèves dans les tâches scolaires, leur incapacité de mettre à profit leurs connaissances, et leur inaptitude à la vie pratique. L'influence qu'exercerait sur l'avenir économique d'un pays l'élimination du fonctionnarisme obligatoire ne peut guère non plus être niée. C'est d'ailleurs un imposant témoignage en faveur de l'enseignement manuel que la longue théorie de tous les chercheurs, philosophes, économistes, directeurs d'école, professeurs, qui ont communié dans cette doctrine, et qui venaient parfois de très loin. Oui; mais quand un enseignement est utile, faut-il nécessairement l'introduire dans l'école générale? Il ne s'agit pas d'être bon, mais d'être meilleur. Le travail intellectuel et la connaissance des livres restent aujourd'hui le plus sûr moyen de culture générale. N'y a-t-il pas danger à en sacrifier une trop grande partie, comme l'ont fait parfois les Américains? N'y a-t-il pas danger à en sacrifier même une partie, pour faire place à un enseignement nouveau? Obtiendrait-on réellement des hommes plus compréhensifs et plus actifs qu'autrefois? Il ne faut pas présenter aux élèves trop d'appâts, sous peine de ne concentrer leur attention sur aucun.

Dans ces cas douteux, où les règles générales hésitent, les conditions historiques et locales prennent la prépondérance.

Le choix des travaux enseignés dépend des travaux exercés dans le voisinage. L'argent dépensé, l'obligation dépendent des institutions, des mœurs ou de la richesse du pays. L'utilité elle-même du travail manuel n'est-elle pas pour le moment une question locale? Dans les pays où les enfants risquent encore d'être poussés dès 8 ou 10 ans aux usines, comme l'Allemagne, mieux vaut employer leur court stage scolaire à des études théoriques. Dans les pays où les enfants restent sur les bancs de l'école jusqu'à 16 ans et plus, peut-être n'est-il pas mauvais de les faire mettre quelquefois debout pour travailler.

Quel que soit d'ailleurs le sort final de l'enseignement manuel, l'hypothèse n'en aura pas moins mérité la reconnaissance des hommes d'école. Ou bien elle ouvrira aux générations futures une vie plus complète et plus productive, ou bien en disparaissant elle laissera derrière elle tout un grand mouvement pédagogique. Pour elle ou contre elle on a fait des expériences parfois rapides, mais parfois minutieuses. De grands établissements pédagogiques, comme le Teachers' College en Amérique, le séminaire de Nääs en Suède, doivent à ce mouvement leur première origine. Dans les sciences de la nature, une hypothèse qui a provoqué un tel mouvement d'idées et d'expériences est mise au rang des plus importantes découvertes.

II

L'ENSEIGNEMENT MANUEL EN FRANCE
ET PARTICULIÈREMENT DANS LES ÉCOLES SECONDAIRES.

Il est bon de conclure à part au sujet du travail manuel en France. La France s'est intéressée et s'intéresse encore à cette question. A quoi est-on arrivé? Et que peut-on faire encore?

La tradition française n'est pas organisée. Mettons à part les filles, pour lesquelles la couture semble installée en beaucoup d'écoles, aussi bien en province qu'à Paris, et pour lesquelles on tente maintenant quelques leçons d'enseignement ménager. On trouve çà et là dans quelques écoles de campagne des champs d'expériences agricoles. Dans les villes, quelques écoles primaires supérieures et quelques écoles libres conservent le travail manuel de Salicis. A Paris, le programme de 1891 est appliqué avec succès. Enfin, depuis 1902, on s'efforce de rendre réelles les manipulations des sciences naturelles dans les établissements secondaires.

Cependant, les Français ont de plus en plus besoin d'un enseignement pour l'action et par l'action. Les échecs peuvent conseiller la prudence, non la retraite. Il faut donc continuer l'expérience, mais en méditant les erreurs du passé et les efforts de l'étranger.

Pour toutes les écoles, trois règles doivent être appliquées :

1° Il faut employer ce qu'on a déjà de bon, les maîtres préparés, les installations coûteuses, les méthodes éprouvées. Nous avons des matériaux qui valent ce qu'on a de mieux à l'étranger.

2° Il faut mettre au courant nos méthodes, car il y a vraiment trop d'écoles qui persistent dans des voies condamnées, et peut-être trop de maîtres qui sont incapables de transformer leur enseignement. Concentrons nos efforts sur les parties vivaces de l'enseignement manuel, c'est-à-dire sur la méthode de Paris et l'enseignement expérimental; multiplions les expériences loyales sur ces points.

3° L'État est obligé d'intervenir par son omnipotence scolaire. L'enseignement manuel n'a pas besoin d'une obligation platonique. Mais quelques subventions à des expériences précises peuvent être utiles. Mais l'introduction des manipulations dans les examens, même à titre facultatif, peut être décisive.

Dans l'enseignement secondaire, on a voulu en 1902 tenter une expérience. Une circulaire en faveur du travail manuel a été envoyée à tous les établissements. Jusqu'ici la circulaire a passé presque inaperçue; ou bien on a tenté quelques essais aveugles, sans rien connaître de ce qui s'est fait à l'étranger, voire en France.

Il semble que pour le second cycle un enseignement manuel s'impose, et supprime provisoirement tous les autres. C'est l'enseignement expérimental. Depuis les programmes et les instructions de 1902, il a fait dans beaucoup de lycées des progrès remarquables, quoique lents. On aura peut-être à modifier certains passages de ces instructions. En effet, l'attitude de vérification est abandonnée presque partout à l'étranger, sinon pour la méthode heuristique, du moins pour la méthode des problèmes.

L'abondance du travail qualitatif ne saurait être admise sans un examen sérieux des efforts qui sont tentés ailleurs en faveur du travail exclusivement quantitatif. Les expériences de pure curiosité ne sont-elles pas pour les élèves un luxe, qui disperse leurs efforts sur des questions peu utiles, et qui risque de leur faire mettre l'enseignement expérimental, comme les autres, hors de la vie réelle, et par conséquent hors de son but? On aura surtout à continuer et à compléter les conférences, les expositions et les subsides qui sont destinés à former les professeurs. Une nouvelle préparation est jugée nécessaire dans certains pays. De nouvelles connaissances sur le mouvement heuristique, sur les laboratoires étrangers et sur les syllabus anglais seraient utiles.

Maintenant l'enseignement expérimental se heurte à une difficulté pratique : les élèves du second cycle ne savent guère se servir de leurs mains; et on ne peut guère demander au professeur de physique qu'il emploie une partie de son temps à leur apprendre le maniement des outils. Partout où un enseignement expérimental sérieux est installé, en Angleterre, en Amérique, à l'École supérieure d'électricité de Paris, on constate la supériorité des étudiants qui ont fait déjà des travaux manuels. L'introduction d'un travail manuel dans le premier cycle devient par là désirable. Quel système choisir? Certains lycées ont pris la méthode Salicis, sans savoir qu'elle avait échoué à l'école primaire, et sans voir qu'un apprentissage déguisé convenait peu aux lycées. On ne peut guère demander d'autre part l'essai d'un slöjd ou d'une méthode américaine, car les maîtres, les installations, les traditions seraient à créer. Mais puisque la méthode de Paris est à peu près conforme aux progrès les plus récents, et puisque ses maîtres et ses modèles sont à notre disposition, pourquoi ne pas en essayer? Il y aurait certes besoin de la perfectionner, de lui enlever son caractère exclusivement mathématique, d'allonger les explications sur les matériaux et les outils, de changer peut-être les modèles. Mais elle fournirait une base assurément commode.

D'ailleurs il ne peut être question que d'expériences loyales. Des ordres qui s'étendraient à tous les lycées et à tous les collèges risqueraient d'être annulés par la force d'inertie des hommes et des choses.

DOCUMENTS.

BELGIQUE.

MINISTÈRE DE L'INDUSTRIE ET DU TRAVAIL.
ÉCOLES MÉNAGÈRES. CIRCULAIRE AUX GOUVERNEURS. (EXTRAIT.)

Bruxelles, le 21 janvier 1899.

. . . .

L'expérience acquise depuis la création des premières écoles ménagères a démontré qu'il est utile d'apporter certaines modifications à l'organisation des institutions et aux programmes de leurs cours. Faire connaître la nouvelle organisation préconisée par mon administration, tel est l'objet de la présente circulaire, qui est destinée à remplacer, à cet égard, celle du 26 juin 1889.

Les institutions dans lesquelles se donne l'enseignement ménager peuvent se ranger en deux catégories différentes :

1° Les écoles ménagères;

2° Les classes ménagères, qui peuvent être annexées aux classes supérieures des écoles primaires ou aux écoles d'adultes, ou constituer des classes spéciales pour adultes.

1° Les *écoles ménagères* sont des établissements destinés aux jeunes filles âgées de 14 ans au moins. L'enseignement comprend à la fois des cours *théoriques* et des cours *pratiques.* L'école est ouverte *tous les jours de la semaine,* avant et après midi, ou tout au moins *quatre jours* par semaine.

On y exécute simultanément tous les travaux de ménage : *cuisine et nettoyage, lessivage, repassage, raccommodage* du linge, des bas et des vêtements. Chaque séance dure *au minimum deux heures et demie à trois heures.* Ces opérations se pratiquent généralement pendant la matinée. L'après-midi est consacré plus spécialement à la théorie, à la coupe usuelle et à la confection des vêtements simples.

Toutefois, si le nombre des élèves l'exigeait, on pourrait alterner les opérations ménagères le matin et l'après-midi pour deux sections différentes.

2° Les *classes ménagères* annexées aux classes supérieures des écoles primaires sont fréquentées par des élèves âgées de 12 ans au moins. Les classes ménagères annexées aux écoles d'adultes et les classes ménagères spéciales pour adultes sont destinées aux élèves âgées d'au moins 14 ans. Dans les trois cas, ces classes fonctionnent pratiquement au *minimum deux fois par semaine*, pendant deux heures et demie ou trois heures. On y exécute les mêmes travaux que dans les écoles ménagères, mais l'organisation du cours de coupe et de confection y est facultative, tandis qu'elle est obligatoire dans les écoles. Les travaux pratiques doivent toujours être *précédés d'un exposé théorique*. Une séance spéciale d'une durée de deux heures à deux heures et demie peut être consacrée à la théorie.

On peut organiser des classes ménagères centrales où, chaque jour, les élèves *de différents quartiers de la ville, de différentes écoles*, ou *de différents ateliers et établissements industriels*, se réunissent à jour fixe, soit dans la journée, soit le soir, au moins *deux fois* par semaine. pour faire les exercices pratiques qu'indique le programme de l'enseignement ménager.

. Les deux modes ci-dessus d'organisation de l'enseignement ménager sont susceptibles de produire de bons résultats et peuvent être recommandés suivant les circonstances.

Cependant le Gouvernement ne se refusera pas à examiner avec bienveillance et à agréer, s'il y a lieu, les institutions d'enseignement ménager qui, par suite de circonstances spéciales, devraient être organisées suivant un type différent.

Mon administration étudie l'organisation d'écoles ménagères ambulantes, qui pourront se transporter dans diverses régions du pays pour y donner des cours temporaires, dans le but de faire mieux constater les avantages de l'enseignement ménager et de provoquer des initiatives en vue de la création de nouvelles écoles.

Pour assurer dans de bonnes conditions la préparation des jeunes filles aux travaux du ménage, il importe de leur procurer l'occasion de fréquenter une institution d'enseignement ménager. Il serait à désirer que les chefs d'ateliers ou d'établissements industriels permissent à leurs jeunes ouvrières de s'y rendre deux fois par semaine, à une heure déterminée, au moment où cela gêne le moins le travail de l'atelier ou de l'usine.

Le Département de l'industrie et du travail a, dans ses attributions, l'organisation de l'enseignement théorique et pratique dans les écoles et classes ménagères. Il accorde les subsides nécessaires pour en favoriser la création et le développement et pour en assurer le fonctionnement. Le Gouvernement a organisé en outre un service spécial d'inspection des écoles et classes ménagères qu'il subsidie.

DURÉE DES COURS.

Dans les écoles ménagères, on choisira les époques, les jours et les heures les plus convenables, de manière à offrir le bénéfice de l'enseignement au plus grand nombre possible de jeunes filles adultes.

Dans les écoles qui seront ouvertes quatre jours par semaine, la durée du cours sera de six mois au minimum. En général, il conviendra, pour la fréquentation, de choisir les mois d'hiver. L'enseignement complet sera donné en deux ans.

Dans les écoles ménagères qui fonctionnent tous les jours de la semaine et qui sont fréquentées régulièrement par 24 élèves au maximum, toutes les matières du programme pourraient être enseignées et appliquées en une seule année scolaire, les cours ayant lieu au minimum pendant six mois. Dans les écoles où le chiffre de la population est plus élevé, le programme pourrait également être vu en une seule année scolaire, mais à la condition de faire alterner les opérations pratiques le matin et l'après-midi pour deux sections différentes.

Cette organisation des cours en une seule période de six mois serait adoptée pour des raisons pratiques : les parents ne devront pas renoncer ainsi pendant une trop longue période au salaire de leurs jeunes filles ou au bénéfice de leur travail au foyer familial.

La latitude dont on jouira pour fixer l'horaire de ces institutions permettra d'ailleurs de rechercher les arrangements et les solutions les plus favorables à l'instruction des élèves et les plus heureuses pour assurer une bonne fréquentation scolaire.

Mais il ne faut pas perdre de vue que l'enseignement ne sera, en tout cas, efficace qu'à la condition de se prolonger pendant un temps suffisant, dont le minimum sera de six mois de cours non interrompus.

La *classe ménagère* sera ouverte *dans les villes* pendant neuf ou dix mois par an ou pendant toute l'année, si on le désire. Le programme sera enseigné en deux ans.

Dans les *communes rurales* les cours seront ouverts depuis le commencement de novembre jusqu'à la fin de mai. Ils devront comprendre une séance théorique et trois séances pratiques par semaine, et le cours complet se donnera en deux ans.

Ainsi que cela se pratique dans beaucoup d'écoles industrielles, on pourra donner une séance le dimanche. Si c'est nécessaire et pour autant que l'organisation de ces cours ne présente pas de sérieux inconvénients, des cours du soir pourront être également institués.

PROGRAMME.

Je n'ai point l'intention d'imposer un programme obligatoire aux promoteurs d'écoles ou de classes ménagères. Ce programme doit nécessairement s'adapter aux mœurs et aux besoins des populations; il ne pourra être le même dans les districts agricoles et dans les régions industrielles. Toutefois, l'expérience acquise fournit des données générales dont il est prudent de tenir compte.

Le programme doit être simple et pratique; il est utile d'y inscrire :

1° Comme *cours théoriques* :

A. *Des leçons d'hygiène*, portant sur les soins à donner en cas de petits accidents, les symptômes de maladies d'enfants, les moyens propres à conserver la santé, les soins à donner aux enfants, aux malades et aux vieillards, la préparation de quelques tisanes, la connaissance, l'usage et la vertu curative de quelques remèdes dont se compose une petite pharmacie domestique, l'entretien des chambres de malades, etc.;

B. *Des notions d'économie domestique;*

C. *Quelques notions de comptabilité ménagère;*

D. L'explication du mode de *lessivage;*

E. L'explication du mode de *repassage;*

F. L'explication du mode de *nettoyage;*

G. *La valeur nutritive de certains aliments*, les propriétés de certains légumes et des *notions de cuisine.*

2° Comme *exercices pratiques* :

A. *L'entretien de la maison*, de ses différentes parties et des meubles. L'entretien des chambres à coucher, des parquets, planchers, carrelages, etc. Les travaux de ménage à faire chaque jour, chaque semaine, chaque saison ;

B. *Le lavage du linge*, des vêtements, des bas, etc.; la manière d'enlever les taches d'encre, de goudron, de peinture, de fruits, etc., ainsi que les précautions à prendre avant, pendant et après le lessivage. Le lavage des flanelles, des étoffes en laine, etc.;

Blanchissage. — Les précautions à prendre relativement à l'herbe fraîchement fauchée, à la chute des feuilles, des bourgeons et de la suie;

C. *Le repassage.* — Recommandations au sujet de la table, des fers et du feu. Pliage et tuyautage du linge, etc.;

D. *La cuisine.* — Série de repas à bon marché, restant dans les limites qu'autorise le modeste budget d'un ouvrier ou d'un artisan et procurant une alimentation *saine et réconfortante*, au moyen de mets *nourrissants, variés et peu coûteux.* Manière d'accommoder avantageusement les restes de légumes, de viandes, etc. Provisions;

E. *Ouvrages manuels.* — Le raccommodage et l'entretien de toutes sortes d'habillements et de linge. Reprises, ravaudage, remaillage et rapiéçage des bas. L'utilisation des vieux vêtements sera l'objet d'une attention toute particulière. On fera ensuite étudier l'achat, la coupe usuelle, la confection du linge de literie, de chemises de femmes, de vêtements simples, de vêtements de travail, etc. Il convient de faire établir le prix de revient de chaque objet ;

F. Enfin, pour les *communes rurales*, les travaux au *jardin potager*, les *soins à la basse-cour*.

En tout, on veillera à ce que la matière première soit convenablement et économiquement utilisée.

Le choix de l'outillage spécial de l'école, matériel de la cuisine et de la buanderie, doit s'inspirer des mêmes idées d'économie. Il ne faut pas que les jeunes filles se servent d'autres ustensiles que ceux qui composent ordinairement le ménage d'une famille ouvrière.

PERSONNEL.

Le choix de l'institutrice est très important au point de vue de la réussite de l'école. Il ne faut pas seulement qu'elle soit experte dans les travaux auxquels elle doit exercer les élèves ; il faut encore qu'elle sache enseigner dans un langage clair, simple et précis ; il faut surtout qu'elle sache inculquer aux jeunes filles les qualités morales qui, plus encore que les connaissances pratiques, font la femme de ménage et la mère de famille. Si l'institutrice est elle-même pénétrée de la hauteur de sa mission, elle saura faire comprendre l'importance du rôle social de la femme et des devoirs qui en découlent.

Aux institutrices qui désirent se vouer à l'œuvre sociale et humanitaire de l'enseignement ménager, je conseille de visiter un établissement modèle, que mon administration se fera toujours un devoir de signaler et où elles pourront assister aux leçons théoriques et aux exercices pratiques. Qu'elles étudient ensuite les usages et les coutumes des habitants de la localité où elles désirent s'établir et qu'elles rédigent, d'accord avec le comité de l'école, un programme des matières qu'elles croient les plus utiles à enseigner dans cette localité. Ce programme sera ensuite examiné par mon administration dans un esprit large et en s'inspirant des nécessités locales.

J'ai cru utile de créer un cours temporaire pour la préparation d'institutrices capables d'enseigner dans les écoles ménagères. C'est pourquoi le Gouvernement engage les promoteurs d'écoles et de classes ménagères à donner, autant que possible, la préférence aux institutrices munies d'un brevet spécial d'enseignement de l'économie domestique et des travaux de ménage.

NOMBRE D'ÉLÈVES.

La nature spéciale de l'enseignement donné dans les écoles et les classes ménagères exige la limitation du nombre des élèves confiées à une seule institutrice.

Une école ou une classe ne peut comprendre plus de 24 élèves pour une seule institutrice. Si le chiffre de 24 élèves est dépassé, il devient nécessaire d'avoir deux institutrices ; chacune d'elles peut être chargée de deux branches de l'enseignement.

CONDITIONS D'INTERVENTION FINANCIÈRE DE L'ÉTAT.

L'intervention financière du Département de l'industrie et du travail est subordonnée aux conditions suivantes :

1° Les autorités ou les particuliers qui établissent la classe ou l'école ménagère fournissent les locaux, le matériel scolaire ordinaire et, de plus, une partie de l'outillage spécial. L'entretien des locaux et du matériel scolaire est à leur charge. Ils interviennent également pour une part dans les dépenses annuelles de l'école.

Lorsque l'institution fonctionnera et sera fréquentée régulièrement, au minimum par 12 élèves, une demande de subside pourra être adressée par les fondateurs ou la direction de l'institution au Département de l'industrie et du travail, ainsi qu'aux autorités communales et provinciales.

Si l'administration communale prend l'initiative de la création d'une école ou classe ménagère, elle sollicitera le concours financier de la province et du Département de l'industrie et du travail ;

2° Le projet d'organisation, l'horaire des cours, le programme des cours théoriques et des exercices pratiques, ainsi que le règlement, seront soumis à l'approbation du Département de l'industrie et du travail ; on ajoutera, en outre, à la demande de subside, une liste portant le nom et l'âge des élèves et indiquant la profession de leurs parents. L'horaire déterminera la durée des vacances, les jours de congé, ainsi que le fonctionnement et le roulement des groupes d'élèves ;

3° La composition du personnel enseignant et les changements qu'elle subira seront notifiés au Ministère de l'industrie et du travail ;

4° Chaque année, le projet du budget des recettes et des dépenses sera, avant l'ouverture de l'exercice, soumis à l'approbation du Ministère de l'industrie et du travail. Les comptes des recettes et dépenses seront également soumis à son approbation, deux mois au plus tard après la clôture de l'exercice auquel ils se rapportent ;

5° Les classes ménagères et les écoles ménagères seront inspectées par des fonctionnaires délégués par le Gouvernement qui devront y avoir accès en tout temps.

Si ces conditions sont observées et si l'organisation de l'institution présente de sérieuses garanties de succès, le Département de l'industrie et du travail interviendra dans les dépenses par deux espèces de subsides :

1° Par un subside extraordinaire, une fois donné, pour l'acquisition d'une partie de l'outillage spécial. Toutefois, la partie du matériel acquise à l'aide du subside de l'État restera la propriété de celui-ci, et l'administration de l'école sera tenue de prendre les mesures nécessaires pour en assurer la conservation ou le remplacement ; ce subside pourra, sur présentation de factures acquittées, s'élever à la moitié du montant de la dépense nécessaire pour l'ensemble de l'outillage spécial.

Si cet outillage répond aux conditions d'économie nécessaires, les frais d'acquisition ne s'élèveront pas à plus de 500 francs ;

2° Par un subside annuel, qui s'élèvera aux deux cinquièmes des dépenses ordinaires, tant pour les classes ménagères que pour les écoles ménagères.

Le budget des recettes et des dépenses ordinaires de la classe ou de l'école devra être dressé conformément au formulaire annexé à la présente circulaire.

NORVÈGE.

H. K. KJENNERUD. *LES TRAVAUX MANUELS DANS LES ÉCOLES NORVÉGIENNES.*

En 1870 furent fondées dans ce pays les premières écoles de travaux manuels. Elles étaient le fruit d'un mouvement ayant en vue le progrès des industries domestiques et dont la première impulsion venait de Finlande (Dr Uno Cygnaeus) et se propagea presque en même temps dans les trois pays scandinaves.

On entend ici par industrie domestique un travail qui se rapporte directement au foyer, ou qui ne recherche que le gain et la production en vue de la vente. C'est surtout le dernier de ces genres d'industrie domestique qui était, vers 1870, l'objectif des écoles privées de travaux manuels qui furent créées chez nous à cette époque, tant dans les campagnes que dans certaines villes.

Mais on commit l'erreur de commencer par un grand nombre de travaux divers, ce qui était très regrettable ; et on ne comprenait pas que la question principale devait être de prendre des mesures pour la vente des produits. Aussi ces écoles, dans la plupart des endroits, furent-elles une déception, et leur durée fut courte. Quoiqu'elles fussent subventionnées par l'État, elles cessèrent bientôt, pour la plupart, de fonctionner, faute d'adhésions.

Vers 1880, on se rendit compte peu à peu que l'école doit rester dans les limites de sa tâche générale. Lorsqu'elle vise la vie pratique, elle doit tâcher de communiquer à ses élèves un développement qui profite à chacun d'eux, sans égard à la situation sociale et à la profession future. Elle doit apprendre à l'enfant une dextérité *d'une utilité générale* et essayer de poser les bases d'un sens et d'une intelligence pratiques.

L'école n'est pas à même de pourvoir à l'enseignement de toute une série de matières, et même si elle le pouvait, cela ne serait pas heureux. Il faut qu'elle choisisse une seule matière, et celle qui convient le mieux à son but, qui peut se concilier avec les conditions pédagogiques, hygiéniques, pratiques et économiques qu'il sera nécessaire d'observer. On arriva à ce résultat qu'aucune autre matière ne pouvait, au même degré que la menuiserie, satisfaire toutes les exigences. La menuiserie est en elle-même un moyen d'éducation et, en outre, une matière d'industrie domestique importante. Elle procure l'occasion de développer chez les enfants des facultés auxquelles l'école, jusqu'à présent, n'a guère prêté son attention, par exemple, la faculté intuitive ou la faculté de perception. Elle peut être un moyen servant à contribuer au progrès du goût et à donner le sens de l'exactitude, de la propreté et de l'ordre, tout en offrant un travail qui fortifie le corps, donne de l'empire sur ses organes et procure un contrepoids au travail sédentaire de l'esprit.

On se rendit également compte qu'à côté de ce travail du bois on pouvait aussi accorder une certaine place au travail du carton pour les jeunes élèves (ce que l'on a essayé quelque peu) et au travail du métal froid pour les élèves les plus avancés (lorsque les ressources l'ont permis).

La cause des industries domestiques et du travail manuel dans les écoles a trouvé un soutien très actif en la personne de M. Nils Hertzberg, secrétaire d'État à l'instruction publique, puis ministre. Il fit en 1879 un voyage d'étude en Finlande, et c'est à lui surtout qu'on dut l'intervention et les subsides de l'État. Dès 1880, il fit porter au programme, à titre d'essai, le travail manuel comme matière facultative des séminaires d'instituteurs. Pendant les premières années, plusieurs matières y furent mises à l'épreuve. Cependant, à partir de 1885, le travail manuel fut réorganisé et restreint à la menuiserie, suivant une série déterminée de modèles. Les certificats de fin d'études des élèves ayant pris part aux cours reçurent une annotation à ce sujet.

A partir de 1882, M. H. K. Kjennerud, directeur d'école, en ayant pris l'initiative, des cours publics d'une durée de six semaines furent institués à Fredrikshald pour les professeurs de travaux manuels. On avait eu, quelques années auparavant, des cours d'industries domestiques, qui duraient aussi six semaines. A ces cours de peu de durée, tenus surtout pendant les vacances d'été, vinrent surtout des instituteurs qui voulaient se servir des connaissances acquises pour le service de l'école et qui l'avaient prouvé. Ils touchaient de l'État quelques indemnités de voyage et une bourse d'études calculée par jours. Il n'y eut d'abord qu'un seul cours par an, à Fredrikshald; mais le nombre en augmenta successivement, et il y eut jusqu'à douze cours, qui étaient faits dans différents endroits du pays. Suivant les circonstances, les participants eurent l'occasion de suivre jusqu'à trois cours de six semaines.

Ces commodités accordées aux instituteurs donnèrent immédiatement de bons résultats. Ceux qui avaient pris part aux cours devinrent, dans tout le pays, les apôtres des travaux manuels, et l'institution de nouvelles écoles prit alors un grand essor, étant donné surtout que ces écoles recevaient du Ministère des cultes une subvention annuelle, calculée selon l'importance du cours.

Vers les années 1888-1889, le terrain se trouva donc bien préparé en faveur des travaux manuels ; aussi semble-t-il naturel de trouver, dans les nouvelles lois de 1889 sur les écoles publiques, les travaux manuels portés comme matière obligatoire dans les écoles primaires des villes et des campagnes. Pour ce qui concerne les écoles rurales, la loi fut cependant modifiée un peu plus tard. On décida que les travaux manuels, le dessin et la gymnastique seraient des matières également facultatives, mais qu'on devrait en choisir et en suivre une obligatoirement.

Lorsqu'une nouvelle loi sur les séminaires fut adoptée quelques années plus tard, les travaux manuels devinrent une des matières obligatoires dans ces écoles.

Déjà, avant 1890, on avait commencé à introduire les travaux manuels comme matière facultative dans les écoles moyennes, ce qui fut particulièrement le cas dans les écoles privées de la capitale. Lorsque en 1896 une nouvelle loi fut votée pour ce genre d'écoles, les travaux manuels eurent tout naturellement une place dans le programme et dans l'examen de sortie.

Les cours des écoles primaires publiques dans les villes, et parfois dans les campagnes, ont une durée de sept années. D'après la loi, l'enseignement des travaux manuels a lieu dans les quatre classes supérieures, ordinairement pendant deux heures par semaine et pendant quarante semaines par an.

L'école moyenne, qui prépare aux gymnases, compte quatre années ; mais elle a un cours préparatoire de cinq années, dont doit se charger l'école primaire publique, comme il est inscrit dans la loi ; et comme c'est le cas dans beaucoup de localités, même dans certaines villes assez grandes. Avant les quatre classes de l'école moyenne, les élèves ont donc suivi pendant une ou deux années des cours de travaux manuels. Les élèves qui passent l'examen de sortie de l'école moyenne, après y avoir été préparés de la manière ordinaire, ont donc reçu deux heures d'enseignement manuel par semaine pendant cinq ou six ans.

On s'était déjà rendu compte de très bonne heure que l'instruction du personnel enseignant devait être uniforme pour tout le pays, ce qui a encore plus d'importance pour cette matière, où il s'agit de dextérité pratique, que pour toutes les autres matières de l'enseignement. On est souvent obligé de changer de maître, surtout dans les campagnes. Pour que la matière puisse être enseignée avec succès, il est donc absolument indispensable que l'organisation extérieure des travaux manuels, que les outils, la place, la méthode, l'instruction des maîtres ne soient pas sujets à des variations.

L'uniformité fut obtenue par le fait que la même personne, qui avait organisé les cours publics pour les maîtres de travaux manuels, composa le plan des travaux manuels pour les séminaires, et que ceux-ci, lorsque la matière fut devenue obligatoire, ont même dû suivre complètement le plan des cours pour les maîtres de travaux manuels. Le pays est en outre divisé en trois districts d'inspection des travaux manuels, et l'inspection comprend également les séminaires. Les inspecteurs, qui voyagent pendant deux mois par an, sont des instituteurs de l'école primaire publique, en activité de service, qui demandent un congé en vue d'opérer cette inspection. Pendant les vacances d'été, ils fonctionnent comme professeurs des cours normaux. Au début, le directeur des cours normaux était chargé de l'inspection générale dans le pays.

Pour ce qui concerne le mode d'enseignement, on a profité des expériences acquises dans les autres matières de l'enseignement. On prend un exercice principal fondamental et on s'en occupe jusqu'à ce qu'on ait obtenu une dextérité suffisante, et on continue en passant des sujets faciles à d'autres plus difficiles.

On attache de l'importance à ce que l'enseignement éveille des idées, et dans cette intention on recommande aux élèves, pendant l'instruction, de tâcher de trouver par eux-mêmes quelle est la manière de procéder au travail. L'enseignement devra se faire, autant que possible, par questions et par réponses.

Tous les élèves du cours commencent en même temps la confection du même objet et font autant que possible le même travail, de manière à se suivre. Mais les plus diligents et les plus habiles emploient le temps économisé à exécuter des travaux intermédiaires, d'une manière aussi indépendante que possible, c'est-à-dire de préférence sans instruction et sans direction.

Les travaux ne se font pas d'après modèle, mais d'après des dessins, présentés aux élèves sur le tableau ou dans un livre, et leur donnant des indications sur les différentes mesures de l'objet.

Ces dessins ne doivent pas contenir des exercices sans valeur, mais représenter des objets d'un usage habituel, auxquels on attache du prix dans les maisons, ou du moins auxquels les élèves s'intéressent.

Vu l'impossibilité de procurer des dessins spéciaux pour chaque localité, ce qui du reste n'est pas nécessaire, il est à préférer que les dessins de travaux manuels ne contiennent que des ouvrages qui puissent convenir à chaque localité et à chaque foyer. Mais le professeur peut introduire au juste endroit, dans la série des modèles, d'autres objets que ceux qui se trouvent dans les dessins. On considère en général que la fabrication du matériel des écoles n'est pas apte à procurer aux élèves la joie du travail.

La Collection des modèles... suit un développement méthodique. Elle est divisée en dix degrés :

1° Taille du bois;

2° Sciage plan, rabotage plan;

3° Rabotage de bois rond, limage;

4° Sciage en arc, limage angulaire;

5° Assemblage : *a*. à l'aide de pointes et de clous, *b*. à l'aide de vis;

6° Assemblage par encastrement;

7° Assemblage par emboîtement en sifflet;

8° Assemblage par embrèvement, à tenon et mortaise;

9° Assemblage à queue d'aronde;

10° Travaux plus considérables.

A chaque degré, quelques objets sont exécutés par tous les élèves comme travaux principaux. Ces travaux, qui peuvent varier du reste, sont soulignés dans la Collection des modèles.

Du temps dont on dispose pour cet enseignement dans chaque école dépendent les progrès des élèves.

Dans la plupart des écoles de campagne, on n'obtient guère de bien beaux résultats. Dans la plupart des écoles moyennes, on arrive au 6° ou 7° degré. Quelques maîtres permettent aux élèves les plus habiles de la dernière classe de travailler séparément et il arrive qu'ils puissent atteindre le 9° degré, les assemblages à queue d'aronde. Jusqu'à présent on n'a pas encore cru pouvoir déterminer par décret les matières du programme.

Conjointement avec les travaux manuels, on donne dans beaucoup d'écoles, tant urbaines que rurales, quelques notions de dessin linéaire. Les élèves acquièrent surtout des connaissances en cette matière dans les écoles dites «amtsskoler» (écoles de préfecture), pour la jeunesse confirmée des campagnes, qui poursuivent aussi l'étude des travaux manuels bien au delà des écoles primaires, comme il est naturel.

Le programme des écoles moyennes comprend quelques notions de perspective, conjointement avec les travaux manuels. Mais des instructions bien déterminées n'ont pas été données et l'enseignement en est certainement quelque peu différent dans les différentes écoles. Dans quelques-unes, les travaux manuels sont exécutés de temps en temps, d'après un croquis à la main pris d'après modèle par l'élève sous la direction du maître.

Pendant la dernière année scolaire, il est très probable qu'on a fait dans la plupart des écoles moyennes des croquis exacts au crayon des trois ou quatre objets qu'on parvient à exécuter. Ils sont faits soit avant, soit après la confection de l'objet. Ces croquis au crayon se font de la même manière que les dessins de travaux manuels, mais sur une autre échelle. Les travaux manuels ne sont guère mis en rapport dans aucune école norvégienne avec d'autres matières d'enseignement que le dessin.

15.

Dans les écoles moyennes on donne, pour les travaux manuels, les mêmes notes que pour les autres matières de l'enseignement, savoir : très satisfaisant, satisfaisant, à peu près satisfaisant, non satisfaisant.

Les notes sont données, à l'examen de sortie, parfois exclusivement d'après les travaux et dessins exécutés pendant la dernière année scolaire, parfois d'après ces mêmes travaux et dessins, et d'après une composition d'examen. Pour cette composition, on donne aux élèves un dessin d'après lequel ils doivent confectionner un objet, en cinq heures de travail, sous le contrôle du maître et d'un examinateur. Les élèves qui ont suivi des cours particuliers et qui se présentent à l'examen doivent subir toujours l'épreuve en question. On la considère d'ailleurs comme ayant une très grande importance en vue d'obtenir des maîtres qu'ils enseignent aux élèves à travailler d'une manière indépendante.

La composition des *jeux d'outils* employés à l'enseignement des travaux manuels en Norvège est tantôt plus simple et plus modeste, pour l'école primaire publique, dont les ressources sont plus restreintes, tantôt plus complète, pour l'école moyenne et pour certaines écoles primaires bien aménagées...

Le *local* est plus ou moins grand, suivant le nombre des élèves qui suivent l'enseignement en même temps; ce nombre est en général de 20, mais il est parfois dépassé, surtout dans les écoles moyennes. Dans les écoles primaires publiques urbaines, où le nombre des élèves est en général de 30 ou 40 par classe, ils sont habituellement répartis dans deux salles de travaux manuels ayant chacune un maître.

Les établis, fixés au plancher, sont disposés en rangs, et de manière que les élèves aient un espace suffisant pour pouvoir travailler à l'aise, et que le maître puisse contrôler chaque élève et passer facilement entre chaque établi. Les établis ont 1 m. 15 de longueur, et l'avant ne doit pas être à moins de 0 m. 50 du mur; leur plus grande largeur est de 0 m. 50; l'espace entre chaque établi est de 0 m. 40 à 0 m. 90.

Il est utile d'avoir à côté de la salle un local plus petit, servant de dépôt pour les matériaux.

Si la lumière ne vient pas d'en haut, il est bon que le local ait des fenêtres à deux de ses murs, et de préférence deux murs contigus. La superficie des ouvertures laissant passer la lumière doit avoir un quart de la superficie du plancher.

P. VOSS. *EXTRAIT DU RAPPORT DE LA COMMISSION SCOLAIRE DE 1890.*

La question du travail corporel comme moyen d'éducation a déjà été discutée par la Commission scolaire de 1865. Elle se rangea à l'avis d'un médecin aliéniste de l'époque, M. L. Dahl, qui disait, dans un livre intitulé *Les aliénés en Norvège* : «C'est non seulement à l'aide des exercices utiles au corps, mais encore à l'aide de l'acquisition des dextérités corporelles et de leur pratique qu'on doit tâcher de faire progresser le développement du corps : *On doit s'occuper d'exercer le corps aussi bien que l'esprit.*» «Mais, ajoute la Commission, les moyens de nos écoles secondaires ne leur permettent pas de trancher cette question; dans les conditions présentes, cette tâche doit rester essentiellement à la charge des parents.»

De même qu'on doit accorder qu'il appartient aux parents de s'occuper aussi de cette partie de l'éducation, de même on doit sans aucun doute reconnaître après expérience que les parents seuls, abandonnés à eux-mêmes par l'école, n'arrivent pas, dans les conditions de culture présentes, à s'acquitter de la tâche qui leur est réservée, et que dans cette question, comme dans toutes les questions essentielles de l'éducation populaire, on ne peut pas se passer du concours de l'école... Les parents n'ont ni le temps, ni l'occasion, ni la faculté de s'occuper de cette question. Ils ont en outre une excuse plausible : l'école intellectuelle absorbe à elle seule, autant qu'on peut le désirer, la force active et l'ardeur des enfants; elle accapare à tel point leur temps et leur zèle qu'il ne leur est laissé aucune occasion de s'intéresser à d'autres occupations sérieuses. Les dispositions innées chez tous les enfants à employer leurs mains à une activité sensée et méthodique ont besoin d'être alimentées; si la fréquentation de l'école pendant plusieurs années empêche ces dispositions de recevoir aucune alimentation ou une alimentation suffisante, l'école a ainsi participé indirectement à les réprimer dans leur développement naturel. Le travail du corps doit être soutenu *directement* par l'école; autrement elle agit indirectement *dans un sens contraire.*

Le désir de savoir et le penchant à l'activité sont tous deux des trait éminents de l'enfance; dans l'origine, l'enfant a en somme des dispositions avant tout pratiques. Il est donc important que l'éducation suive, aussi dans ce cas, les indications de la nature. En obligeant l'enfant à examiner de ses propres yeux, et à convertir en action ce qu'il a observé et ce qu'il a pensé, les travaux manuels, plus que toute autre matière, contribuent au développement de l'exactitude dans l'observation, de la réflexion et du caractère pratique. Dans les écoles d'enfants, il serait naturellement inadmissible d'avoir égard aux carrières spéciales, quelque importantes qu'elles puissent être (comme, par exemple, les carrières techniques, les métiers et les métiers artistiques, etc.), car on pourrait imposer ainsi une matière ne répondant pas aux exigences générales de la vie et aux conditions particulières de la nature de l'enfant. Mais des sens bien développés et une main sûre et exercée sont un don utile dans le courant de la vie, de même qu'au contraire la maladresse et l'incapacité de se tirer d'affaire sont un inconvénient sensible, pour tous et non seulement pour les artisans et les ouvriers.

De notre temps, tous les arts techniques et plastiques ont atteint un degré de dextérité qui exige que la main soit exercée dès la première enfance pour obtenir la perfection indispensable pour se faire valoir dans la lutte de la vie. Et comme les limites entre les travaux du corps et ceux de l'esprit deviennent de plus en plus vagues, on ne peut savoir d'avance, même dans l'école secondaire, quels sont les enfants dont la carrière sera occupée, principalement ou en partie, par les travaux manuels. Telle que l'école secondaire se trouve actuellement organisée, on ne peut pas omettre de lui reprocher d'éloigner par son mode d'éducation la jeunesse des travaux corporels, et d'affermir en elle ce raisonnement que les travaux manuels, comme tels, sont absolument étrangers aux gens bien élevés. En apprenant à l'enfant, de bonne heure et par expérience, que les facultés intellectuelles coopèrent d'une manière essentielle aux travaux manuels, l'école aurait en son pouvoir d'ennoblir le travail dans la conscience de l'enfant et de contribuer par là à affaiblir l'esprit de caste et les préjugés qui certainement empêchent bien souvent nos enfants de choisir la carrière qui leur convient.

L'ouvrage manuel dans les écoles a enfin pour l'éducation physique une importance qu'on ne doit pas déprécier. Il ne peut pas remplacer la gymnastique, mais il peut lui servir de supplément fort acceptable. Ce n'est qu'en travaillant aussi bien avec le corps qu'avec l'esprit qu'on assure l'équilibre entre le développement de l'esprit et celui du corps, équilibre qui est une condition nécessaire pour la santé de l'un et de l'autre et pour leur entier épanouissement. L'école secondaire mène à des carrières qui entraînent facilement un travail exagéré du cerveau. Si l'enfant est habitué, dès l'école, à trouver du bien-être, en variant le travail de l'esprit par celui du corps, on peut espérer que cette habitude se prolongera à l'avenir.

Il est certain qu'en 1865 on pouvait avoir de bonnes raisons de se demander si vraiment l'école de cette époque, et avec les moyens dont elle disposait alors, pouvait remplir la tâche que les travaux manuels imposaient à l'éducation scolaire. Il en est autrement maintenant que les moyens et le but de l'enseignement manuel, y compris l'instruction des maîtres en la matière, ont été, pendant près d'une génération, très profondément discutés et traités au point de vue pratique, en Finlande, en Danemark, en Allemagne, et aussi notamment dans notre pays voisin, la Suède, où les efforts faits au séminaire de Nääs, sous la direction de M. Salomon, ont indiqué la voie à suivre et stimulé à l'imitation l'instruction publique de tous les États civilisés. Pour le moment, suivant les expériences faites, on s'est en général arrêté à ce point de vue que le genre de travaux manuels qui est le plus efficace pour atteindre le but pédagogique de l'école est la menuiserie et que l'enseignement doit être fait par des maîtres ayant reçu une instruction pédagogique et un perfectionnement technique suffisant.

Quand, c'est-à-dire à quel âge cet enseignement doit-il ou peut-il commencer? C'est là une question au sujet de laquelle les opinions sont peut-être encore très partagées. Il ne semble exister dans l'état singulier de l'enfance aucun empêchement à commencer l'enseignement des travaux manuels de très bonne heure. Au contraire, le besoin d'agir se manifeste chez l'enfant bien plus tôt et d'une manière plus puissante que le besoin de connaître. D'ailleurs, il se fait en ce moment un travail de réforme important dans l'école primaire en vue d'y donner une place prééminente au travail du carton et à d'autres travaux manuels.

Comme on le sait, les travaux manuels, en tant que nos écoles jusqu'à présent s'en sont occupées, ont figuré comme matière facultative. Comme essai, comme début prudent, un pareil arrangement a pu sembler justifié. Mais celui qui voit dans les travaux manuels une partie nécessaire et essentielle de l'éducation pratique et physique de l'enfant ne peut pas à la longue se contenter de cette organisation. La Commission croit devoir proposer que la matière soit introduite dans le groupe des matières obligatoires de l'école.

Après en avoir conféré avec des experts, on croit pouvoir établir comme programme de l'enseignement que l'élève devra avoir acquis une certaine dextérité dans l'emploi des outils servant à la menuiserie ordinaire, avoir appris à tenir en bon état lesdits outils, et pouvoir confectionner, suivant un devis exécuté par lui-même, un objet d'usage courant dans la vie de tous les jours, composé de plusieurs parties et simple de formes. — Cela laisse supposer que pendant l'enseignement des travaux manuels, on donnera aux élèves des instructions sur la manière dont un objet doit être dessiné pour que l'on puisse en distinguer la forme, les dimensions et, le cas échéant, le mode d'assemblage; en d'autres termes, on devra leur apprendre à exécuter un ouvrage d'après un croquis. On trouve d'ailleurs qu'il n'est pas indispensable de se prononcer ici sur la méthode de l'enseignement. Comme on sait, une question très contestée est celle de savoir quel est le nombre d'élèves dont l'instruction peut être confiée à un seul maître, ou encore celle de savoir si l'on doit procéder à l'enseignement de la matière par classe ou par élève séparément. Mais on doit réserver à l'Administration de prendre les décisions nécessaires dans ces questions, et dans d'autres encore, quand elle aura été instruite par l'expérience et qu'elle sera devenue compétente.

TABLE DES MATIÈRES.

QUATRIÈME PARTIE.

LA « NOUVELLE ÉDUCATION ».

CINQUIÈME PARTIE.

LES ADVERSAIRES.

CONCLUSIONS.

DOCUMENTS.

Documents manquants (pages, cahiers...)
NF Z 43-120-13